网络消费者行为：理论方法及应用

刘业政　姜元春　张结魁 等　著

本书为国家自然科学基金项目“基于网络消费者信息需求模型的网站导航问题研究”(项目编号:70672097)结题成果

科学出版社
北京

内 容 简 介

本书根据网络消费者的购买决策过程，研究了网络消费者个人兴趣、偏好、已有信息等对信息需求、信息搜索过程的影响，给出了因素变量的操作性定义及度量，建立了网络消费者信息需求模型；研究了消费者的信息搜寻行为，重点探讨了信息需求对信息搜寻行为的影响，以及消费者在大范围网站间的精力分配和转移行为规律；研究了网络消费者站点访问模式和购买模式的发现方法，提出了基于关联分类、蚁群优化、Markov 链模型等网络消费者行为模式的挖掘算法，构建了相应的网络消费者行为模型。通过这些研究工作，以期揭示电子商务环境下消费者个人特征、网络访问特征、网络消费特征及其内在联系，为企业制定网络营销策略，建立个性化的服务机制提供理论依据。

本书可供电子商务、信息管理与信息系统、市场营销等领域的研究人员、管理人员和工程技术人员阅读、参考，对于相关专业的研究生和高年级本科生也是一部有价值的参考书。

图书在版编目(CIP)数据

网络消费者行为：理论方法及应用/刘业政等著．—北京：科学出版社，2011

ISBN 978-7-03-029995-6

Ⅰ．①网…　Ⅱ．①刘…　Ⅲ．①电子商务-消费者行为论　Ⅳ．①F713.55

中国版本图书馆 CIP 数据核字(2011)第 006898 号

责任编辑：李　欢 / 责任校对：张凤琴

责任印制：徐晓晨 / 封面设计：耕者设计工作室

科学出版社出版

北京东黄城根北街 16 号

邮政编码：100717

http://www.sciencep.com

北京中科印刷有限公司 印刷

科学出版社发行　各地新华书店经销

*

2011 年 1 月第　一　版　开本：B5(720×1000)

2020 年12月第七次印刷　印张：14 1/2

字数：300 000

定价：60.00 元

前　言

电子商务的快速发展使得消费者的网络行为受到企业、学者的广泛关注，成为近年来快速发展的一个新兴研究领域。随着电子商务网站成为企业产品推销、买卖、服务的重要环境，以及消费者与企业沟通的重要渠道，如何准确理解消费者的信息需求，构建表征网络消费者特征、兴趣、目标和行为偏好的用户模型并据此来预测用户行为、更好地为消费者提供个性化服务就成为一个难题。营销数据库是B2C等电子商务网站的重要组成部分，存储着消费者的个人特征、定制信息、购买记录以及相应的产品特征等信息，从营销数据库中挖掘出的知识是企业理解消费者购买行为、开展个性化营销的重要依据；Web日志数据是在访问者向Web服务器请求页面时被记录下来的访问行为，它隐含着访问者的个人兴趣、偏好。因此利用数据挖掘等人工智能技术，从营销数据库和Web日志数据库中分析出网络消费者个人特征、网络访问特征、网络消费特征及其内在联系，帮助企业制定相应的网络营销策略，建立主动服务机制，将访问者转变为企业真正的消费者或保留已有客户是当前电子商务研究的热点领域之一。作者在国家自然科学基金项目“基于网络消费者信息需求模型的网站导航问题研究(70672097)”和高等学校博士点基金“新兴信息服务环境下的网络用户建模及模型优化方法研究(20090111110016)”支持下，对上述问题开展了较为系统的研究，形成了一系列成果，这些成果将成为本书的主要内容。

本书根据网络消费者购买决策过程所表现出的行为逻辑共分为6章。第1章介绍了研究网络消费者行为的意义，归纳了网络消费者行为研究的主要内容及常用的研究方法；第2章探讨了网络消费者已有知识和任务情境对信息需求的影响，给出了相应的变量度量方法和理论假设，建立了信息需求理论模型，并对模型进行了实证验证；第3章从信息搜寻量和信息搜寻行为进程两个方面研究了网络消费者的信息搜寻行为，并探讨了特定任务环境下的消费者网站转移行为的基本规律；第4章基于Web日志数据，探讨了网络消费者的网站访问行为，重点研究了用户访问模式、用户聚类的Web使用挖掘方法；第5章基于营销数据库，探讨了网络消费者的购买行为，重点研究了消费者购买行为模式的数据挖掘方法，在此基础上，研究了个性化产品推荐策略和推荐策略的优化；第6章重点研究了基于网络消费者访问行为的电子商务站点结构优化方法。

本书由合肥工业大学电子商务研究所刘业政、姜元春、张结魁等合作完成，刘业政负责全书的提纲制定、统纂工作并形成最终书稿。各章节撰写分工如下：第1、3章，刘业政，张结魁；第2章，张结魁；第4章，刘业政、凌海峰；第5章，姜元春、刘业政；第6章，林文龙。

在成稿之际，作者首先感谢杨善林教授对本书的指导和帮助；感谢全体课题组的教师和研究生三年多的辛勤奉献；感谢“过程优化与智能决策”教育部重点实验室（合肥工业大学）和安徽省“知识经济与企业管理创新研究中心”重点人文社科基地为项目完成所提供的研究条件。特别感谢国家自然科学基金委员会和博士点基金管理委员会对本项研究工作的支持。全书在分析、综述相关研究问题时还引用了大量的国内外研究成果，在此向相关的专家、学者表示衷心感谢。

本书涉及信息科学、管理科学、行为学、市场学、心理学等众多领域知识，加上作者水平有限，书中难免存在疏漏或不足之处，某些研究结论甚至可能还存在争议，恳请读者批评指正。

作　者

2010年12月

目　　录

第1章

导　论

自1990年以来，互联网获得了飞速的发展，网络已经成为消费者获得产品和服务信息的重要渠道，并且越来越多的消费者开始尝试网上购物。

根据2010年1月中国互联网络信息中心（CNNIC）发布的第25次中国互联网络发展状况统计报告，截至2009年12月31日，中国网民规模达到3.84亿人，普及率达到28.9%。网民每周上网时长继续增加，人均增加了2.1小时。尽管目前中国网民的互联网应用还处在较为初级的信息获取和娱乐阶段，但消费商务化特征走强趋势明显：2009年商务交易类应用的用户规模增长迅猛，年增幅达68%。其中，网络支付的使用率达到24.5%，用户规模9406万人，网上支付用户年增幅80.9%，在所有应用中增幅排名第一；网络购物用户规模1.08亿人，年增长45.9%，网络购物使用率继续上升，目前达到28.1%；旅游预订的使用率为7.9%，用户规模3024万人，年增长77.9%，如表1-1所示。

表1-1　各类网络应用使用状况及用户增长

类型	应用	2008年使用率/%	2009年使用率/%	用户增长率/%	使用率排名	增长率排名
网络娱乐	网络音乐	83.7	83.5	28.8	1	11
信息获取	网络新闻	78.5	80.1	31.5	2	9
信息获取	搜索引擎	68.0	73.3	38.6	3	7
交流沟通	即时通信	75.3	70.9	21.6	4	13
网络娱乐	网络游戏	62.8	68.9	41.5	5	6
网络娱乐	网络视频	67.7	62.6	19.0	6	14
交流沟通	博客应用	54.3	57.7	36.7	7	8
交流沟通	电子邮件	56.8	56.8	29.0	8	10
交流沟通	社交网站	—	45.8	—	9	—
网络娱乐	网络文学	—	42.3	—	10	—
交流沟通	论坛/BBS	30.7	30.5	28.6	11	12
商务交易	网络购物	24.8	28.1	45.9	12	5

续表

类型	应用	2008年使用率/%	2009年使用率/%	用户增长率/%	使用率排名	增长率排名
商务交易	网上银行	19.3	24.5	62.3	13	4
商务交易	网上支付	17.6	24.5	80.9	14	1
商务交易	网络炒股	11.4	14.8	67.0	15	3
商务交易	旅行预订	5.6	7.9	77.9	16	2

注：表中数据来源于中国互联网络信息中心《第25次中国互联网络发展状况统计报告》

电子商务的快速发展使得消费者的网络行为受到企业、学者的广泛关注，成为近年来快速发展的一个新兴领域。现代市场营销理论认为，了解市场的需要和欲望，对消费者行为进行分析是企业市场营销的出发点，其最终目的是开发适销对路的商品来满足消费者的需求。消费者行为分析是经济学、市场学研究的重要内容，这方面的研究过去主要集中于传统的消费行为，而网络具有传统渠道和媒体所不具备的独特特点，如信息交流自由、开放、平等，信息交流费用低廉，信息交流渠道直接高效，在线购物便利但无法预先体验，隐私与安全需要更加关注等，使得网络消费者行为也呈现出一些新的特征。对于网络销售商而言，理解和把握网络消费者行为特征的变化，为网络营销活动提供可靠依据，显得十分重要。

近年来，网络消费者行为相关的研究成果数量呈快速递增趋势，这些成果发表在信息系统、营销、管理、心理学等领域的众多期刊和会议论文集上，其研究主要借鉴传统的消费者行为研究成果，如行为学习、个性研究、信息处理、态度模型等。由于在线和离线的消费者行为存在着重大的差别，这种借鉴和应用不能简单地直接照搬；另外，现有的研究较为分散，有些结论互相矛盾，缺少系统化和整合研究，急需建立一个完整的理论框架作为未来研究的基础，以便从整体上全面地理解网络消费者行为，取得有普遍指导意义的成果。

网络消费者行为的研究有助于电子商务企业了解消费者的需要和欲望，开发适销对路的商品来满足消费者的需求；了解消费者需求和偏好，为其提供更具有个性化的服务；了解网络环境下消费者心理、行为发生的变化；解决网络环境下消费者的信息过载、网络迷航等问题。本书重点研究了网络消费者的信息搜寻行为、站点访问行为和在线购买行为，建立了相关的定量模型，以期揭示电子商务环境下消费者个人特征、网络访问特征、网络消费特征及其内在联系，为企业制定网络营销策略，建立个性化的服务机制提供理论依据。

1.1 消费、消费者与消费者行为学

1.1.1 消费与消费者

广义的消费概念是指人类为了某种目的而消耗各种资源的过程。资源包括:①人类生存环境中的任何物质和能量;②经过人类劳动作用过的各种物质产品、劳务、信息等。消费通常分为两类:生产性消费和非生产性消费。非生产性消费又可分为生活消费和其他非生产领域中的消费。生活消费是直接为满足人们生活需要而消耗有关资源的过程,消费者行为学中研究的消费一般是指生活消费。

消费者是消费主体,消费品是消费客体。消费者是以直接消费为目的而购买产品或服务的个人和家庭,此时的产品或服务称为消费品。消费者的主要特点是:①他们是自然人,而不是单位或法人;②他们是利用各种来源的个人收入进行独立自主的消费;③他们是为了满足各种直接的生活需要而进行消费。

网络消费者是指通过网络使用或购买产品和接受服务的社会成员,如在消费过程中通过网络搜寻商品信息、在线购买、在线支付等。

1.1.2 消费者行为

消费者行为指人们为满足其需要和欲望而选择、购买、使用及处置产品或服务时介入的过程和活动。消费者行为包括与购买决策相关的心理活动和实体活动。心理活动包括需要和动机的产生、评估不同品牌的属性、对信息进行加工处理以形成内心决策等。实体活动则包括消费者搜集产品相关信息、实际光顾销售点和销售人员互动、产品的实际消费与处理等。

1.1.3 消费者行为学

消费者行为学是研究消费者为满足其需要和欲望而选择、获取、使用和处置产品、服务的活动和过程,也包括影响这一活动和过程的各种因素[1]。它关注的是人们对于产品或服务相关信息的心理与行为反应,即人们购买什么、为什么买、什么时候买、在哪里买、买了以后怎么用、用了以后怎么处理等。消费者行为学是市场营销学的基础,企业的决策也必须以对消费者行为的了解为基本依据。因此,消费者行为学是一门既有很强的理论性,又有很强的实践性的学科。

消费者行为研究始于19世纪末,20世纪60年代以后呈加速发展趋势,其成果已被广泛应用到网络消费者行为研究中,成为网络消费者行为研究的重要理论基础之一。消费者行为学的研究框架可以简单概括为消费者购买决策过程及其影响因素,如图1-1所示。消费者购买决策过程是指消费者在购买产品或服务过程

中经历的步骤，这些步骤代表了消费者从认识商品和服务需求到评估一项购买的总体过程；影响因素则可归纳为个体因素、任务因素、情境因素、环境因素等四个方面。

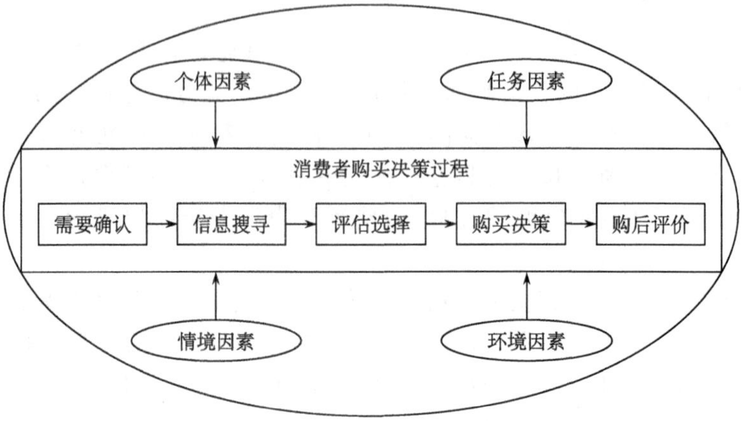

图 1-1　消费者行为学研究框架

1. 消费者购买决策过程

消费者购买决策过程是指消费者在购买产品或服务过程中经历的步骤，这些步骤代表了消费者从认识产品和服务需求到评估一项购买的总体过程。一般认为，消费者购买决策包括以下五个阶段：需要确认→信息搜寻→评估选择→购买决策→购后评价。

1）需要确认

需要是个体感觉到某种缺乏而力求获得满足的心理倾向，是个体对内外环境的客观需求在头脑中的反映，它常以一种“缺乏感”体验着，以意向、愿望的形式表现出来，最终引发推动个体进行活动的动机。消费者决策过程通常起始于消费者发现了一个需要解决的消费问题。例如，当消费者认为已有的商品不能满足需求时，就会产生购买新产品的欲望。

2）信息搜寻

当需求被唤起后，消费者都希望自己的需求能得到满足，所以收集信息、了解行情成为消费者购买的第二个环节。收集信息的渠道主要有两个：内部渠道和外部渠道。消费者首先在自己的记忆中搜寻可能与所需商品相关的知识经验，如果没有足够的信息用于决策，他便要到外部环境中去寻找与此相关的信息。当然，不是所有的购买决策活动都要求同样程度的信息和信息搜寻。根据消费者对信息需求的范围和对需求信息的努力程度不同，可分为以下三种模式：①广泛问题解决模式。它是指消费者尚未建立评判特定商品或特定品牌的标准，也不存在对特定商品或品牌的购买倾向，而是很广泛地收集某种商品的信息。处于这个层次的消费者，可能是因为好奇、消遣或其他原因而关注自己感兴趣的商品。这个过程收集的信息会为以后的购买决策提供经验。②有限问题解决模式。处于有限问题解决模式的消费者，已建立了对特定商品的评判标准，但尚未建立对特定品牌的倾向。这时，消费者有针对性地收集信息。这个层次的信息收集，才会真正直接地影响消费者的购买决策。③常规问题解决模式。在这种模式中，消费者对将要购买的商品或品牌已有足够的经验和特定的购买倾向，作出购买决策需要的信息较少。

3）评估选择

消费者需求的满足是有条件的，如实际购买能力的大小。消费者为了使消费需求与自己的购买能力相匹配，就要对各种渠道搜集得到的信息进行分析、评估，根据产品的功能、可靠性、性能、模式、价格和售后服务等，从中选择一种自认为“足够好”或“满意”的产品。

4）购买决策

消费者在完成对商品的比较选择之后，便进入到购买决策阶段。在这个阶段，消费者的行为包括制定五项相关的购买决策：基本购买决策，决定是否要实施购买以满足需要；产品类别决策，决定所要购买的产品类别；品牌购买决策，决定所要购买的产品品牌；渠道购买决策，决定所要购买产品的渠道和地点；支付决策，包括决定购买数量、购买时机以及支付方式等[2]。

5）购后评价

消费者购买商品后，会通过实际使用来评估商品是否满足自己的预期需要，并对自己的购买选择进行检查和反省，以判断这种购买决策的准确性。消费者的满意程度取决于消费者的需要满足程度，产品预期性能与产品使用中的实际性能之间的对比后所感知的公平性，产品或服务失败的原因。购后评价的态度不同，对日后消费决策的影响也不同。满意评价强化了消费者信念和购买意图，不满意评价对未来消费决策的影响比较复杂，甚至可能导致重新识别消费需求。

2. 影响消费者购买决策行为的因素

1）个体因素

个体因素反映了消费者之间的差异，是常用的市场细分变量，具体又包括人口统计学因素、心理过程因素和心理特征因素。

人口统计学因素是指消费者身上一些明显可见的特征。一般而言，人口统计学变量相当清楚明确，因此很多厂商经常喜欢采用人口统计学变量作为市场细分的变量。常见的人口统计学变量包括年龄、性别、区域、民族、种族、区域、教育程度、职业、收入、宗教信仰等。

心理过程是指心理活动发生、发展的过程，也就是人脑对现实的反映过程。整个心理过程又包括认识过程、情感过程和意志过程，具体涉及的心理变量非常多，如需求动机、感觉感知、情绪情感、记忆、学习、态度等。心理过程因素往往具有易变性和对象指向性，常用来解释预测消费者的具体购买行为。与心理过程相关的一些重要的理论模型包括动机能力机会模型(motivation-ability-opportunity, MAO)、马斯洛的需要层次论(Maslow's hierarchy of needs)、期望理论(expectancy theory)、认知学习(cognitive learning)和行为学习(behavioral learning)理论、计划行为理论(theory of reasoned action)、卷入理论(involvement theory)、信息处理理论(information processing theory)、期望确认理论(expectation confirmation theory)等[3~4]。

心理特征是个体心理活动过程体现出来的特点。心理特征是个体在长期生活过程中形成的，具有内隐性和持续稳定性，基于这些特征人们对环境会有一种持续稳定的反映，心理特征因素可以用来预测消费者在较长时期内的消费趋势。消费者行为领域常用的心理特征因素包括能力、气质、人格特征(personality)、价值观(values)和生活形态(life style)等。由于心理特征因素具有内隐性，所以需要借助量表等专门手段来测量，常用的人格特征测量量表包括明尼苏达多项人格问卷(MMPI)、卡特尔十六种人格因素问卷(16PF)、艾森克个性问卷(EPQ)、大五人格问卷(NEO-PI-R)等，价值观的测量量表有 Rokeach 价值量表和 Schwartz 价值量表，生活形态的测量量表主要有活动-兴趣-意见量表(AIO)和价值观与生活形态测量量表(VALS)。由于个体的心理特征往往受到宏观社会文化系统的影响，所以以上这些量表需要进行本地化的工作。

2) 任务因素

消费者行为是在个体与消费任务的交互过程中产生的，个体在面临不同消费或购买任务时会表现出不同的行为。实际上，个体因素中的心理过程变量基本上都是有对象(任务)指向性的，需要与具体任务结合起来进行研究。产品质量、价格、产品类别等属性都是一些显见的任务因素，消费者往往追求价廉物美的产品，经济学中常将产品分为搜索产品、体验产品、信用产品，其对应的信息搜寻和决策行为特征也是不一样的。而任务复杂性、任务风险等则是相对比较复杂的内隐性的任务因素，不同消费者对同一任务会有不同的理解和解释。任务复杂性一般认为与以下指标相关:重复性、可分解性、不确定性、替代方案数量、结果的新奇性、目标数量及其依赖冲突关系、认知和能力需求等。任务风险是“不进行外部信息搜寻而可能导致的各种损失的可能性与这种损失的重要性的乘积”[5]，具体风险包括财务、性能、物理、心理、社会、时间、机会成本等方面。任务复杂性与任务风险性存在一定关系，因为任务复杂性或不确定性会增加“损失的可能性”，从而导致风险性的增加。在高复杂性、高风险的购买任务过程中，消费者往往更理性，任务卷入程度更高，会投入更多的时间和精力来搜寻信息。

3) 情境因素

情境(context)是指特定事情或情景(situation)发生时的环境,消费情境因素可理解为消费者在消费或购买活动发生时所面临的微观时空环境因素。情境因素一般包括物质环境、社会环境、时间、任务和先行状态等五个方面,具体的情境变量有天气、周围的物理环境、商店的地理位置、背景音乐、灯光、气味、广告、折扣、优惠券、购买的紧迫性、购买时间是否为特殊时点、时间压力、是否有他人在场(朋友、服务人员)、是否与他人进行了互动,以及消费行为发生之前购买目的是否明确和消费行为发生时消费者的负面和正面情绪等。情境因素对消费者行为的影响力还受到一些中介变量的影响,如消费者的卷入程度。品牌忠诚度高,产品的用途多,则情境因素的影响较小。

4) 环境因素

环境因素是指那些对消费者个体行为具有长期影响的宏观因素,如社会、经济、文化环境等。具体的环境因素变量包括家庭、社会阶层、经济就业形势、消费者信心指数、消费者收入、风俗习惯、民族性格等。在经济全球化的背景下,研究跨国营销、跨文化营销过程中的环境因素变得十分重要。消费者的文化认知差异在网络环境下的表现也很明显,如文献[6]运用眼动方法研究比较了中国、美国、韩国三国用户网页浏览习惯,结果表明对于采用整体思维方式(holistic thinkers)的中韩用户来说,他们更倾向于扫描页面整体,而采用分析性思维方式(analytic thinkers)的美国用户则趋向于从中心向外围浏览,这对于网站页面布局设计具有十分重要的意义。

1.2 网络消费者行为

一般认为,网络环境与传统环境下的消费者决策过程并没有太大差别[4],图 1-2所示为网络消费者购买决策行为的过程和内容框架[7],但是消费者的在线决策行为与传统环境下的决策行为还是存在一定区别:①消费者需要与计算机/网络交互才能形成决策,这将涉及消费者网络系统操作使用的经验和能力;②由于网络环境是虚拟的,企业在网站设计(如信息提供、信息组织和展示)时可以不受产品包装和实体配送的约束,其提供的在线产品信息与产品实体是分离的,而消费者既可能从中受益,但也可能受骗上当,因此在网络环境下消费者对企业、产品(服务)的感知、信任将会发生变化,网络隐私和欺诈等问题使得网络消费者对网上购物越来越谨慎和敏感;③传统的决策过程是一个决策者-决策问题的二元关系,而网络环境下,消费者不再需要逐一地评价所有产品,才能作出决策,一些决策辅助程序可以根据消费者的偏好搜索推荐可能的产品,因此决策过程可能是一个三元关系:决策者-决策支持系统-决策问题[8]。如果营销者能够理解潜在消费者在考虑使用电子商务过程中所经历的决策过程,将会对其业务开展具有极大的帮助。

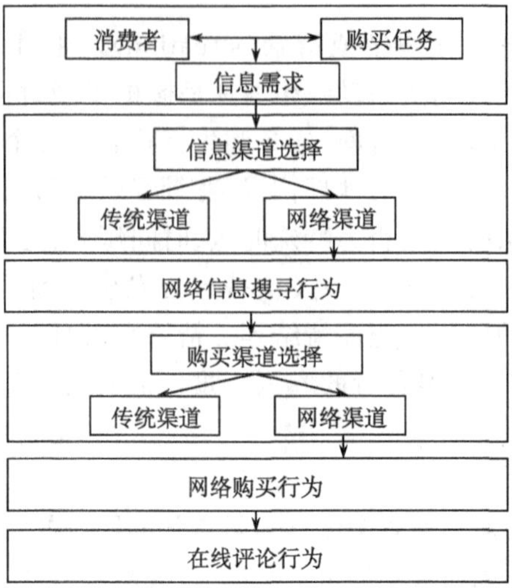

图 1-2 网络消费者购买决策过程和研究内容框架

根据网络消费者购买决策过程,以及当前网络消费行为的发展情况,现阶段网络消费者行为研究主要探讨的是以下四类重要消费者行为[9]:网络渠道选择行为、网络消费者信息搜寻行为、网络消费者购买行为、网络消费者在线评论行为。

1.2.1 网络渠道选择行为

渠道选择是指消费者在购买决策过程中如何评价各种可用的渠道(如信息渠道、购买渠道,包括传统的和网络的)并从中作出选择。

举例来说,消费者为满足自身信息需求,需要从各种信息渠道(如参考群体、报纸、电视、宣传册、网络等)中选择一种或多种以收集和获取信息。网络渠道选择行为重点关注的是消费者如何评价、选择使用网络渠道,也可以进一步细化到研究某个具体网站,依据的理论则主要为技术接受模型。需要指出的是,网络渠道选择行为研究中一般不特别区分到底网络是作为信息渠道还是购买渠道,而是把信息搜寻作为购买决策的一个组成部分,即网络渠道选择行为包括图 1-2 所示的信息渠道选择和购买渠道选择。

1.2.2 网络消费者信息搜寻行为

网络消费者信息搜寻行为是指消费者为完成某一购买任务而所付诸的从网络市场中获取信息的行动。市场营销的本质是组织与消费者之间的信息传播和交换,如果没有信息交换,交易也就是无本之源。在线购物的持续成功将取决于消费者在其购买决策中利用网络的程度,尤其是利用网络获取产品信息的程度,因为消费者的网络信息搜索行为能够提高其满意度并增强其在线购买的意向。

获取信息是消费者使用网络的首要目的,网络的快速发展,一方面为消费者提供了低成本的、快捷的、丰富的信息来源,另一方面也产生了许多问题:①信息质量下降。由于信息量快速增长并且未加管理控制,使得信息提供商疲于维护资料,造成网络上的信息过时、不完整甚至是不正确。②信息过载(information overload)。信息的快速扩散造成网络上充斥着海量而且可能重复的信息,使用者需要花费许多额外的精力去分析、判断和过滤所找到的资料。③网络迷航(disorientation)。互联网通过超链接的方式连接到不同的文件和页面,这种非线性的浏览方式常使使用者迷失在庞大的网络空间中,不但失去方向,也不知道目前的位置。基于这些因素,消费者信息搜寻行为已经成为网络消费者行为研究的重要课题之一。

1.2.3 网络消费者购买行为

在线购买行为是指通过网络购买产品或服务的过程。网络已经成为产品信息的重要来源,但是还存在一些因素阻碍着消费者从信息搜寻发展成为网上购买,而网络消费者的购买行为可能是在线销售商最为关心的问题。尽管网络销售增长率非常高,但是也有证据表明很多有购买意向的消费者在搜索访问零售商的网站后,却最终放弃了购买。根据 Jupiter 的报告[①],大约有 72%的在线用户会每月研究一次产品,如此高水平的信息搜寻活动理应转化成高水平的购买行为,但目前这种转化率还很低,仅为 2.8%~3.2%[②]。研究网络消费者购买行为,发现影响网络消费者购买行为的因素及其作用机制,对于改进网站技术和营销策略具有重要意义。

网络消费者购买行为一般从网络购买态度、网络购买意图和实际网络购买行为三个视角开展研究,并具体分析影响态度、意图和实际购买的因素,如图 1-3 所示。①网络购买态度。网络购买态度是指消费者在进行网络购买决策时对网络购买后果所持的价值预期,这种预期可能是积极的,也可能是消极的。例如,网络购买的便利性和低价格对消费者的网络购买态度存在积极影响,但是网络购买的风险性则会对消费者网络购买态度产生消极影响。网络购买态度可以分为消费者对网络购买渠道的态度和对具体网络商店的态度。消费者的风险感知、信任、可控制性感知、趣味性、价值增值等都会对消费者的网络购买态度的形成产生影响。②网络购买意图。网络购买意图度量的是消费者在多大程度上愿意尝试网络购买。购买意图与实际购买行为是正向关联的,即购买意图越强,实际购买行为发生的可能性越大,但二者并不是完全相关的。网络购买意图一般从以下几个方面的用户行

---

① Shop · org. Shop · org Press Room. Washington, D. C. : National Retail Federation, 2001

② Shop · org, Boston Consulting Group. State of online Retailing 3. 0. Washington, D. C. : National Retail Federation 2000.

为来度量和反映：从在线商店购买、使用在线购买网站、推荐他人使用在线购买网站、在线使用信用卡或使用在线支付、在在线购买网站注册账户、向在线购买网站提供信息、对在线购买网站的积极评价、使用网络收集信息等。③网络购买行为。网络购买行为是指消费者通过网络购买产品或服务的过程。实际的网络购买行为主要从以下三个方面度量：是否在线购买过产品、在线购买的金额，以及在线购买的频率。测量的时间跨度可以是几个月、几年，甚至更长。④影响网络购买行为的因素。影响网络购买行为的因素主要包括以下五个方面：消费者特征、产品特征、销售商/中间商特征、网站特征和环境影响。

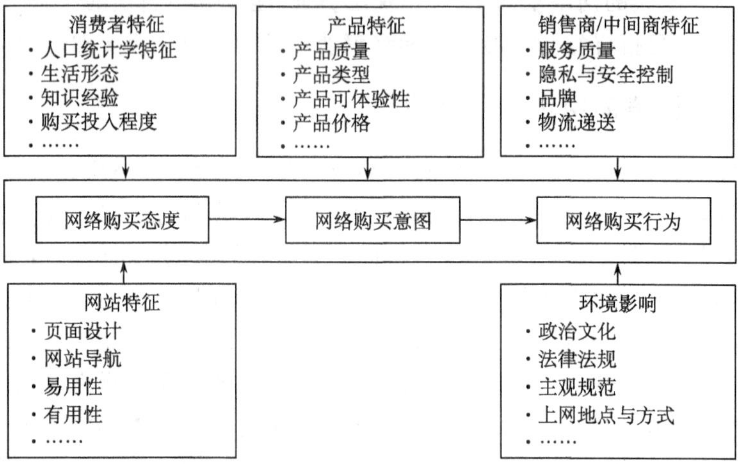

图 1-3　网络购买行为研究框架

1.2.4　网络消费者在线评论行为

网络消费者在线评论是由消费者根据其自身使用体验而提供的一类有关产品的正面或负面陈述信息。与讨论组、聊天室、博客、维基等其他形式的网络口碑相比，在线消费者评论数量更大，且更多反映了消费者的体验和满意度，因此被视为一种对消费者和销售商有用的产品信息，这些信息可以用作企业方案设计、个性化产品推荐，更好地理解消费者，以及最终吸引更多忠诚消费者。

在线评论目前已经成为消费者了解产品质量的重要信息源泉。消费者经常基于在线评论信息作出决策，如该看哪部电影，该投资哪只股票。1999 年《洛杉矶时报》刊发的一份 5500 位网络消费者参与的调查中，44％的参与者表示他们曾经在购买产品时访问过在线评论系统，59％的参与者认为消费者发表的评论比专家评论更有价值。相比于商家的商品介绍信息，在线评论是商品使用者基于其亲身经历所发表的兼含褒贬的评价信息，因此真实性和可靠性深得顾客的信任。

按照在线评论的产生、传播和发生作用这一流程，围绕在线评论行为的研究主要包括在线评论的产生、在线评论的特征、在线评论对消费者行为的作用、在线评论作用的影响因素、在线评论的操纵和可信度问题以及在线评论的应用等主题。

1.3 网络消费者行为研究方法

在研究方法论中存在以下几个层次的概念：理论范式(包含对本体论、认识论、方法论的探讨)、研究方法、资料收集方法和资料分析方法。在理论范式层次，消费者行为研究中主要存在两种理论范式：实证主义和人本主义。实证主义(positivism)的发展可以分为孔德实证主义、逻辑实证主义、实用实证主义、后实证主义等几个阶段；人本主义则包括现象学(phenomenology)、诠释学(hermeneutics)、人类学(anthropology)等诸多流派，具体研究方法可能受到一种或多种理论范式的影响，更有一些研究方法本身在不同程度上包含了不同范式的基本预设，如统计学、运筹学、扎根理论等。

传统的消费者行为研究方法在网络消费者行为研究过程中都可以应用，但在应用过程中也呈现出了一些新的特征，主要包括：①新的研究资料形式，如网站事务日志记录；②新的资料分析方法，如 Web 挖掘方法，可以从网络海量数据中获取有效的、新颖的、潜在有用的、最终可理解的模式；③新的调研方式，如利用 E-mail、在线问卷、在线焦点小组、在线跟踪等方式获得研究资料。

1.3.1 消费者行为研究的基本范式

实证主义假定消费者是理性的、可识的、心智稳定的，他们的行为动因都是可以识别、控制与预测的，在现实的消费者实践中存在简单化的真理，强调科学观察与检验。在这些假设的指导下，研究者把消费者视为可解剖操纵的客观系统，利用类似自然科学的实验、调查技术和观察方法，得到大量关于消费者反应的定量数据并用统计分析得到一般结论，以预测总体消费群的行为。这种方法论的基本思想是，消费者的行为是有限几个因子变量的作用结果(大多数理论假设为线性关系)，研究方向在于利用可控实验或调查把消费者的心理黑箱变为白箱系统。认知心理学、行为主义心理学及个性特质论等流派学者进行消费者行为研究所用的方法就是这种实证主义方法论。

人本主义认为并不存在一个单一的客观实体，消费是各人的独特经验行为，研究者与被访者的相互作用影响研究结果，研究结论不能一般化推广到更大的群体。因此研究者只能试图理解消费者心理动机，对其行为作出主观的阐释，而不能作逻辑分析，根据抽象的规律而预测未来行为变化。人本主义研究的焦点是消费者的主观价值、语言与说辞，强调消费者的内在主观价值系统，认为消费者在进行购买决策时，不仅注重产品效用，还注重产品的符号价值。消费品满足消费者物质需要只是表象，而更重要的是我们必须关注产品的符号价值。对于消费者来说，消费能产生两方面的符号价值：提高消费者自我认同感的自我符号价值和提高社会认同感的社会符号价值。具体的研究方法包括深度访谈法、焦点小组法、日记法、田野记录等。

消费者行为正由实证主义转换为人本主义，其根本动因就是研究者们改变了消费者理性的假设。秉承古典经济学与新古典经济学的“经济人”假设，早期的消费者行为研究过于强调消费的理性方面，而忽视了消费的情绪化方面，无法解释消费行为的复杂性。消费者行为研究转而从心理学、社会心理学、社会学、人类学等其他学科吸取营养，建立了消费者的“社会人”假设，认为社会与情绪因素影响着消费者的购买决策。

1.3.2　消费者行为学的研究方法

在研究方法层次，我们可以将研究方法划分为量化研究与质性研究两种，二者的差别可以进一步参阅参考文献[10]。但这种划分不是绝对的，二者的界线比较模糊，而且量化研究与质性研究本身也都缺乏统一的定义，在消费者行为研究中最常见的量化研究方法是统计学方法，最具代表性的质性研究方法为扎根理论。扎根理论的基本思想是在系统收集资料（观察、访谈等）的基础上寻找反映社会现象的核心概念，然后通过概念之间的联系建构相关的理论，适合于进行探索性研究。其基本程序包括：从资料中产生概念，对资料进行登录；对资料和概念进行比较，询问生成性问题；发展概念，建立概念和概念之间的联系；理论性抽样，系统地对资料进行编码；建构理论。

一般来说研究方法又可以进一步划分为研究资料收集方法和研究资料分析方法，但有些研究方法本身就是资料收集方法和分析方法的结合，如事务日志分析法、口语报告法。

关于资料收集方法，自然科学获取研究资料的方法主要为观察法和实验法，而社会科学的研究资料获取方法还应包括问卷、访谈等方法；商业研究（business research）中的资料收集方法可分为观察法（参与和非参与观察）、实验法（实验和准实验）、测量法（心理测验、访谈、口头报告、问卷调查）。我们认为观察法、实验法、测量法是一般性的研究资料收集方法，在此基础上，网络消费者行为研究也发展了自己的资料收集方法，如事务日志、键盘/鼠标动作记录、音视频记录等。

研究方法的选择会影响到数据收集方式，而且资料收集方法与资料分析方法之间存在一定对应关系，如问卷调查结果一般使用定量方法进行分析，而且事务日志分析法、口语报告法等研究方法本身就规定了资料收集方法和分析方法。但是多数情况下，一种资料收集方法获得的研究资料，可以采用多种方法分析，如网络操作过程视频录像资料可以使用定性方法分析，但也可以根据一定的规则重新编码后采用定量方法分析。综上所述，我们可以建立起网络消费者行为研究方法分类体系(图 1-4)，具体的方法分类结果如表 1-2 所示。

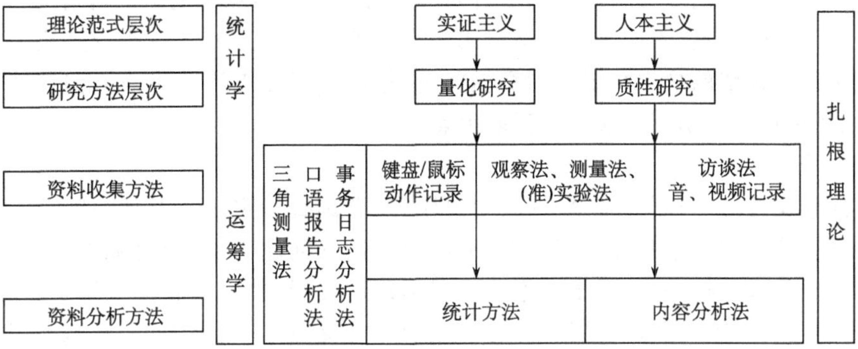

图 1-4 网络消费者行为研究方法分类体系

表 1-2 网络消费者行为研究方法分类结果

<table>
<tr><td colspan="2">理论范式层次</td><td colspan="2">符号互动论 民族方法学 民族志传播学 民族志学 诠释学
人种语义学 社会语言学 现象学 行动研究 自反性</td><td rowspan="3">统计学
运筹学
扎根理论</td></tr>
<tr><td rowspan="2">研究方法层次</td><td>资料收集</td><td>观察 调查 (准)实验 测试 访谈 问卷
焦点小组 键盘/鼠标动作记录 卡片分类
日记法 田野记录 音、视频记录</td><td rowspan="2">个案分析 关键事件法
口语报告分析 可用性测试
事务日志分析 三角测量
特尔斐法 言谈分析
纵向研究</td></tr>
<tr><td>资料分析</td><td>可视化 离散决策分析 内容分析法
统计方法 收益-成本分析</td></tr>
</table>

1.3.3 一些具体研究方法

1. 观察法

观察法是调研人员凭借自己的观察能力，而不是通过与受访者的直接交流获取信息。在观察中，由于我们的记忆往往会出现偏差，故在观察的同时，需要借用一些记录方式。传统环境下，调研人员一般使用手工记录、录音机、录像机等记录方式，而在网络环境下，一般是采用计算机软件自动记录的方式。通过软件记录消费者的网络访问情况，或是在聊天室观察用户的聊天行为都是网络环境下通过观察法收集信息的实例。

2. 焦点小组访谈法

焦点小组访谈是指由一名组织者邀请一些人自然、无拘束地讨论某些问题。之所以称其为焦点小组是因为组织者将保持对某一问题展开讨论，并防止人们将话题扯开。进行焦点小组访谈的目的在于发现和归纳出一些在常规的提问调研中所不能获得的意见、感受和经历，可以运用于以下情境：激发产品创意时的顾客基本需要研究；新产品想法或概念探究；产品定位研究；广告和传播研究；在问卷设计的初始阶段了解消费者所使用的语言与词汇等。在线焦点小组访谈是指参与者或客户在网络上交流，不同于传统小组的面对面接触形式。尽管一些专家认为在线焦点小组与传统的焦点小组不能相提并论，但对在线焦点小组访谈的调查结果表明，在线焦点小组访谈确实存在很多优点。

3. 问卷调查法

问卷调查是一种常用的数据收集手段，问卷调查假定研究者已经确定所要问的问题。这些问题被打印在问卷上，编制成书面的问题表格，交由调查对象填写，然后收回整理分析，从而得出结论。随着网络的发展，在线问卷使用越来越频繁。在线问卷法即请求浏览网站的用户参与企业的各种调查，具体做法：在网站上放置问卷；向相关的讨论组发送调查邀请，并在邀请内放置链接指向放在自己网站上的问卷；通过 E-mail 直接向企业的潜在用户发送调查问卷。

4. 实验法

实验法是在改变一个或多个变量（如改变产品特征、包装颜色、广告主题）的条件下，观察这种改变对另外一个变量如消费者态度、学习或重复购买行为产生的影响。在控制条件下改变的变量被称为自变量，受自变量影响而改变的变量被称为因变量。实验设计的目的是组建一种环境或情境，在此情境下因变量的改变很可能是自变量的改变所引起的。

实验研究中的基本工具是控制组和实验组。在实验组里，自变量被改变或被引入，然后观察因变量是否改变。而在控制组里，其他方面与实验组没有任何区别，唯一的区别是自变量没有改变。在现实研究中，控制组和实验组可以以多种方式相搭配，由此产生不同的实验设计。

除了选择合适的实验设计，还必须发展一种实验环境。在实验室实验中，我们必须控制所有外部影响，这样，每次重复该实验将会得到相似的结果。例如，如果在实验室让人品尝几种不同的沙拉，用类似的消费者来重复这一实验，我们将得到类似的偏好结果（这称为内部有效性）。然而，这并不必然意味着消费者在家里或在餐馆会喜爱同一种沙拉（这称为外部有效性）。

在实验中，我们要使实验环境尽可能地与相关的现实环境接近，也就是说要尽可能排除不寻常或偶发条件下才出现的外部因素对实验结果的扭曲。然而，如果实验结果没有遭扭曲，在现实营销运用中这些结果应当是有效的。

5. 生理测量

生理测量是直接测量个体对刺激物（如广告）的生理反应。这些反应有的是可控的，如眼球移动；有的则是不可控的，如皮肤触电反应。此种方法在国外的消费者行为研究中使用较多。常用的测量方法有:①瞳孔放大。眼睛中瞳孔大小的变化与个体对信息注意程度有直接关系,瞳孔仪能够准确测量出这种变化。②眼动记录。眼动仪(如 Eyelink)能够记录消费者在观看广告或浏览网页时的眼动轨迹,由此可以确定观看对象的哪些部分曾被注视,各个部分被观看的先后顺序,每一部分的注视时间等。③速测镜测量法(tachistoscopic test)。速测镜是一种装有可调节放映速度和明亮程度的滑动放映机。经由速测镜,广告可以或快或慢地播放。使用这种仪器可以测量出广告以什么速度播放能使其组成元素(如商品、品牌、标题)被观众辨认出来。④脑电波分析法。研究表明,脑电图能显示个体对广告或包装的注意程度及注意类型。

第2章

网络消费者信息需求模型

2.1 引言

消费者为什么要进行信息搜寻？现有研究认为信息需求是信息搜寻行为的动因和原始驱动力，如文献[11]提出的信息搜寻过程(information seeking process)模型认为信息搜寻过程包括三个基本阶段：用户在某种情境下产生了信息需求；用户通过网络获取信息；用户利用获得的信息来满足信息需求。

信息需求还会影响信息搜寻进程的发展。信息需求是用户的内在心理状态，信息搜寻行为是信息需求的外在表现形式。在搜寻的过程中，用户很难一次性就获得所需的全部信息，而是在不断获得新的信息，新信息一方面可能会满足现有的部分信息需求，另一方面可能又会触发新的信息需求，从而导致信息需求目标、信息需求量的反复变化，进而导致随后信息搜寻行为的变化。

由此可见，信息需求是触发、维持和制导信息搜寻的重要力量，是"信息搜寻行为的动因"[12]，因此将需求模型整合到信息搜寻行为研究中是十分必要的。

信息需求尽管得到了较多的关注，但目前所取得的理论进展比较有限，现已形成共识的观点有：信息需求是个体与任务/问题相互作用的结果；信息需求是搜寻行为的触发力量；信息需求是发展的；信息需求影响搜索行为。但是对于信息需求的形成及其对信息搜寻行为的影响机制还缺少研究，现有的信息需求模型都属于概念模型，缺少操作化指标，无法进行实证检验。

近些年探讨主体信息需求构成的研究成果越来越多，但很少有研究探讨消费者在特定购买任务情境下的具体信息需求。现有研究只给出了主体信息需求的主题类型，没有探讨信息需求量的问题，但一般来说，不同主题类型的信息需求量是不同的。现有研究也没有关注信息需求的发展过程，而实际上信息需求依赖于特定情境，随着信息搜寻进程的展开和时间的推移会不断发生变化[13]。

本章中，作者对信息需求的内涵进行了界定和发展，然后具体探讨了个体已有知识和任务情境对信息需求的影响，给出了相应的变量度量方法和理论假设，建立了一个相对完善的信息需求理论模型，并对模型进行了实证验证。还进一步结合消费者在特定购买任务情境下信息需求的分类,具体探讨了随着搜寻过程的进行,不同类型信息需求量的变化情况以及不同信息需求之间的切换规律。

2.2 信息需求模型与假设

2.2.1 信息需求的内涵与度量

1. 信息需求的含义与特征

研究者对于信息需求的关注由来已久,但定义信息需求是一件很困难的事情:文献[14]认为从主体角度而言,“无法完整描述现在还没有的信息”是一个显见的事实;文献[15]则指出“信息”本身就是一个棘手的概念,进而部分导致了“信息需求”定义的困难。

文献[12]认为“信息需求产生自个体对当前状态的不满意认知”,文献[14]则认为是信息缺乏(information lack)导致了信息需求的产生。Wilson 等认为人类对于信息的需求是为了消除不确定性(uncertainty);Belkin 则主张信息需求的产生源于个体认识到自己的知识非常状态(anomalous states of knowledge),用户一般不能解释这种非常状态需要的是什么,因此信息搜寻的任务就是尝试描述、理解和解决知识的非常状态[16],文献[17]认为人们的信息需求是源自问题情境(problem situation),并且随着任务阶段的发展而不断发生变化。

作者认为,信息需求是个体在面临某个问题情境时,由于意识到内部已有知识不足以,或是不确定能够解决当前问题,从而产生的对外部信息的需求。具体可从以下几方面理解:①信息需求源自内部已有知识不足。信息需求的产生是由于用户意识到内部已有知识与理想的解决问题所需信息/知识之间存在差距,即无法单单依靠内部信息搜寻或思考来解决问题。②信息需求是发展变化的。信息搜寻是一个反复的过程,因为用户很难一次性就获得所需的全部信息。在搜寻的过程中,用户不断获得新的信息,新信息一方面可能会满足现有的部分信息需求,另一方面可能又会触发新的信息需求,从而导致信息需求目标、信息需求量的变化。例如,文献[14]探讨了信息搜索过程中的信息需求发展特征,如动态性、多重性、切线相关性、嵌套性、多线程性。③信息需求是依赖于问题情境的。曾有研究认为信息需求属于“绝对类别”(absolute category),即信息需求是始终存在的,深深根植于人类的心理需求之中,其重要性就如同生理需求(如对食物、水的需求)和对爱的需求[18]。后来有不少学者反对这种观点,认为信息需求只具有决定“人类为何搜寻信息”的二类重要性(secondary importance),而且依赖于引发信息需求的问题情境(problem situation),这也是现今被广泛接受的观点[17]。④用户的信息需求是影响信息搜寻行为的重要因素,它是启动、维持和制导信息搜寻行为的力量,与投入用户信息搜寻的时间和精力存在密切联系[19]。但需要注意的是我们将信息需求界定为对“外部信息的需求”，因此信息需求只会影响外部信息搜寻行为。

2. 信息需求的分类

有众多研究者从一般意义上探讨过信息需求的分类：①根据心理维度对信息需求进行分类。目前普遍接受的信息需求心理维度分类方法是将信息需求分为功能性和非功能性两种。也有研究者对此进行了更细致的划分，如文献[11]将信息需求分为功能性需求(functional needs)、象征性需求(symbolic needs)和快乐性需求(hedonistic needs)三类；文献[21]将信息需求进一步细分为功利性需求(functional)、快乐性需求(hedonic)、创新性需求(innovation)、审美性需求(aesthetic)、标志性需求(sign)。②根据清晰程度或状态对信息需求进行分类。Belkin 认为在任务初始阶段，用户一般不能解释知识非常状态需要的是什么，信息搜寻的任务就是尝试描述、理解和解决知识的非常状态[16]，因此随着信息搜寻的进行，信息需求状态会越来越清晰。根据信息需求清晰程度的不同，学者们将信息需求分为“已知信息需求”和“未知信息需求”，已知信息需求是指个体清楚地知道需要哪些信息，未知信息需求是个体不清楚需要哪些信息，但这些信息的缺失会给个体带来损失[12]。文献[22]将图书馆信息检索情形下的信息需求划分为四种状态：潜在状态(visceral need)、自觉状态(conscious need)、正式化状态(formalized need)、信息检索系统语言化状态(compromised need)，其中潜在状态是指个体意识到信息需求，但信息需求还不明确；自觉状态指个体头脑中知道需要什么样的信息；正式化状态指个体能够明确用语言表达信息需求；信息检索系统语言化状态指个体能够将信息需求转换成合适的信息检索系统语言(如恰当的搜索关键词或表达式)。③根据信息的作用形式对信息需求进行分类。文献[23]将信息需求分为新信息的需要、阐明已有信息的需要、证实已有信息的需要、阐明已有信念或价值观的需要、证实已有信念或价值观的需要。④根据信息内容对信息需求进行分类。借鉴信息或知识管理方面的研究成果，将信息分为领域信息、问题信息、问题解决信息，或是将知识分为原理知识、事实知识、程序知识和人力知识[24]。

3. 信息需求的度量

目前还没有文献直接探讨信息需求量的度量问题，现有研究主要是使用“不确定性”作为信息需求的代理变量。“不确定性是指不确切了解或不完全清晰的心理状态；不确信或缺乏信心”(牛津英语词典，http://dictionary.oed.com)。信息搜寻过程就是减少或消除不确定性的过程。在消费者购买决策过程中，消费者是有限理性的，而且由于成本和可获得性等因素的约束，消费者不必要也很难获得所有的产品信息，所以不确定性也只能减少而不能消除。从这个意义上说，信息需求是消费者认为“在当前状态下还需要进一步消减的不确定性”，本章使用“信息需求量”来从数量上度量这种不确定的大小。借鉴文献[25]采用李克特量表来度量“不确定性水平”(非常不确定——非常确定)的做法,我们也可以将信息需求量按照由小到大的顺序分为若干个等级。

另外,信息需求是随着任务阶段的发展而不断发展变化的。在任务初始阶段,用户一般不能解释知识非常状态需要的是什么,随着信息搜寻的进行,信息需求状态会越来越清晰,所以信息需求的清晰程度也是度量信息需求的一个重要指标,在文献[22]的基础上,作者将信息需求清晰程度按照由模糊到清晰分为 5 个等级,即潜在状态、自觉状态、正式化状态、搜索状态、浏览状态。前三种状态与文献[22]的含义是一致的,而搜索状态是指个体能够将信息需求转换成合适的信息检索系统语言(如恰当的搜索关键词或表达式)并使用合适的搜索导航网站;浏览状态是指个体拥有较多的领域网站知识,明确知道应该访问哪些目标网站,并且确定这些网站上的信息能够满足自己的信息需求。

总体上,随着信息搜寻的进行,信息需求被不断地得到满足,信息需求量会不断下降,而信息需求状态则会越来越清晰。所以假设:

H1:信息需求量与信息需求清晰程度之间存在负相关关系。

2.2.2 信息需求的影响因素及其度量

根据信息需求的定义,影响信息需求的主要因素是个体已有知识和问题情境。“尽管个体特征差异存在,但其对信息需求和搜索行为的影响可能不如其他的认知和情境因素显著,而情境和任务则能更好地预测消费者行为”[19],所以本章主要关注的是认知和情境等潜在因变量对信息需求的影响,一些外在变量(如人口统计学变量)并没有纳入考察范围。

1. 个体已有知识及其度量

已有知识(prior knowledge)是指个体储存在记忆里的关于某个领域的事实和原理知识。学者们在定义信息需求时使用的“信息不足”、“认知差距”、“不确定性”等术语都充分表明了已有知识对信息需求的重要影响,即当面临某个任务的时候,个体感知到的信息需求反映了该个体的已有知识、处理能力和对所需信息的解释。

已有知识被认为是影响信息搜寻行为的基本因素之一[26],但是具体存在怎样的影响目前还存在争论,归纳起来有三种观点:负向影响、正向影响和“U”形影响[26]。作者认为,已有知识对信息搜寻行为的影响是通过信息需求这个中介变量实现的。如前所述,信息需求是消费者认为“在当前状态下还需要进一步消减的不确定性”,当前状态包括已有知识状态,如果已有知识越多,则“需要进一步消减的不确定性”就越少,对问题的理解和把握就越深入,所以已有知识与信息需求量之间存在负向影响,与信息需求清晰程度之间存在正向影响。

关于已有知识的度量,存在不同的做法。有些研究使用产品经验(product experience)作为已有知识的代理变量[19],文献[27]认为已有知识包括熟悉度(familiarity)和专门技能(expertise)两个维度，其中熟悉度是指个体知道多少，侧重知识方面；专门技能是指能够顺利完成相关任务的能力[26]，侧重能力方面，但两个维度之间存在正相关关系。

在网络信息搜寻过程中，消费者的已有网络知识也会对消费者的信息需求产生影响。依据上述已有知识的定义，已有网络知识是指个体储存在记忆里的关于网络的信息和理解。关于已有网络知识的度量，有些学者采用的就是上述的网络经验法(如调查网龄)或网络熟悉度和网络专门技能二分法[26,28,29]，也有学者根据已有知识的类型将网络已有知识进一步细分为一般描述性知识、专门描述性知识、一般程序性知识、专门程序性知识四类[30]；文献[29]建议从网络使用频率、电子邮件和网络信息搜寻、网络效能、计算机经验四个方面来度量网络知识。

本章在度量已有知识的时候采用的是熟悉度和专门技能二分法，因为这是目前最广泛使用的方法。尽管文献[30]的四分法似乎更加详细，但由于我们考察的是与特定任务相关的知识，实际上就排除了一般描述性知识和一般程序性知识，剩下的两个维度与二分法实际上是一致的。

值得注意的是，已有知识包括线上和线下两部分，我们将线下部分称为领域熟悉度和领域专门技能，将线上部分称为网络熟悉度和网络领域专门技能。

根据以上的论述，假设：

H2：领域熟悉度与信息需求量之间存在负相关关系。

H3：领域熟悉度与信息需求清晰程度之间存在正相关关系。

H4：领域专门技能与信息需求量之间存在负相关关系。

H5：领域专门技能与信息需求清晰程度之间存在正相关关系。

H6：领域熟悉度与领域专门技能之间存在正相关关系。

H7：网络熟悉度与信息需求量之间存在负相关关系。

H8：网络熟悉度与信息需求清晰程度之间存在正相关关系。

H9：网络专门技能与信息需求量之间存在负相关关系。

H10：网络专门技能与信息需求清晰程度之间存在正相关关系。

H11：网络熟悉度与网络专门技能之间存在正相关关系。

2. 问题情境及其度量

对于问题情境的理解存在两种不同的视角。问题解决研究视角将问题情境理解为特定的任务情境，而日常生活信息搜寻研究视角对问题情境的理解更为宽泛，将一般性的日常问题都纳入考察范畴。①问题解决研究视角。该研究视角将信息搜寻行为置于问题解决框架之下，视信息搜寻为一种目标导向行为(goal-directed behavior)，即信息搜寻行为是有目的的，是为了解决某个问题或达成某个目标。该研究视角发轫自图书情报学，特别关注触发个体信息搜寻进程的信息需求、认知、社会因素的研究。应用“问题解决研究视角”能够较好地解释具有较高教育水平的用户群体的有明显意图的信息搜寻行为[31]。②“日常生活信息搜寻-意义建构研究”视角。该研究视角更加关注人类的意义建构行为和非学术的、非正式的信息搜寻行为，将目的性（主动）的和无目的（被动）的信息行为结合起来，如研究年轻人的信息需求。意义建构是 Dervin 首先以隐喻的形式提出的：当一个人正常地行进在道路上时（状态，situation），会遇到不可逾越的坑洞（差距，gap），为了能继续前进，他不得不想方设法搭建一条通道（桥梁，bridge）到达对面（结果，outcomes）[32]。具体到信息行为研究中，“状态”实际上表示的是个体当前的认知状态；“差距”是指个体所遇到的、当前认知所不能解决的问题；“桥梁”是指信息的查寻、获取和利用，是一个连续的信息行为过程；“结果”代表个体进入了一个新的认知状态。后来 Savolainen 等学者将注意力集中在应用小世界（small-world）的概念来研究日常信息搜寻的“状态”，认为信息用户是基于价值观和特定的微观世界来构建信息的，并应用日常生活信息搜寻视角进行了网络搜索行为实证研究[33,34]。

在消费者行为学研究领域，研究者们关注的一般是购前信息搜寻行为，秉承这一传统，本章在构建信息需求模型时采用的是问题解决研究视角，即将问题情境理解为购买任务情境。虽然目前有关任务情境特征对信息需求影响的相关研究还较少，但已有较多学者直接探讨了任务复杂性、风险性、卷入程度等特征对信息搜寻行为的影响，从中我们可以发展任务特征的度量维度，并建立相关假设①。

1）任务复杂性

对任务复杂性（task complexity）的研究一般是与“不确定性”联系在一起的。文献[25]直接采用李克特量表（非常不确定——非常确定）来度量不确定性水平，并实证研究了信息搜寻的不同阶段不确定性的变化情况；文献[35]则研究了信息搜寻过程中哪些活动或问题容易引发不确定性。文献[36]研究了任务复杂性对信息搜寻和利用的影响，根据任务结果、过程、需要的信息等方面的不确定性程度将任务分为自动化信息处理任务、常态信息处理任务、常态决策任务、目标已知的新决策任务、新决策任务，复杂性程度依次由低到高，并实证研究了不同任务类型对应的信息搜寻过程中用户所需搜寻的信息、所利用的信息渠道和信息源的不同，结果表明随着任务复杂性的增加，所需要的信息的复杂性也在增加。据此假设：

H12：复杂性感知与信息需求量之间存在正相关关系。

H13：复杂性感知与信息需求清晰程度之间存在负相关关系。

2）任务风险性

在图书馆学情报学领域，研究者主要关注的是任务复杂性对信息搜寻行为的影响，但在消费者行为学领域，学者们通常认为当消费者察觉到购买某种产品的风险增加时，就会增加其信息搜索。在 Srinivasan 和 Ratchford 提出的汽车消费者

① 唐亮，张结魁，徐建华．网络消费者信息搜寻行为研究．图书与情报，2008(2)：40-43。

信息搜寻模型就讨论了“感知风险”对消费者信息搜寻努力的影响，他们将感知风险定义为“不进行外部信息搜寻而可能导致的各种损失的可能性与这种损失的重要性的乘积”[37]。感知风险包括财务、性能、物理、心理、社会、时间、机会成本等方面。文献[37]证实了感知风险会正向影响感知收益和备选方案数，而备选方案数会正向影响感知收益和信息搜寻努力。文献[38]对消费者在家中购物时的搜寻信息行为的研究结果表明，感知风险会正向影响感知收益，也会对外部搜寻信息努力产生正向的影响。任务复杂性与任务风险性存在一定关系，根据 Srinivasan 和 Ratchford 对风险的定义，任务复杂性或不确定性会增加“损失的可能性”，从而导致风险性的增加。但任务复杂性或不确定性与“损失的重要性”无关，因此任务复杂性与任务风险性存在一定差异。在上述分析的基础上，假设：

H14：风险性感知与信息需求量之间存在正相关关系。

H15：风险性感知与信息需求清晰程度之间存在负相关关系。

H16：复杂性感知与风险性感知之间存在正相关关系。

3）卷入程度

同样是在消费者行为学领域，研究者们认为卷入程度是影响信息搜寻努力的因素之一。“消费者卷入”理论是 20 世纪 60 年代消费者心理学家提出的一个重要理论，Zaichkowsky 将“卷入”(involvement)定义为“个体基于其内在的需要、价值观和利益而对一个客体知觉到的关联性”。Havitz 和 Dimanche 对卷入的定义则是消费者对待产品和活动的一种无法直接观察到的动机、兴趣和激励。我国学者李东进认为卷入是“消费者根据自己的价值、信念，对产品重要性的认识程度”[39]。根据以上定义，可以发现卷入程度与三个维度有关，即任务兴趣、任务关联性、任务重要性。已有学者通过实证研究证实了卷入程度与消费者信息搜寻努力之间存在显著的正向关系[39,40]。

卷入程度与感知风险存在密切关系，一般认为感知风险是影响卷入程度的重要因素[40]，也有些学者在研究过程中将感知风险等同于卷入程度(如文献[39])。我们认为，感知风险一般是基于当前任务信息和状态作出的主观评判，具有瞬时性、易变性，而卷入程度由于与兴趣、价值、信念等相关，往往比较持久且相对稳定，不一定要与具体的购买任务联系起来，如“车迷”即使是没有购车的动机也仍会持续关注汽车信息。因此，卷入程度预期会对个体的领域知识产生影响，用户如果对任务具有较大兴趣，或者是任务对象与自己的工作生活关系紧密、重要性程度高，用户平时就会更多地关注、收集相关信息，即进行持续搜寻(ongoing search)，从而积累较多的知识，相关知识的增加又会降低购买“损失的可能性”。另外，感知风险和卷入程度对信息需求的影响途径是不一样的。感知风险对信息需求的影响是直接的，是因果关系，而且影响方向也是明确的，“损失的可能性”和“损失的重要性”都会增加信息需求量。而卷入程度对信息需求的影响是间接的，而且影响方向有正有负，既可能会通过“损失的重要性”增加信息需求量，也可能会通过“已有知识”降低信息需求量，最终影响结果存在不确定性。因此，本研究倾向于从感知风险的视角来建立度量任务情境的指标集，但前提是以下假设至少有一个成立。

H17：任务兴趣与信息需求量或信息需求清晰程度之间不存在确定的相关关系。

H18：任务关联性感知与信息需求量或信息需求清晰程度之间不存在确定的相关关系。

H19：任务重要性感知与信息需求量或信息需求清晰程度之间不存在确定的相关关系。

假设 H17、H18、H19 中“不存在确定的相关关系”是指以下情形之一：①不存在显著相关性；②如果存在显著相关性，则影响方向不是唯一确定的，有时为正，有时为负。

另外，由于任务兴趣、任务关联性、任务重要性是卷入程度的三个组分，所以预期：

H20：任务兴趣、任务关联性、任务重要性感知两两之间存在正相关关系。

2.2.3　模型假设

前面对信息需求的内涵进行了界定和发展，认为信息需求是个体在面临某个问题情境时，由于意识到内部已有知识不足以，或是不确定能够解决当前问题，从而产生的对外部信息的需求。并分别探讨了个体已有知识和任务情境对信息需求的具体影响，分析了信息需求对信息搜寻行为的影响机制，给出了相应的变量度量方法和理论假设，现将提出的理论假设归纳如下，各测度指标之间的关系模型如图 2-1所示。

由于以上假设没有因变量和自变量之分，所以只能反映变量之间的相关关系，不能反映单指标与总体之间的因果关系。根据以上分析，我们认为卷入程度对信息需求不存在确定性的影响，因此我们决定使用任务复杂性、任务风险性这两个指标来度量消费者的任务情境感知。为了进一步验证理论假设中各潜变量(如个体已有知识)与测度指标(如领域熟悉度、领域专门技能等)之间，以及各潜变量之间的关系，我们建立了如下的信息需求影响因素结构方程模型(图 2-2)。结构方程模型是一种建立、估计和检验因果关系模型的方法，模型中既可包含可观测的显在变量，也可包含无法直接观测的潜在变量。结构方程模型可以替代多重回归、通径分析、因子分析、协方差分析等方法，清晰分析单项指标对总体的作用和单项指标间的相互关系，并能够反映整个模型的拟合程度，验证理论的完备性。

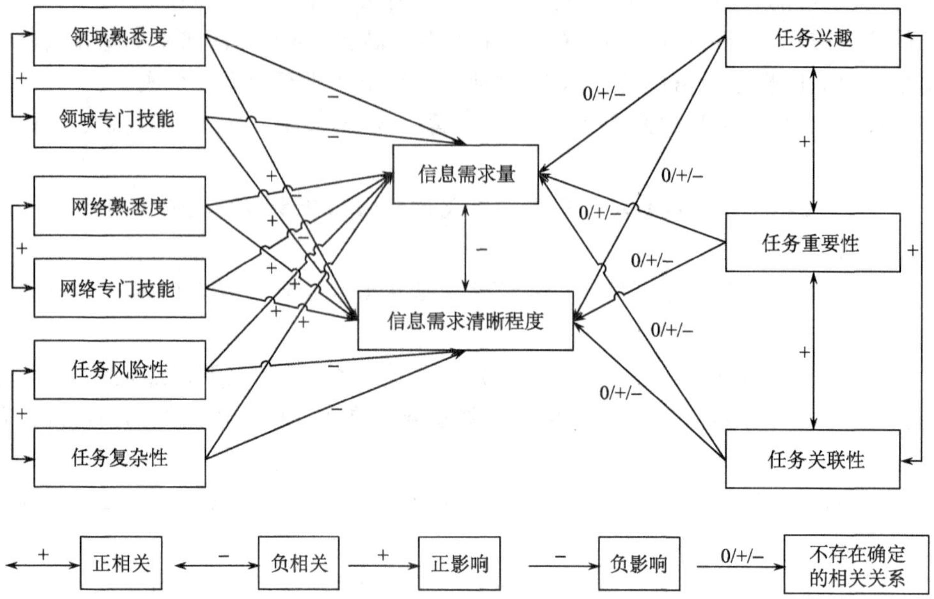

图 2-1　信息需求及其影响因素测度指标的相互关系

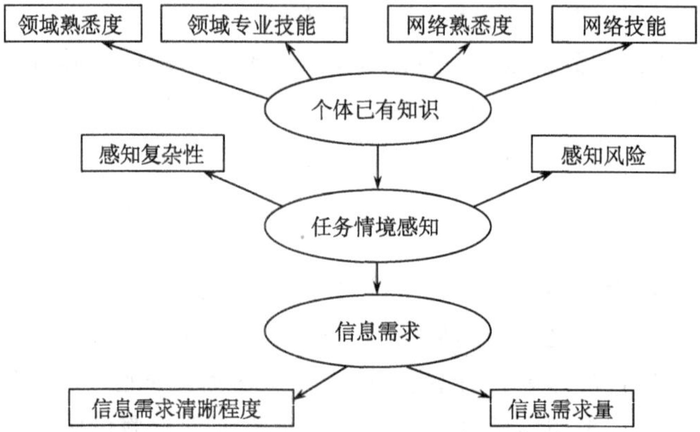

图 2-2　信息需求影响因素结构方程模型

2.2.4　信息需求的构成与发展

上述模型和假设反映的是个体和任务特征对信息需求的一般影响，没有涉及信息需求的具体构成和发展。近年来，探讨主体信息需求构成的研究越来越多，根据主体的不同，这些研究可以分为三类：公民日常信息需求、特定职业的工作信息需求和特定任务情境下的信息需求。研究消费者信息需求的构成与发展对于信息提供商或公共部门具有重要指导作用。例如，为消费者提供合适的信息内容、改善信息组织方式、改进信息推荐等个性化服务。但从现有研究成果来看，我们发现：①很少有研究探讨消费者的信息需求，尤其是基于问题解决研究视角的消费者在特定购买任务情境下的具体信息需求。②现有信息需求模型只给出了信息需求的主题类型，没有探讨信息需求量的问题，但一般来说，不同主题类型的信息需求量是不同的。③现有信息需求模型都是静态的，没有关注信息需求的发展，而实际上信息需求依赖于特定情境，随着信息搜寻进程的展开和时间的推移而不断发生变化。本章拟在实证验证信息需求模型及相关假设的同时，对信息需求的构成与发展进行探索性研究。

2.3　假设验证与模型拟合

为了验证前文提出的模型假设，本研究首先设计了一个“网络环境下的消费者信息需求与信息搜寻行为”实验，该实验以“组装电脑”（计算机 DIY）为模拟的在线搜寻购买任务，招募了 79 名市场营销专业大学生。实验过程中，参加者要求通过网络实际搜寻与“组装电脑”相关的信息，使其置身于比较真实的任务情境中，最终目的是能够获得高质量的问卷调查结果。

由于实验样本和任务比较单一，为保证研究的普适性，作者又在合肥、上海、大连、深圳、惠州等城市进行了网络环境下的消费者信息需求与信息搜寻行为问卷调查，共发放问卷 204 份，回收问卷 176 份，其中有效问卷 158 份。

2.3.1　实验设计及数据收集

1. 样本选择和任务设置

在进行实验之前首先需要确定样本群体和信息搜寻任务，而且这二者之间存在密切联系，需要合理权衡。本研究需要考察信息需求的形成机制、发展规律，及其对信息搜寻行为的影响，所以应该设置一个尽量复杂的消费信息搜寻任务，使得信息搜寻持续的时间较长，便于分析信息需求的发展规律。但任务越复杂，实验就越难组织控制，因此可能需要减少被试样本量，而且实验任务最好是被试感兴趣的、愿意投入参与的。

已有研究中一般采取的是方便样本选择方法，即招募在校本科生、研究生作为被试样本，根据 Ondrusek 的统计[41]，2000 年之前的 88 个信息搜寻相关的（准）实验研究项目中，只有 26 个样本量超过了 60 人。之后的一些研究中，招募的样本数一般在 20～150[42～44]。在这些研究实验中，可能会设置一到多个信息任务，但这些任务绝大部分都是比较简单的“事实”信息搜索（如搜索适合初学者的 javascript 入门学习材料、某政治候选人的相关信息、在线论文检索），有些则没有设置具体任务。

本研究中也采取了方便样本选择方法。作者招募了所在单位的 79 名二年级市场营销专业两个班的本科生（其中男生 56 人，女生 23 人）作为实验被试。我们了解到组装计算机在大学二年级学生中非常普遍，而且组装计算机对于他们而言属于“复杂购买任务”，需要进行大量的信息搜寻，相关信息也适合通过网络渠道获得。所以本实验的任务设置为“通过网络搜寻相关信息，模拟组装一台适合自己的计算机”。

2. 实验前测

实验前作者调查了这些参加者对组装电脑的兴趣、感知相关性、感知重要性、感知复杂性、感知风险、网络使用知识/能力、计算机组装知识/能力，以及实验预期投入程度，统计结果基本符合正态分布（表 2-1）。这表明样本的被测变量水平具有较好的区分度，实验预期投入程度也较好，同时也表明参与者主观愿意或实际需要投入的网络搜寻时间会不一致。为了记录参与者的“真实信息搜寻行为”，作者将实验分为 3 个单元（2007 年 5 月 26 日的上午、下午和 5 月 27 日的上午），每次 2.0 小时，参与者在实验过程中可以访问任意网站，鼓励参与者“根据自身情况决定信息搜寻的时间和内容”。所以每位参与者参加的实验单元数可能是 1～3 次，每个单元的实际网络访问时间也可能不到 2.0 小时。

表 2-1　部分实验前测结果

组装电脑的感知相关性		组装电脑的兴趣		组装电脑的感知重要性		实验预期投入程度	
非常小	11	非常小	4	非常小	2	非常小	4
较小	21	较小	16	较小	13	较小	18
中等	19	中等	33	中等	21	中等	13
较大	25	较大	26	较大	35	较大	39
非常大	3	非常大	0	非常大	8	非常大	4
网络使用知识		网络使用能力		组装电脑知识		组装电脑能力	
非常差	3	非常差	3	非常差	15	非常差	14
较差	27	较差	14	较差	29	较差	32
中等	33	中等	46	中等	26	中等	22
较好	15	较好	16	较好	9	较好	11
非常好	1	非常好	0	非常好	0	非常好	0

3. 实验环境和资料收集

本研究需要收集的数据包括消费者个体知识水平和任务情境感知等心理变量，以及实际的网络访问行为。前者使用问卷方法收集，后者主要是利用客户端软件记录各被试的网络访问事务日志及其视频操作记录。由于还需要研究信息需求的变化，所以在实验的三个单元中作者分别调查了被试的信息需求状况。

实验统一安排在作者单位的电子商务实验室进行，每位参与者固定使用一台计算机，实验环境和相关工具软件如下：网络环境为局域网，操作系统为 Windows 2000 professional，网络浏览器为 Internet Explorer 6.0，事务日志记录软件为 IE 浏览记录程序①，视频录像软件为 Screen Demo Maker 3.0②。

所有资料都是匿名方式收集的，另外告知学生可以只对与计算机组装信息搜寻相关的网络操作录像，尽量保证参与者信息搜寻行为的"自然真实"。最后各实验单元的实际参加者人数如表 2-2 所示，收集到的数据情况如下：有效问卷 79 份，视频记录为 2.97G，累计时间长度约为 46 小时。事务日志记录共 20 315 条，累计时间长度约为 130 小时(表 2-3)，事务日志的格式如下：Mac 地址，由于每个被试固定使用一台计算机，所以 Mac 地址可以用来识别被试；页面 URL 地址，即用户请求浏览的页面 URL 地址；页面请求时间，即用户请求浏览某页面的时间戳。

表 2-2　各实验单元的实际参加者人数

仅参加了一个单元的人数:44			参加了两个单元的人数:16			参加了三个单元的人数:19
单元 1	单元 2	单元 3	单元 1、2	单元 1、3	单元 2、3	单元 1、2、3
40	1	3	6	9	1	19

表 2-3　各实验单元中被试总的页面浏览数和停留时间

实验单元	页面浏览数	停留时间/小时:分:秒
1	11 132	77:06:09
2	4 801	21:51:08
3	4 382	29:58:28
总计	20 315	128:55:45

2.3.2　抽样问卷调查

实验被试样本单一，可能存在代表性不足的缺点。抽样问卷调查的目的是利用抽样调查结果验证实验结果的外部效度。

抽样问卷调查中作者设置的任务情境为被调查样本"通过网络搜寻笔记本电脑购买相关的信息"，与实验的任务略有不同。这是考虑到一般大众尤其是在职工作人员对电脑的需求是以笔记本电脑为主，自己组装计算机的较少。而且购买成

---

① 程序介绍可参见 http://bbs.txwm.com/printpage.asp? BoardID=190&ID=285267。

② 程序介绍可参见 http://www.hanzify.org/index.php? Go=Show::List&ID=3506。

品笔记本电脑所需的信息搜寻、知识技能较自己组装电脑要少，任务相对简单一些，有利于克服问卷调查过程中任务情境感不强的问题。

抽样问卷调查的实施时间为 2007 年 9 月 15 日到 9 月 30 日，调查样本的选择以合肥市民为主，同时从北京、上海、大连、深圳、惠州等城市也抽取了部分样本。问卷发放采取纸质问卷和电子文档同时发放的形式，在合肥地区，主要采用纸质问卷的形式，其他城市则全部采用网络问卷的形式。总共发放问卷 204 份，回收 176 份，回收率为 86.3%。在回收的问卷中，扣除填答不完整、回答前后矛盾或不一致的问卷 18 份，实际有效问卷 158 份，有效率为 77.5%。有效问卷的人口统计学特征如表 2-4 所示。

表 2-4 抽样调查的样本人口统计学特征

人口特征变量	类型	人数	百分比/%	累计百分比/%
性别	男	112	70.9	70.9
	女	46	29.1	100
年龄	18～22 岁	12	7.6	7.6
	23～28 岁	76	48.1	55.7
	29～33 岁	25	15.8	71.5
	34～40 岁	29	18.4	89.9
	40 岁以上	16	10.1	100
学历	大专及大专以下	25	15.8	15.8
	本科	83	52.5	68.3
	硕士	35	22.2	90.5
	硕士以上	15	9.5	100
职业	学生	35	22.2	22.2
	在职员工	115	72.7	94.9
	自由职业人员	8	5.1	100

2.3.3 假设验证

1. 假设的实验验证

我们首先计算了实验问卷调查中各变量之间的 Kendall τ 和 Spearman 相关系数（结果表明这两种相关系数只在数量上存在较小差异，显著性则完全相同，所以只保留了 Kendall τ 相关系数，如表 2-5 所示），根据这些相关系数对假设 H1～H20 进行了验证（表 2-6），结果表明假设 H1～H20 都是成立的。另外，从表 2-5 可以看出：

表 2-5　实验问卷调查中各变量的 Kendall τ 等级相关系数(样本数 $N=79$)

	信息需求量	清晰程度	领域熟悉度	领域专业技能	网络熟悉度	网络技能	复杂性	风险性	兴趣	关联性	重要性
信息需求量	1.000	−0.311**	−0.530**	−0.433**	−0.360**	−0.276**	0.337**	0.382**	−0.170	−0.021	−0.054
信息需求清晰程度	−0.311**	1.000	0.259**	0.190*	0.238*	0.206*	−0.273**	−0.286**	0.091	0.058	0.007
领域熟悉度	−0.530**	0.259**	1.000	0.710**	0.579**	0.543**	−0.545**	−0.443**	0.074	−0.048	0.173
领域专业技能	−0.433**	0.190*	0.710**	1.000	0.579**	0.521**	−0.443**	−0.420**	0.106	0.002	0.113
网络熟悉度	−0.360**	0.238*	0.579**	0.579**	1.000	0.575**	−0.325**	−0.339**	0.217*	0.153	0.219*
网络技能	−0.276**	0.206*	0.543**	0.521**	0.575**	1.000	−0.381**	−0.418**	0.226*	0.152	0.117
复杂性	0.337**	−0.273**	−0.545**	−0.443**	−0.325**	−0.381**	1.000	0.510**	−0.058	−0.098	−0.143
风险性	0.382**	−0.286**	−0.443**	−0.420**	−0.339**	−0.418**	0.510**	1.000	−0.239*	−0.156	−0.143
兴趣	−0.170	0.091	0.074	0.106	0.217*	0.226*	−0.058	−0.239*	1.000	0.446**	0.261**
关联性	−0.021	0.058	−0.048	0.002	0.153	0.152	−0.098	−0.156	0.446**	1.000	0.187*
重要性	−0.054	0.007	0.173	0.113	0.219*	0.117	−0.143	−0.143	0.261**	0.187*	1.000

** Correlation is significant at the 0.01 level (2-tailed); * Correlation is significant at the 0.05 level (2-tailed)

表 2-6 假设 H1～H20 的验证结果(样本数 $N=79$)

假设内容	τ相关系数	结论
H1：信息需求量与信息需求清晰程度之间存在负相关关系	−0.311**	证实
H2：领域熟悉度与信息需求量之间存在负相关关系	−0.530**	证实
H3：领域熟悉度与信息需求清晰程度之间存在正相关关系	0.259**	证实
H4：领域专门技能与信息需求量之间存在负相关关系	−0.433**	证实
H5：领域专门技能与信息需求清晰程度之间存在正相关关系	0.190*	证实
H6：领域熟悉度与领域专门技能之间存在正相关关系	0.710**	证实
H7：网络熟悉度与信息需求量之间存在负相关关系	−0.360**	证实
H8：网络熟悉度与信息需求清晰程度之间存在正相关关系	0.238*	证实
H9：网络专门技能与信息需求量之间存在负相关关系	−0.276**	证实
H10：网络专门技能与信息需求清晰程度之间存在正相关关系	0.206*	证实
H11：网络熟悉度与网络专门技能之间存在正相关关系	0.575**	证实
H12：任务复杂性感知与信息需求量之间存在正相关关系	0.337**	证实
H13：任务复杂性感知与信息需求清晰程度之间存在负相关关系	−0.273**	证实
H14：任务风险性感知与信息需求量之间存在正相关关系	0.382**	证实
H15：任务风险性感知与信息需求清晰程度之间存在负相关关系	−0.286**	证实
H16：任务复杂性感知与任务风险性感知之间存在正向相关关系	0.510**	证实
H17：任务兴趣与信息需求量、清晰程度之间不存在确定的相关关系	不显著	证实
H18：任务关联性感知与信息需求量、清晰程度之间不存在确定的相关关系	不显著	
H19：任务重要性感知与信息需求量、清晰程度之间不存在确定的相关关系	不显著	
H20：任务兴趣、任务关联性、任务重要性感知两两之间存在正相关关系	全部显著正相关	证实

** Correlation is significant at the 0.01 level(2-tailed)；* Correlation is significant at the 0.05 level(2-tailed)

(1) 在显著性水平为 0.05 的条件下，信息需求量、信息需求清晰程度、领域熟悉度、领域专业技能、网络熟悉度、网络技能、复杂性、风险性等变量之间的等级相关系数有显著意义，说明这些变量之间的关系非常紧密。

(2) 在显著性水平为 0.05 的条件下，兴趣、关联性、重要性三变量之间的等级相关系数有显著意义，说明这三个变量作为卷入程度的观察变量是合适的。这三个变量中，兴趣与网络熟悉度、网络技能、风险性的相关性是显著的，重要性与网络熟悉度的相关性是显著的，但三者与信息需求量、信息需求清晰程度的相关性都不显著，说明卷入程度与信息需求之间可能存在微弱的影响关系，但这种关系并不显著。

2. 假设的抽样验证

由于实验收集的数据样本结构比较单一，为了考察上述假设验证结论的外部效度，作者还进行了抽样调查。为了降低问卷的复杂度，并且考虑到问卷调查时被调查者的问题情境感可能不强，所以在抽样调查问卷中对实验问卷中的变量维度进行了合并，信息需求则只考察了信息需求量一个维度，以保证问卷回收的数量和质量。

抽样调查中作者以“通过网络搜寻笔记本电脑购买相关的信息”为任务情境，采用李克特五级量表来度量消费者的领域知识、网络知识、卷入程度、复杂性、风险性、信息需求量等方面的感知情况。这些变量之间的相关性分析结果如表 2-7。结果表明，在显著性水平为 0.01 的条件下，复杂性、风险性、领域知识、网络知识与信息需求量之间存在显著相关性，卷入程度对与领域知识、网络知识显著相关，但对信息需求量没有显著影响。这与上述的实验分析结果是基本一致的，不同之处在于此处的卷入程度与领域知识也存在显著的相关关系。

表 2-7　抽样问卷调查中各变量的 Kendall τ 等级相关系数(样本数 $N=158$)

	卷入程度	复杂性	风险性	领域知识	网络知识	信息需求量
卷入程度	1	−0.094	0.186	0.320**	0.271**	−0.050
复杂性	−0.094	1	0.552**	−0.442**	−0.567**	0.274**
风险性	0.186	0.552**	1	−0.341**	−0.380**	0.248**
领域知识	0.320**	−0.442**	−0.341**	1	0.693**	−0.202**
网络知识	0.271**	−0.567	−0.380**	0.693**	1	−0.462**
信息需求量	−0.050	0.274**	0.248**	−0.202**	−0.462**	1

** Correlation is significant at the 0.01 level(2-tailed); * Correlation is significant at the 0.05 level(2-tailed)

2.3.4　模型拟合

上述的实验问卷和抽样问卷的验证结果表明，假设 H1～H20 是合理的，具有较好的实验内部效度和外部效度。为了进一步验证理论假设中各潜变量(个体已有知识、任务难度、信息需求)与测度指标之间，以及各潜变量之间的关系，利用实验数据，使用 AMOS 7.0 软件对信息需求结构方程模型进行了拟合验证。参照文献[45]，我们选择的拟合指数及其结果如表 2-8。

表 2-8　结构方程模型拟合指数结果

拟合指数	含义与取值	实际拟合结果
χ^2/df	卡方与自由度的比值，一般认为该指数应该小于 5	30.037/25=1.20
GFI	拟合优度指数，该指数大于 0.9 时表明模型拟合良好	0.928
AGFI	调整的拟合优度指数，该指数大于 0.8 时表明模型拟合良好	0.870
NFI	规范拟合指数，该指数大于 0.9 时表明模型拟合良好	0.900
IFI	增加拟合指数，该指数大于 0.9 时表明模型拟合良好	0.982
CFI	比较拟合指数，该指数大于 0.9 时表明模型拟合良好	0.981
RMSEA	近似误差均方根，该指数小于 0.1 表示好的拟合	0.051

拟合指数结果表明该模型与数据拟合较好，信息需求结构方程模型结果如图 2-3所示。根据该模型：①影响系数(箭头线段旁边)的正负方向表明假设 H1～H16 是成立；②各潜变量(椭圆表示)可以使用对应的测度变量(矩形表示)来度量；③模型的整体拟合程度高，表明该理论模型是完备的。

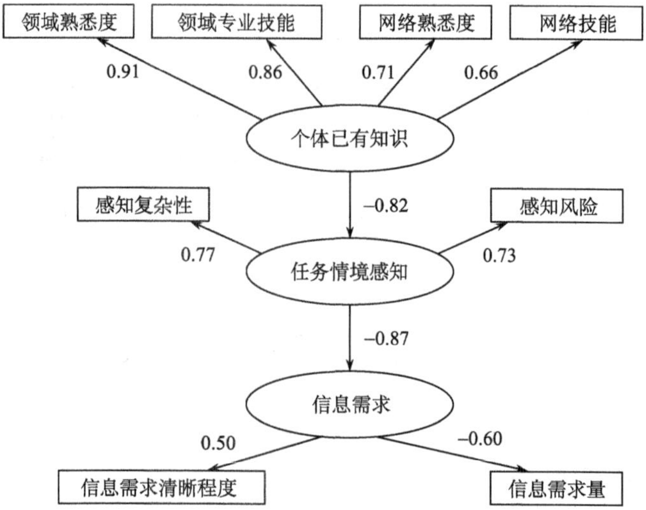

图 2-3　信息需求结构方程模型拟合结果

2.4　信息需求的构成与发展

结合网络消费者信息需求与信息搜寻行为实验采集的问卷、视频、事务日志数据，可采用“自顶向下，逐步求精”的方法分三步分析消费者信息需求的构成与发展：首先结合现有的信息需求的分类，将信息需求分为功能性需求和非功能性需求两大类；随后将功能性需求进一步扩展为事实知识、原理知识、技能知识；最后结合领域特征探讨计算机 DIY 过程中消费者的具体信息需求。每一步中都会分别探讨不同类别信息需求的数量特征和发展规律。

在具体研究方法的选用上，由于前两步使用的分类方法是公认的，类别也比较简单，所以采用的是定量研究方法。但目前还没有研究探讨过计算机 DIY 过程中消费者的具体信息需求构成，所以在第三步我们将采用定性与定量相结合的研究方法。

2.4.1　功能性需求与非功能性需求

由于功能性需求与非功能性需求能够根据用户访问过的网站来识别，所以可以通过客户端事务日志来分析功能性需求与非功能性需求的数量和发展情况。实验中参与者访问的网站数量达到 350 家，但大多数网站访问次数较少，其中前 10 位的网站累计访问页面数为 13 918，约占总访问量的 70%，所以我们选择这十大网站为样本进行分析。十大网站又可以分为三类（表 2-9）：①搜索引擎，由于搜索引擎一般不提供具体内容，我们认为既不代表功能性需求，也不代表非功能性需求；②计算机 DIY 相关网站，DIY 计算机是本实验中用户需要完成的任务，所以我们认为计算机 DIY 相关网站代表的是功能性需求；③社交类与综合性门户网站，虽然这类网站也可能提供少数计算机 DIY 相关的内容，但主要满足的是用户的非功能性需求（如音乐、交友、新闻等）。

搜索引擎、计算机 DIY 相关网站、社交类与综合性门户网站的相对比例为 0.13∶0.59∶0.28，因此功能性需求与非功能性需求的数量比例为 0.59∶0.28，标准化后等于 2.1∶1。

表 2-9　前 10 位网站的分类与访问页面数量统计

类型	搜索引擎	计算机 DIY 相关网站（功能性需求）				社交类与综合性门户网站（非功能性需求）				
网站	baidu	zol	it168	pconline	it	xiaonei	163	qq	sina	hfutbbs
访问数	1787	4292	2359	938	629	1301	996	720	569	377

为了分析信息需求的发展情况，作者根据客户端日志绘制了各用户访问十大网站的时间序列模式（图 2-4），图中的点表示某一用户（纵轴）在某一时刻（横轴）访问的特定网站（网站图例见右上角）。从图中可以看出计算机 DIY 相关网站（用“|”表示）、社交类与综合性门户网站（用“—”表示）两类网站都与搜索引擎（用“●”表示）有交叠。但计算机 DIY 相关网站、社交类与综合性门户网站基本没有交叠，说明功能性需求与非功能性需求是交替出现的，而且功能性需求的

持续时间最长可达1小时,而非功能性需求的持续时间一般不超过20分钟(如图2-4中箭头所示)。

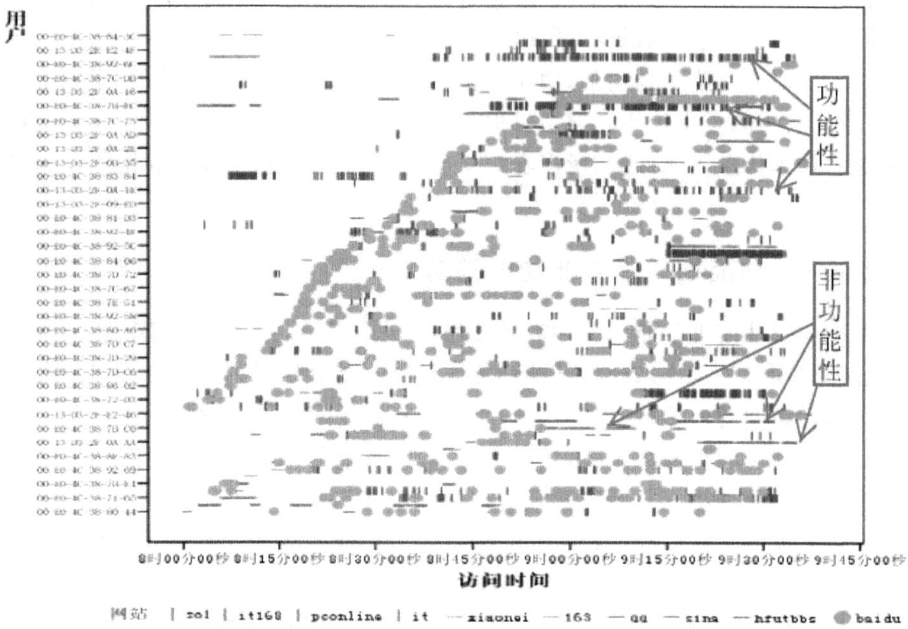

图 2-4 用户访问十大网站的时间序列

2.4.2 功能性需求的扩展

结合经济合作与发展组织的知识分类方法[24],作者将功能性需求进一步分为原理知识(如计算机原理与构成)、技能知识(如怎样合理配置和组装计算机)、事实知识(如计算机配件价格与功能参数)等三类信息需求(人力知识在本实验中代表用户如何使用搜索引擎和分类目录导航类网站查找相关信息,所以不属于功能性需求)。

由于这三类知识难以通过事务日志来测量,所以作者在每个实验单元开始前通过问卷调查用户接下来计划搜索的信息类型(可多选),得出的统计结果如表2-10所示,因为参与每个实验单元的人数可能不一致,所以用相对比例来表征各类信息需求量。从“知识类型小计”列可以看出,原理知识、技能知识、事实知识的总体数量比例关系为0.17∶0.35∶0.49,标准化后等于1∶2.1∶2.9。

表 2-10　用户信息需求分类统计情况

实验单元 / 知识类型	单元 1		单元 2		单元 3		知识类型小计	
	计数	比例	计数	比例	计数	比例	计数	比例
原理知识	25	0.19	18	0.15	16	0.16	59	0.17
技能知识	50	0.38	44	0.36	29	0.28	123	0.35
事实知识	55	0.42	60	0.49	57	0.56	172	0.49
单元小计	130	1.00	122	1.00	102	1.00	354	1.00

但在不同的实验单元，三者的比例关系并不一致。从图 2-5 可以看出，在各个单元中，信息需求量都是原理知识小于技能知识小于事实知识，但是三者的发展轨迹完全不同，原理知识需求量呈"U"形发展轨迹，技能知识需求量是逐渐下降的，而事实知识则呈逐步上升趋势。

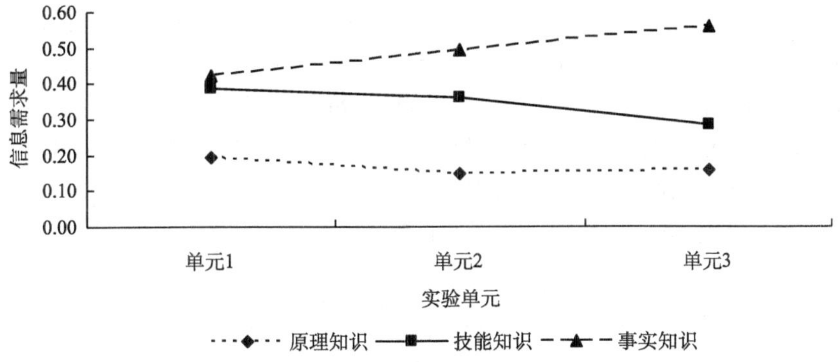

图 2-5　三类信息需求量比例的发展变化

2.4.3　功能性需求的具体化

通过对用户信息搜寻过程视频（如搜索关键词和查看的页面内容）的分析，以及调查问卷中开放式问答题"你打算怎样完成计算机 DIY 任务？"答案的分析，作者归纳出了消费者的九类具体信息需求。

(1) 计算机工作原理与构成（YLGC）：具体内容包括计算机是由哪些部件组成的、各部件的功能、部件间的相互关系。

(2) 市场行情（SC）：主要包括计算机整体和重要部件的性能水平与技术发展趋势、重要部件的价格走势等宏观信息，消费者要根据这些信息来确定最佳性价比组合和购买时机等（所以下文我们将市场行情划分为市场原理知识）。

(3) 配置计算机（PZ）：大多数用户都是以某个网站推荐的 DIY 配置单为蓝

本，然后修改其中的部分部件形成自己的 DIY 配置，所以配置计算机是用户的重要信息需求内容之一。

(4) 组装计算机(ZZ)：即如何将各个部件组装起来成为一个整体，具体包括组装过程和部件安装方法。

(5) 防黑技巧(FH)：由于 DIY 市场中存在较多“奸商”，所以防止被“黑”也是用户关心的问题，包括如何防范价格欺诈和杜绝“水货”。

(6) 部件信息(BJ)：各计算机部件(如 CPU、内存、主板等)的报价、技术参数、兼容性。

(7) 术语解释(SY)：用户对有些部件名称、技术术语和行话可能不太清楚，如 LCD、二级缓存、超频、JS(奸商)，需要搜索查看相应的术语含义。

(8) 测评与评价(CPPJ)：消费者在决策时会参考一些专业的测评信息和网友的在线评价，如显示器测评和网友对于某款主板的评价等。

(9) 销售商(XS)：了解某产品销售商的具体情况及其产品报价。

为了探讨具体信息需求的数量关系和发展轨迹，作者对用户所访问的中关村在线网站(http://www.zol.com.cn，简称 zol，其访问数为 4292，超出了其他 3 家计算机 DIY 网站访问数之和，见表 2-9)的频道情况进行了深入分析。用户访问的 zol 频道统计情况如表 2-11 所示(只保留了访问次数在 5 次以上的频道)，具体信息需求与经合组织的知识分类、zol 频道内容的对应关系如图 2-6 所示(图中数字①、②、③、④代表具体频道或相似频道组合)。

表 2-11 zol 频道访问统计

频道名	访问次数	百分比	频道名	访问次数	百分比
diy	126	0.052	detail&product	1318	0.545
Price	5	0.002	cpu	29	0.012
comments	203	0.084	memory	13	0.005
group	156	0.065	lcd	6	0.002
bbs	70	0.029	mb	6	0.002
chat	15	0.006	mouse	5	0.002
zj	428	0.177	power	5	0.002
dealer	27	0.011	sound	5	0.002

想要准确度量各类具体信息需求的数量是相当困难的，因为网站同一频道可能提供不同类别的信息内容。例如，zol 的 comments、group、bbs、chat 几个频道为用户提供了一个互动交流的平台，用户在这几个频道中都可以获取市场行情、组装计算机、配置计算机、防黑知识、术语解释、测评与评价等方面的信息内容。而且在

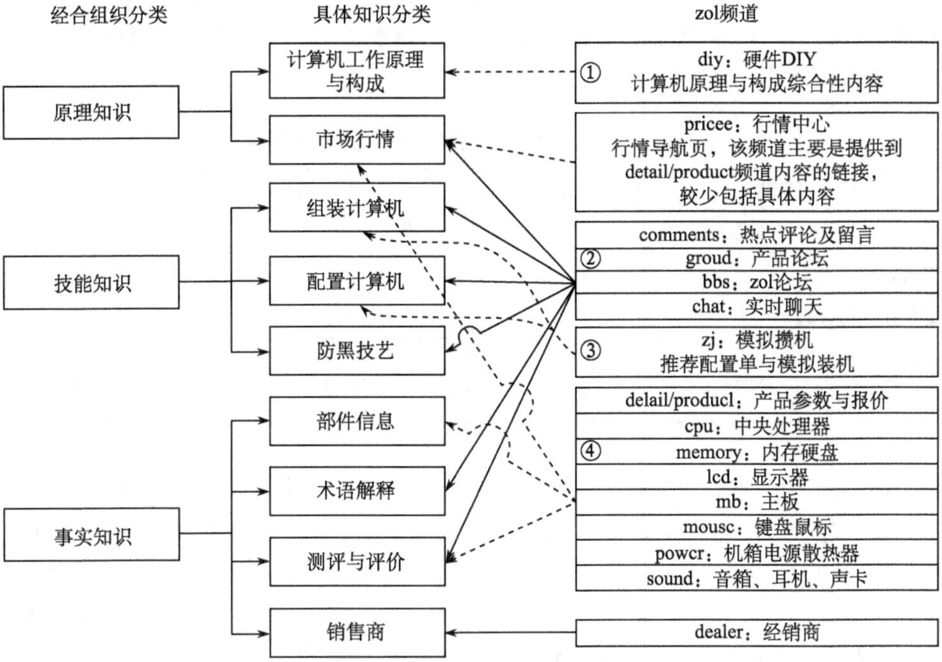

图 2-6　具体信息需求、经合组织的知识分类、zol 频道内容的对应关系

同一个网页中，也可能会包括若干不同类别的内容。但是结合表 2-10、表 2-11 和图 2-6，我们可以推断出各类具体信息需求的数量框架，具体如下：

由于原理、技能、事实三类知识所占比例分别为 0.17、0.35、0.49，所以

$$YLGC + SC = 0.17 \tag{2-1}$$

$$ZZ + PZ + FH = 0.35 \tag{2-2}$$

$$BJ + SY + CPPJ + XS = 0.49 \tag{2-3}$$

由各 zol 频道所占比例及其与具体知识的对应关系，可以得出：

$YLGC=0.05$　　(diy 频道只提供 YLGC 知识)　　(2-4)

$0.18<ZZ+PZ<0.36$　　(zj 频道只提供 ZZ、PZ 知识，其受访比例为 0.18；频道组合②也提供 ZZ、PZ 知识，其受访比例也为 0.18)　　(2-5)

$XS=0.01$　　(dealer 频道只提供 XS 知识)　　(2-6)

由式(2-1)和式(2-4)可以推出：$SC=0.12$

由式(2-2)和式(2-5)可以推出：$FH<0.17$，$0.18<ZZ+PZ<0.35$

由式(2-3)和式(2-6)可以推出：$BJ+SY+CPPJ=0.48$

九类具体信息需求的最终数量比例关系总结如表 2-12。可以看出，各类信息

需求的数量差异明显，市场行情、配置计算机、组装计算机、部件信息、术语解释、测评与评价等方面的信息需求量相对较大，而计算机工作原理与构成、销售商方面的信息需求比较小。

表 2-12 九类具体信息需求的最终数量比例关系

信息需求	比例	信息需求	比例
计算机工作原理与构成(YLGC)	0.05	部件信息(BJ)	0.48
市场行情(SC)	0.12	术语解释(SY)	
配置计算机(PZ)	(0.18,0.35)	测评与评价(CPPJ)	
组装计算机(ZZ)		销售商(XS)	0.01
防黑技巧(FH)	(0,0.17)		

由于用户在搜索计算机 DIY 相关信息的时候所访问的网站并不局限于 zol，所以各个用户在 zol 的访问和停留时间是不确定的，为此我们依据各用户访问 zol 的页面时间对其访问序列按序数顺序重新进行了编码，以更好地反映信息需求发展的轨迹。图 2-7 是依据页面访问序数顺序绘制的 zol 频道访问情况（为清晰起见，只保留了访问次数大于 100 的频道或频道组合①、②、③、④）。由图 2-7 可以看出，所有用户对频道①的访问基本都在前 60 个页面之内，对频道②的访问都在前 130 个页面之内，对频道③、④的访问一直持续到最后。结合视频记录分析，我们认为信息需求的总体发展可以分为三个阶段：在开始阶段，用户各个方面的信息需求都是并行存在的，但当整体搜寻进程进展到约 1/3(60/178)处时，计算机工作原理与构成方面的信息需求基本就满足了；搜寻进程进展到约 2/3(130/178)处时，除组装计算机、配置计算机、部件信息、市场行情外的信息需求都得到了满足，搜寻进程的最后 1/3 阶段主要是集中搜寻组装计算机、配置计算机、部件信息、市场行情等方面的信息。

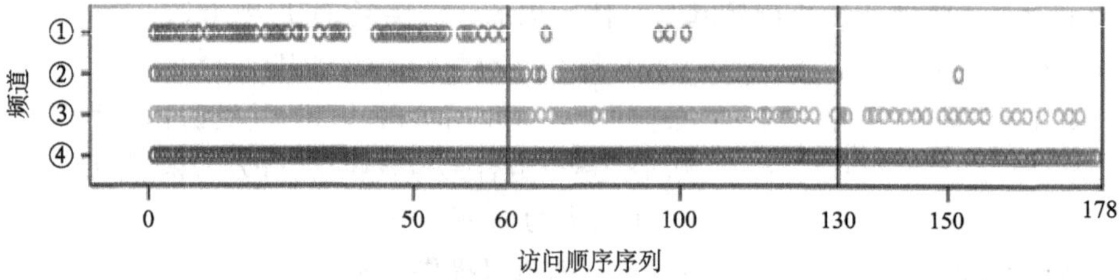

图 2-7 依据页面访问序数顺序绘制的 zol 频道访问情况图

结合图 2-6 和图 2-7 可以发现，与原理知识、技能知识或事实知识分别对应的各具体信息需求的发展也是不一样的。例如，原理知识具体包括计算机工作原理与构成和市场行情两类，计算机工作原理与构成方面的信息需求在搜寻进程进展到约 1/3 处时就满足了，而市场行情方面的信息需求则一直持续到最后。

综上所述，本研究发现：

(1) 信息需求是可以进一步细分的，不同类型信息需求的数量和发展规律存在明显差异。这表明研究消费者信息需求的构成与发展不仅有助于解决网站该提供何种信息的问题，而且可以指导网站如何组织和提供这些信息。

(2) 信息需求的发展是以任务或主题为中心的，在特定时间段内消费者往往专注于特定类型或主题信息的搜寻。这种“专注”既表现在跨网站访问中(图 2-4)，也表现在站内访问上(图 2-7)。

(3) 信息需求总体上是沿着“理解问题-解决问题”的方向演进的，消费者优先搜寻领域原理方面的知识以满足理解问题方面的信息需求，在后期则主要是以搜寻事实知识信息为主，以满足解决问题方面的信息需求，这与 Wilson 的问题解决四阶段模型(问题识别、问题定义、问题解决、问题展示)是相符的[46]。

2.5　对网络消费者信息需求模型的进一步认识

本章主要考察了个体已有知识和任务情境特征对消费者购前信息需求的影响：在个体已有知识中，领域知识和网络知识都会对购前信息需求产生影响；在任务情境特征中，任务复杂性和风险性也会对购前信息需求产生影响，但卷入程度对购前信息需求不存在显著影响。

不过分析结果也表明，卷入程度(的某些维度)与个体已有知识、任务情境感知(的某些维度)是存在显著相关性的。因此如果将日常生活信息搜寻-意义建构研究视角和问题解决研究视角结合起来，综合考虑持续信息搜寻和购前信息搜寻的话，则可能会存在如下的一种因果关系模式：持续信息搜寻主要是由卷入程度驱动的，购前信息搜寻主要是由信息需求驱动的；卷入程度会正向影响持续信息搜寻，而持续信息搜寻会增加个体领域知识、网络知识的积累，进而影响个体的任务情境复杂性和风险性感知，最终产生对购前信息需求的影响(图 2-8)。

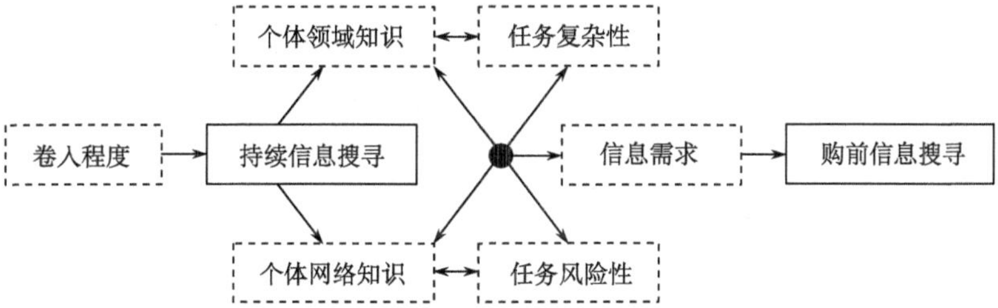

图 2-8　广义的信息需求影响模式

本章所讨论的信息需求是个体在面临某个问题情境时，由于意识到内部已有知识不足以，或是不确定能够解决当前问题，从而产生的对外部信息的需求，是消费者察觉到的在当前状态下还需要进一步消减的不确定性。该定义并没有考虑消费者在实现或满足其信息需求过程可能存在的一些现实约束条件，如消费者个体的时间、精力、客观条件等，在实验设计过程中，也没有涉及限制变量。虽说一般情况下，互联网对消费者个体所需付出的信息搜寻时间、精力的要求不高，但不排除在有些情况下，现实条件的约束可能会影响到消费者的信息需求认知。

另外在信息需求模型中有关变量的测量方法选择上，本章采取的是比较简单的李克特量表方法，而且将有些潜在变量（如感知复杂性、感知风险）直接当做了观察变量，这可能会在某种程度上影响测量的精度。今后还需在此模型的基础上，进一步发展潜在变量的观察指标，并且在必要的时候借鉴或建立相关的专业量表来获取这些观察指标的测量值。

分析结果表明，信息需求总体上是朝着"理解问题-解决问题"的方向演进的，消费者优先搜寻领域原理方面的知识以满足理解问题方面的信息需求，在后期则主要是以搜寻事实知识信息为主以满足解决问题方面的信息需求，这与 Wilson 的问题解决四阶段模型[25]是相符的。但这仅仅是一个初步成果，今后还需要进一步的分析验证。

第3章

网络消费者信息搜寻行为

3.1 引言

网络消费者信息搜寻行为的影响因素分析是网络信息搜寻行为研究的重要内容之一。由于网络消费者信息搜寻行为的复杂性,研究者们从不同视角探讨了影响网络消费者信息搜寻行为的因素,构建了不同的模型和指标体系,推动了该领域研究的发展,但同时也造成了比较研究与交叉研究的困难,有些研究结论甚至是相互冲突的,在实际应用过程中会让营销从业人员无所适从。造成这一结果的原因可能包括:①影响网络消费者信息搜寻行为的因素众多,研究者们往往从某一特定视角进行研究,综合性研究较少,没有形成统一的研究方法论体系。②这些研究往往是在仿真环境下进行的,而不是建立在真实信息需求和信息搜寻行为的基础之上。③对信息搜寻发展过程的关注较少,但在信息搜寻的不同阶段,各因素的影响效果可能不一样。④变量的定义与度量方法不一致。⑤变量关系描述的简单化,现有研究一般假设变量之间存在单调的正向或负向影响效果/关系,但实际情况可能并非如此。

针对以上问题,本章从信息搜寻量和信息搜寻行为进程两个方面分析了信息需求对信息搜寻行为的影响,并进一步从不同视角选择若干影响网络消费者信息搜寻行为的关键指标,对其影响效果进行分析,提出了相应的理论假设。然后利用comScore数据集和实验数据集,以及改进的网络信息搜寻行为度量方法,对相关假设进行了验证。最后对实证结果进行了分析和比较,并对研究结论进行了分析讨论。通过比较信息需求、人口统计学因素、产品因素、搜寻收益对网络信息搜寻行为解释与预测能力,作者认为,信息需求的解释与预测能力更全面,特别是能够对信息搜寻行为的发展变化作出较好的预测。信息需求量对信息搜寻量的影响是显著的,但不是单调的递增或递减关系,搜寻收益则是预测网络信息搜寻量的最佳指标。

网络信息搜索过程是网络信息搜寻行为研究的另一重要内容,消费者的网络信息搜索是由交替衔接的站内访问和站间转移两种行为过程构成的。关于站内访问行为的研究成果已经十分丰富，但研究消费者站间转移行为规律的成果还很少。网络信息搜索行为一般都是跨网站的，而且网站之间的差异是客观存在的，任何单一网站的消费者行为数据都不能完整反映消费者的网络行为，不过现有的网络信息搜索行为研究还是倾向于将网站视为均质的，现有研究一般都采用访问网站数、总页面浏览数、总页面停留时间来度量信息搜寻量。

在2000年前后，研究者们开始关注消费者的跨网站访问行为，这些研究一方面试图得出消费者在网站间分配搜寻精力（如浏览量）的一般规律，另一方面试图利用消费者在一些网站上的访问行为来预测其在另一些网站上的行为。这些研究中所利用的数据要么是服务器端数据，要么是商业性的网民网络行为面板数据（指一些网络市场调研公司借助安装在样本志愿者家庭计算机上客户端软件获取的网络浏览、购买行为数据，如comScore公司的网民网络行为数据），这两类数据的一个共同缺点是研究者们无法准确识别用户的“任务情境”，这表现在：①无法准确识别该用户访问某网站的目的[47]，如用户在Amazon.com网站上浏览某本书的信息，既可能是想买书，也可能仅仅是查询文献资料信息；②无法准确界定任务“时间窗口”，研究者既无法得知用户开始和结束任务的具体时间，也无法确定中间阶段哪些浏览行为是围绕某特定任务展开的。所以现有研究要么是探索网民在所有网站上的一般访问规律，要么是将研究对象限定在一些特定领域的少数几个主要网站上[48~51]。

目前还未见有研究探讨特定任务环境下的消费者网站转移行为。由第2章的研究可知，任务或问题情境对于消费者的网络信息搜寻行为具有重要影响，所以特定任务环境下的消费者网络信息搜寻行为可能与网民日常网络访问行为服从的规律不一样。另外，为了完成某项任务，消费者往往要配合使用多个类别的网站，如使用搜索引擎和导航网站定位信息，访问行业主管网站了解法规制度，浏览领域网站获得产品特征和价格信息，进入相关论坛或在线评论网站查看别人的评价，所以研究对象不能仅仅限定在领域主要网站上。并且主要领域网站之间往往更多的是竞争关系，而现实生活中很多网站之间还存在合作关系，因此关系的性质也不一样。

研究跨网站访问行为能够帮助我们更全面深入地理解消费者网络信息搜寻行为，研究结论对于电子商务网站把握细分市场份额、分析市场竞合格局、构建网络联盟具有重要意义，另外我们还可以从中发现实现某信息搜寻任务的“最佳网站组合”，帮助消费者高效获取相关信息。

本章将继续利用计算机DIY实验中收集到的数据来研究特定任务环境下消费者网络信息搜寻过程中网站转移的一般规律，并将其与基于comScore数据集的网民日常网络访问与转移行为进行比较，在此基础上，提出一种从访问日志数据中自动发现领域相关网站并抽取转移模式的方法。

3.2　信息需求对网络信息搜寻行为影响的实证研究

3.2.1　问题分析

研究者们已发展了多种理论模型来解释网络消费者信息搜寻行为，如人机交互、认知心理、社会认知、信息经济、寻路理论等[18,52~56]，从不同的视角和不同的抽象层次上探讨了影响消费者网络信息搜寻的因素及其作用机制。这些理论模型的视角和出发点尽管不一样，但也存在着相互联系，可以相互借鉴和融合。例如，信息经济学主要使用经济成本、搜寻时间或时间价值来表征搜寻成本[54]，而认知理论研究提出搜寻成本不仅仅包括经济成本[53]，还包括"认知成本"，并且认为搜寻成本、搜寻收益对信息搜寻行为的影响是通过"搜寻动机"间接实现的[55,56]；文献[55]以技术接受模型为基础，将人机交互、信息经济学、认知理论整合起来提出了一个综合模型，考察了网络系统特征（如易用性）、个体认知特征（教育、知识、个性）、个体搜寻动机间的相互关系及其对信息搜寻行为的影响。遗憾的是这种整合研究还较少，目前基本处于割裂状态的众多的理论视角和方法在客观上造成了比较研究与交叉研究的困难，有些研究结论甚至是相互冲突的[19]。我们认为造成这一结果的原因可能包括：

（1）影响网络消费者信息搜寻行为的因素众多，研究者们往往从某一特定视角进行研究，整合性研究较少，没有形成统一的研究方法论体系。

（2）这些研究往往是在仿真环境下进行的，而不是建立在真实信息需求和信息搜寻行为的基础之上。例如，研究过程中信息搜寻认为任务是人为设置的，而且过于简单；信息搜寻的范围也是受限的，规定只能访问少数几个指定的网站。

（3）对信息搜寻发展过程关注较少。信息需求会影响信息搜寻进程的发展，在搜寻的过程中，用户不断获得新的信息，新信息一方面可能会满足现有的部分信息需求，另一方面可能又会触发新的信息需求，从而导致信息搜寻量、信息搜寻方向的变化。因此在信息搜寻的不同阶段，得出的研究结论也可能不一致。

（4）变量的度量方法不一致。现有研究中度量信息搜寻行为的方法主要有内隐变量度量方法和外在变量度量方法。①内隐变量度量方法。这类研究一般是依据技术接受模型（或是类似的理性行为理论、计划行为理论），选择搜寻意图来度量信息搜寻行为；或是依据自我效能理论，选择自我搜寻绩效（search performance）评价来度量信息搜寻行为，具体度量方法是使用李克特量表将搜寻意图或实际采用可能性分为若干等级，然后利用问卷调查来获取经验数据。②外在变量度量方法。一般选择信息搜寻努力或信息搜寻量作为因变量来度量信息搜寻行为，具体度量指标包括信息源数量（如逛商店数量、访问的网站数）、投入的时间、信息搜寻量（如网站页面访问数），具体度量方法是使用自我报告法、观察法或是利用事务日志记录(transaction log)来获取经验数据。这些指标变量之间可能存在一定差异，例如，有文献①比较了信息搜寻行为的三个维度——搜寻的信息源、搜寻的品牌数量、搜寻时间，发现不同度量维度与预测变量(影响因素)之间的相关关系存在差异。

(5) 变量关系描述的简单化。现有研究一般假设变量之间存在单调关系(正向或负向)，但实际情况可能并非如此，由此导致了研究结论的不一致。在信息搜寻行为影响因素的实证研究中，一般使用相关分析、回归分析、均值比较、方差分析、结构方程模型等方法来分析或验证各行为影响因素与网络信息搜寻行为之间的关系，且假设影响效果是单调的，使用方向(正向、负向)及数值(如相关系数、回归系数、路径系数等)表示。

针对以上问题，本章从信息搜寻量和信息搜寻行为进程两个方面分析和验证信息需求对信息搜寻行为的影响，并进一步从不同视角选择若干影响网络消费者信息搜寻行为的关键指标，对其影响效果进行比较分析。具体包括：①分析和验证信息需求对网络信息搜寻行为的影响。②从不同视角选择若干影响网络消费者信息搜寻行为的关键指标，进行比较分析。③利用复杂任务环境下的信息搜寻行为实验数据和真实数据来验证和比较不同视角的因素对信息搜寻行为的影响程度。④拓展和改进网络信息搜寻行为的度量方法。同时从信息搜寻量和信息搜寻行为进程两个方面来描述和度量信息搜寻行为，讨论现有信息搜寻量各度量指标之间的关系，并从“任务相关网站界定”和“时间窗口确定”两个方面探讨改进日常生活情境中的消费者网络信息搜寻量的度量方法，从搜索导航和领域网站浏览行为的变化角度度量信息搜寻进程的变化。

3.2.2 信息需求对网络信息搜寻行为的影响分析

由于信息搜寻的目的是降低不确定性，满足信息需求，所以作者认为一般情况下，信息需求量大，则信息搜寻量也大。但是如果信息需求量太大，超出了个体的认知处理能力或所能负担的成本(如时间、精力)，则个体可能放弃(完全)满足信息需求，即便个体能够坚持下来，由于“认知过载”问题的存在，个体的信息搜寻处理能力也会大大下降[57]，而信息搜寻处理能力与搜寻程度之间存在正相关关系[58]，所以最终的结果是个体会放弃外部信息搜寻，或由于能力限制只能进行少量的外部信息搜寻，所以信息需求量非常大的时候实际发生的外部信息搜寻量可能相对较小。也曾有学者指出消费者的购买经验与搜寻行为呈倒 U 形对应关系，即中度知识经验者花费最多的努力处理信息，这是因为低度知识经验者缺乏信息处理能

① Kiel G C，Layton R A. Dimentions of Consumer Information Seeking Behavior. Journal of Marketing Research，1981，18(2)：233-239。

力，而高度知识经验者则缺乏处理信息的动机，中度知识经验者已具有足够处理信息的能力，但知识的量又不足以满足其需求，因而愿意做更大努力来处理信息[59]。因此本研究认为，信息需求量与信息搜寻量之间存在倒U形的关系。

在信息搜寻过程中，一般来说信息需求是由模糊向清晰发展的。在信息搜寻的开始阶段，用户的信息目标往往是松散、笼统的，消费者个体不知道需要怎样的信息来满足自身的信息需求，此时消费者的首要任务就是要获取信息以进一步明确信息需求。随着搜寻的进展，其信息需求会不断明晰、细化、聚焦，其搜寻行为也由一般性朝具体化方向发展，具体来说：

(1) 消费者的信息搜寻行为是由搜索导航和浏览两种行为构成的。文献[60]的实证研究结果曾表明，随着网络经验的发展，用户搜索查询的频率会降低，转而更加依赖于“链接点击”和浏览方式的信息搜寻。作者认为，其内在原因还在于信息需求清晰状态的变化：在信息需求模糊阶段，消费者将会主要依赖于搜索引擎和导航网站来定位信息，随着信息需求的清晰，消费者将主要依靠自主性更强的浏览来获取信息。

(2) 在信息需求模糊阶段，消费者的首要任务是进一步明确信息需求，因此消费者首先需要获取的是一般性的原理知识(第2章2.4节)，由于几乎所有的领域网站都会提供一般性的原理知识，并且差异较小，所以消费者在信息搜寻前期主要会集中在少数几个网站上。之后消费者对于事实信息的需求会上升，由于各个网站提供的事实信息(如价格)会存在较大差异，所以消费者需要扩大网站搜寻与访问范围，而且随着网络知识的增加，消费者会了解更多的领域网站，使得他们也有能力扩大网站搜寻与访问范围。

(3) 在信息需求模糊阶段，消费者不知道自己到底需要什么样的信息，也难以判断到底哪些网站会提供最合适的信息(例如，搜索引擎可能会返回非常多的查询结果，用户难以判断哪些是最符合自己信息需求的)，只好采用“试错法”，其结果是访问“错误”网站的频率会比较高，而且消费者的信息需求本身变化也比较频繁，因此消费者在具体网站上的单次停留时间和访问的页面数会较少。随着信息需求的清晰化，消费者的网站访问行为会更加明确、集中和专注，在领域网站上的单次会话停留时间和访问的页面数将上升。

基于以上分析，本章提出如下假设：

H21：信息需求量与信息搜寻量之间存在倒U形的关系。

H22：信息需求清晰程度越高，消费者使用搜索引擎和导航网站的频率会越低。

H23：消费者在信息搜寻任务的前期阶段主要会集中在少数几个网站上，后期阶段会扩大网站访问范围。

H24：消费者在信息搜寻任务的前期阶段单次网站会话的时间和页面访问数

会较少，后期阶段单次网站会话的时间和页面访问数将会上升。

3.2.3　其他关键因素的影响分析

为了检验信息需求对信息搜寻行为的解释与预测能力，本章进一步从不同视角选择若干影响网络消费者信息搜寻行为的关键因素和指标，进行比较分析。

回顾现有的研究成果，情境、人口统计学因素、消费者感知的成本-收益是影响消费者信息搜寻行为的三类重要因素[54,56,58~60]。因此本章从这三个方面选取关键影响因素，结合研究数据的可获取性，具体选择的因素指标包括：人口统计学因素（年龄、收入等）、任务情境中的产品因素（产品类、价格）、搜寻收益。

(1) 人口统计学因素。人口统计学因素是最常用的市场细分依据，在信息搜寻行为中也被广泛研究和应用。相关的研究假设与结论包括[61]：①收入水平高的个体其感知的时间价值就越高，因此会增加感知搜寻成本，减少搜寻量；②年龄与网络信息搜寻量之间存在负向关系，因为年龄较长的人一般工作职位和收入相对较高，导致投入搜寻的时间经济成本增高，而且由于体力、精力和网络使用能力较差，也会提高信息搜寻成本，减低搜寻量。所以年龄和收入均会负向影响信息搜寻量。

(2) 任务情境中的产品因素。经济学中常将产品分为搜索产品、体验产品、信用产品，其对应的信息搜寻行为特征是不一样的，文献[62]的研究发现，相对于搜索产品而言，体验产品往往表现出高深度（页面单位浏览时间较长）和低宽度（页面总浏览数较少）的网络信息搜寻行为特征。价格也是影响信息搜寻行为的主要因素之一[63,64]，许多实证研究都表明价格与信息搜寻量之间存在正向关系，但价格与产品类之间可能存在一定的交互作用，如文献[63]指出家用电器类产品的价格与信息搜寻量之间存在正向关系，但是对于汽车类产品则不一定。

(3) 搜寻收益。信息经济学视角的网络信息搜寻行为研究认为，消费者感知的成本-收益会影响信息搜索量。信息搜寻成本对于网络信息搜寻行为的影响已经有较多的研究探讨，但一个核心的问题还没有解决，即网络的便利性和低成本使得网络信息搜寻的成本有所下降，所以一个直觉的预期是网络环境下，消费者的信息搜寻量会上升，但是实证研究似乎并不支持这一结论[54,65,66]。根据成本-收益理论，可以得出假设：

H25：*网络信息搜寻量与搜寻收益之间存在正向相关关系。*

但目前这一假设同样还缺少实证研究结论的支持。

基于上述分析，本章计划研究的问题包括：①检验假设 H25；②验证人口统计学因素、产品因素对信息搜寻行为影响的显著性，以及影响关系的单调性；③比较信息需求、人口统计学因素、产品因素、搜寻收益对网络信息搜寻行为解释与预测能力。

3.2.4　网络信息搜寻行为的度量

现有的信息搜寻行为的度量方法主要有内隐变量度量方法、外在变量度量方法两类。由于内隐变量主要依靠自我报告法(访谈、调查等)获得,对于实际搜索活动的测量效果并不理想,网络环境下的事务日志数据被认为是更好的度量信息搜寻活动的数据源[66],我们将依据事务日志数据来发展网络信息搜寻行为的相关测量指标。图3-1是一个旅游者在旅游决策过程的信息搜寻记录示例,该旅游者依次访问了Expedia.com(15个页面)、Google.com(5个页面)、Orbitz.com(8个页面)、Google.com(6个页面)、Travelzoo.com(10个页面)和RateItAll.com(10个页面)。这些网站中,Google.com是搜索引擎,RateItAll.com是在线评论网站,Expedia.com、Orbitz.com和Travelzoo.com则属于旅游网站。

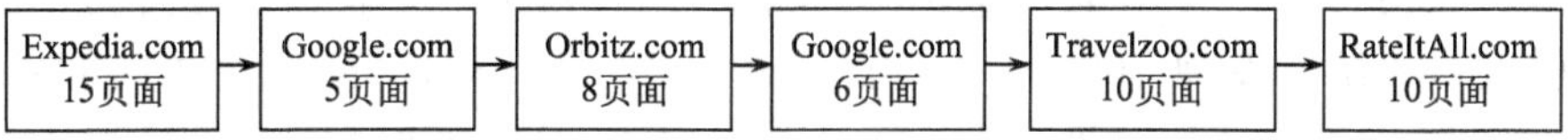

图3-1　旅游者的信息搜寻日志记录示例

根据事务日志发展网络信息搜寻行为的度量指标,首先需要明确和解决以下几个问题。

1. 任务相关网站界定

基于2.4节的实证研究成果,作者认为在可以自由访问的开放环境下,消费者所访问的网站可以根据任务相关性分为四类:①搜索导航网站,主要是搜索引擎(如该实例中的Google)和导航网站(如Yahoo!,hao123)。这类网站主要提供一些信息线索和内容链接,帮助消费者定位到信息目标网站/页,较少包括具体的信息内容。②领域网站,主要提供目标信息内容,如该示例中的Expedia.com、Orbitz.com、Travelzoo.com等网站主要为旅游者提供旅游信息服务和旅游产品在线购买服务,行业从业人员与研究者可以根据其知识经验识别出主要的领域网站。③可能相关网站,有些综合性网站往往提供多个领域的信息内容,其中只有一部分内容与消费者的信息搜寻任务相关,更有众多网站研究者本身也不熟悉。这些情况下,研究者就无法对消费者的访问目的作出直接、准确的判断。如该实例中消费者访问RateItAll.com网站到底是为了查看旅游方面的评论信息,还是出于其他目的?研究人员无法确定。④无关网站,这些网站的信息内容与信息搜寻任务无关,消费者访问这些网站的目的主要是满足信息搜寻过程中的非功能性信息需求或者其他的功能性信息需求,如娱乐交友、听音乐、收发电子邮件等。研究人员往往也无法确定哪些网站是无关的,除非确定该网站确实不提供与任务相关的内容。

因此,确定哪些网站与消费者的信息搜寻任务相关是准确度量信息搜寻行为的前提。现有研究主要是依据研究者自身知识经验确定的领域网站来度量信息搜寻行为，如文献[65,66]。搜索导航行为是消费者网络信息搜寻行为的一个重要构成部分，应该纳入考察范围；对于任务相关网站的确定，在本章中，为了便于与前人的研究结果进行比较，本书采用的方法是只将提供目标产品在线购买服务的网站纳入考察范围。

2. 任务时间窗口的确定

记录消费者网络信息搜寻行为的事务日志数据可以在实验环境下收集，也可以是真实的消费者网络访问日志。实验环境下信息搜寻任务的起始时间往往由研究人员控制，但对于真实的消费者网络访问日志数据（如 comScore、ACNielsen 等公司收集的网民网络行为面板数据）而言，消费者信息搜寻任务的起始时间研究人员是无从掌握的。现有文献中研究人员往往是主观确定一个时间窗口，如文献[65,66]在使用 comScore 面板数据开展研究时，使用的度量指标均是月均领域网站访问数量，统计发现 1997 年 7 月至 1998 年 6 月，美国家庭月均访问的书籍、CD、航空旅游类网站的数量分别为 1.2、1.3 和 1.8，而在 2002 年 7 月至 2002 年 12 月，美国家庭月均访问的 CD、航空旅游和计算机硬件类网站的数量分别为 2.1、3.3 和 3.3。

主观划定"时间窗口"的做法会割裂搜寻者与信息搜寻任务之间的联系，其研究结果所反映的往往是所有被统计的网民对某领域网站的平均访问量，而不是消费者的购前平均网站搜寻量。现今，一些第三方网络行为数据供应商提供的日志数据（如 comScore 的面板数据）中已经包括了消费者的购买时间信息，所以对于消费者购前信息搜寻而言，信息搜寻任务的终止时间点是确定的（即购买时点），需要研究的问题是如何确定购前信息搜寻的起始时间。

由于产品类型对信息搜寻量具有较大影响，对于不同产品类而言，消费者信息搜寻的持续时间跨度（从着手开始信息搜寻到最终购买所经历的时间跨度，称为时间窗口长度）也是不一样的。因此假定：

H26：对于不同产品类而言，消费者信息搜寻的时间窗口长度是不一样的。

本章将利用 comScore 数据得出消费者在购买不同类型产品时的购前信息搜寻提前天数经验数据，并据此划定"时间窗口"以度量 comScore 数据中消费者的网络信息搜寻行为。

3. 网络信息搜寻行为具体度量指标的选择

现今基于事务日志数据发展出的网络信息搜寻行为基本度量指标有网站会话数、网站数、网页浏览数、停留时间等。

(1) 网站会话(site sessions)数：独立访问者(Unique Browser)从开始访问网站到离开网站的整个过程算做一个网站会话。其中的独立访问者也称为独立用户，根据国际通行的统计方法，每台独立上网电脑被视为一个独立访问者，同一电脑多人使用时，不重复计算，仍视做一个独立访问者。

(2) 网站数：独立访问者访问过的不同网站的数量。有些网站独立访问者可能会重复访问（多个网站会话），但在计算网站数时只能计为一个。

(3) 网页浏览数(page views)：网页（含文件及动态网页）被访客索阅的次数。例如，访客向网站索阅1篇含有3个图档的网页，虽然网站系统日志文件中也会有4笔读取记录(hits)，但在网站分析报告中会以1个page views来表示网页曾经被索阅过1次。

(4) 停留时间(duration)：独立用户在信息搜寻过程中持续的时间总量。一般使用网站/页面会话持续时间加和计算得出，其中网站/页面会话持续时间指独立用户在一次网站/页面访问过程中持续停留在某网站/页面上的时间总量。

大部分文献在研究过程中应用了其中的一个或几个指标，但都没有解释为什么选用这些指标。作者将在研究过程中结合使用这几个指标，并且利用实验数据和comScore数据来对这几个指标进行分析比较，为今后的研究提供参考。

3.2.5 分析结果

本节将继续使用第2章实验中收集的客户端事务日志（实验数据）、问卷调查数据来验证信息需求对信息搜寻行为影响的相关假设。此外，本书还将使用真实数据——comScore公司2008年美国网民网站访问和购买日志面板数据来验证实验结论的普适性，比较分析人口统计学因素、任务情境中的产品因素、信息需求、搜寻收益、信息需求对信息搜寻行为的影响。comScore公司是一个全球性互联网信息服务提供商，是美国知名的互联网流量跟踪分析公司，comScore公司的数据一直都被认为是网络市场的权威。comScore网络行为数据库(comScore web behavor database)记录了美国家庭详细到网站层面的浏览和购买行为，并提供了这些家庭的人口统计学信息。

1. 2008年comScore公司美国网民网络行为数据统计特征

1) 访问与购买行为总体统计分析

图3-2是2008年comScore数据中1～12月独立用户及其信息搜索行为统计基本情况。该数据集中包括了57 708个独立用户（家庭），访问的网站数共约350万个。图3-3则是1～12月及全年的购买用户及其购买行为统计基本情况，其中购买用户是指一年中至少有一次在线购物记录的独立用户。购买用户数为32 883个，在线消费总额为1866万美元。

根据图3-2，消费者网络信息搜索行为的总体趋势和规律是：①反映消费者信息搜索行为的一些指标（访问网站数、网站会话数、访问页面数、访问时长）的变化趋势具有较强的一致性；②独立用户数量与信息搜索行为总量变化趋势不一致。在独立用户数呈平稳浅碟形变化且年终总数上升的情况下，消费者信息搜索行为

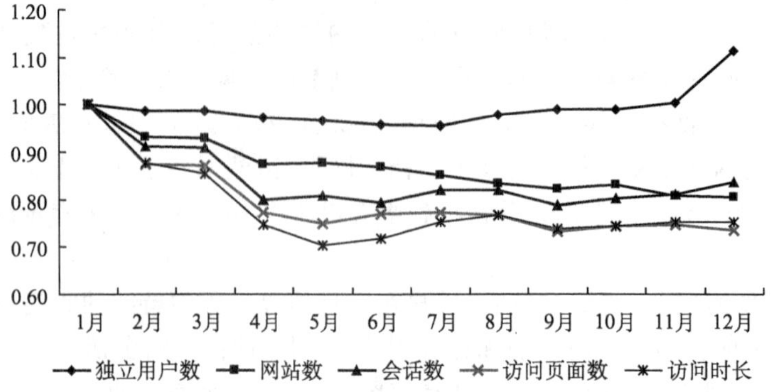

图 3-2　独立用户及其信息搜索行为 1～12 月的变化情况（基准月份为 1 月）

的总量却呈现整体下降趋势。

根据图 3-3，消费者网络购买行为的总体趋势和规律是：①反映消费者网络购买行为的一些指标（购买用户数、购买次数、在线消费额）的变化趋势具有较强的一致性；②购买用户数、购买次数、在线消费额、购买商品件数等几个指标中，购买商品件数的变化最为强烈，其次是在线消费额，购买用户数、购买次数的振荡幅度较小，而且二者具有较强的一致性；③在独立用户、交易网站数整体波动比较平缓的情况下，购买用户数、购买次数、在线消费额等指标的变化趋势为：1～9 月都在不同程度上有所下降，但在 10～12 月都有大幅回升，而购买商品件数的变化较为复杂，在 2 月和 7 月的变动情况与其他指标差异较大。

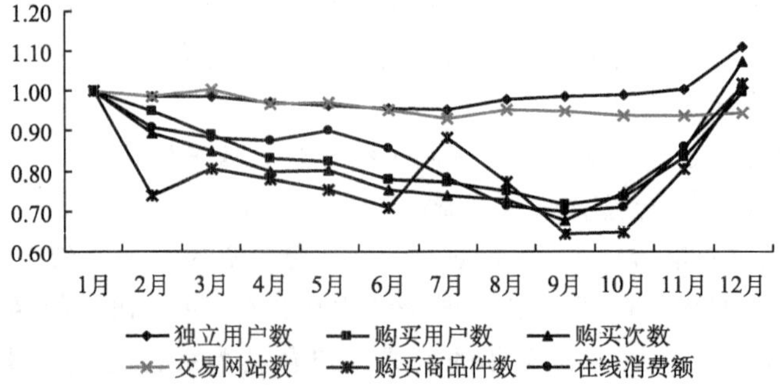

图 3-3　1～12 月购买用户及其购买行为指标变化情况（基准月份为 1 月）

消费者网络信息搜索行为与购买行为的总体趋势比较：由于访问会话数、访问页面数、访问时长等信息搜索行为指标，购买用户数、购买次数、在线消费额等消费者购买行为指标分别具有较强的内部一致性且变化相对平稳。所以，利用这六个指标进一步分析信息搜索行为和购买行为的总量变动趋势，结果发现消费者网络购买行为与网络信息搜索行为的变化趋势存在较大差异(图 3-4)，5～7 月二者的变动方向相反，在 10～12 月二者的变化趋势尽管相同，但变动的幅度相差较大。这说明总量上网络信息搜寻行为与购买行为之间并不存在高相关性。

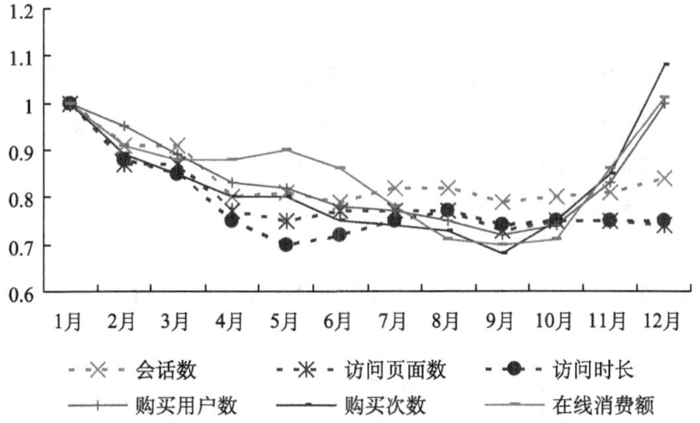

图 3-4　消费者网络信息搜索行为与购买行为的总体变化趋势比较

2) 人口统计学构成

comScore 面板数据中的样本是以家庭为单位的，其人口统计学变量中的年龄是指家庭中最大成员的年龄，收入指的是家庭总收入。表 3-1 是数据集中收入和年龄的分组编码和样本分布情况。

表 3-1　样本的收入和年龄分布

组别	家庭收入/万元	频数	百分比/%	年龄/岁	频数	百分比/%
1	1.5 万以下	7 941	13.8	[18,20]	286	0.5
2	[1.5,2.5)	4 515	7.8	[21,24]	1 201	2.1
3	[2.5,3.5)	5 624	9.7	[25,29]	3 034	5.3
4	[3.5,5)	6 482	11.2	[30,34]	4 314	7.5
5	[5,7.5)	13 122	22.7	[35,39]	6 005	10.4
6	[7.5,10)	8 809	15.3	[40,44]	8 336	14.4
7	10 万及以上	11 215	19.4	[45,49]	10 163	17.6
8	—	—	—	[50,54]	8 545	14.8
9	—	—	—	[55,59]	5 757	10.0
10	—	—	—	[60,64]	4 026	7.0
11	—	—	—	65 岁及以上	6 039	10.5
99	—	—	—	缺失值	2	0.0

3) 产品类别、价格与价格优惠

comScore 面板数据涉及 60 类商品及其他类,包含了详细的消费者购买记录,如购买的产品名称、数量、产品类别、产品报价、实际购买价格、购买时间、交易网站等。产品报价与实际购买价格的差值称为价格优惠。

由于 comScore 数据量十分庞大,所以研究中计划只使用其中的部分数据,根据图 3-3 的统计结果,12 月的在线购买份额是最大的,最能体现网络消费者行为,所以本研究主要使用的是 12 月的数据,只有在统计购前信息搜寻行为的时候,使用的是 10～12 月的数据(预设的最大时间窗口为 2 个月)。

2. 网络信息搜寻行为度量方法与指标选择

1) 指标比较

网站数、网页浏览数、浏览时间是度量网络信息搜寻量的三个最常用指标,以往研究较少探讨三者之间的关系。本研究根据 comScore 数据集(12 月)和实验数据集分别以用户和网站为测量对象计算了三个指标之间的 Pearson 相关系数和偏相关系数,结果如表 3-2 所示。其中,comScore 数据集反映的是网民的日常浏览行为,实验数据集反映的则是特定任务情境下的网络信息搜寻行为,在这两种情形下,三个指标之间都表现出显著的相关性(无论是 Pearson 相关系数还是 Partial 偏相关系数),但总体上讲,网页浏览数与其他两个指标的相关性相对而言是最高的。所以本研究认为网页浏览数是度量网络信息搜寻量的最稳健指标,浏览时间与页面浏览数的 Pearson 相关系数基本在 0.8 以上,网站数与页面浏览数的 Pearson 相关系数则在 0.7 左右。

表 3-2 网站数、网页浏览数、浏览时间的相关性分析

	日常浏览行为(comScore 数据集)			特定任务(实验数据集)		
以网站为中心	DUR-PV:0.869(0.000)N=687702			DUR-PV:0.890(0.000)N=350		
以用户为中心		Pearson (N=56 104)	Partial (N=56 101)		Pearson (N=75)	Partial (N=72)
	DUR-PV	0.825 (0.000)	0.709 (0.000)	DUR-PV	0.772 (0.000)	0.594 (0.000)
	DUR-NSite	0.599 (0.000)	0.058 (0.000)	DUR-NSite	0.635 (0.000)	0.205 (0.079)
	PV-NSite	0.698 (0.000)	0.451 (0.000)	PV-NSite	0.702 (0.000)	0.431 (0.000)

注:NSite 为网站数;PV 为网页浏览数;DUR 为浏览时间;Pearson 为 Pearson 相关系数;Partial 为偏相关系数;N 为样本数

从以上分析结果可以看出,网站数、网页浏览数、浏览时间三个指标还是存在一定差异。网页浏览数是信息搜寻的产出结果,可以作为信息获取量的替代变量;

网站数则应当理解为消费者利用的信息源数量或“搜寻宽度”，因为不同网站在信息类型、内容、产品与价格等可能会存在一定差异，为消费者提供不同的选择和机会；浏览时间则是信息搜寻的投入量，但由于信息搜寻能力、效率、测量（宽度优先、深度优先）等方面存在差异，投入（浏览时间）与产出（网页浏览数）、搜寻宽度（网站数）并不会完全一致。

2）任务相关网站的确定

对于网络消费者信息需求与信息搜寻行为实验数据集，本研究根据经验、学生反馈、视频记录，以及参照 2008 年中国网站 Alexa Top100 的排名最终确定任务相关网站为 3 个搜索导航类网站（百度、Google、Hao123）和 9 个领域网站，这 9 个领域网站为中国主要的计算机组装与硬件信息服务网站，分别是中关村在线（zol）、天极网（yesky）、电脑之家（pchome）、泡泡网（pcpop）、IT 世界（it）、太平洋电脑网（pconline）、硅谷动力（enet）、小熊在线（beareyes）和 IT168。表 3-3 是本次实验中参与者在这 9 个网站上的访问的页面数量，页面数累计为 8735 个，占本次实验中访问的全部页面数量（20 315 个）的 43%。

表 3-3　九个计算机组装与硬件类网站上的页面访问数量

网站名称	zol	it168	pconline	it	yesky	pchome	enet	pcpop	beareyes
访问页面数	4292	2359	938	629	186	119	115	87	82

对于 comScore 数据集，本研究根据消费者的购买记录，将在线销售某单一类别产品的网站划分为该产品类别的领域网站，如某网站只销售服装这一个类别的产品，则该网站就作为服装类的领域网站。在确定领域网站后，再根据前导网站（referrer）来确定搜索导航类网站，我们的计量方法是如果用户访问某领域网站时的前导网站是 Google 的话，则认为该次 Google 网站会话是与购买任务相关的，计入该消费者的购前信息搜寻行为。

3）时间窗口的确定

对于实验数据集，时间窗口就是整个实验期间。对于 comScore 数据集，本研究预先确定的最大时间窗口长度为 2 个月，各产品类搜寻时间窗口长度按以下程序确定：①选择 2008 年 10～12 月的数据。②筛选出同时满足以下条件的在线购买用户：购买日期在 12 月；所购商品属于同一产品类（有些用户可能在一次交易中购买分属不同产品类的多件商品）；10～12 月三个月内只购买过一次该类产品（同时满足这些条件的用户为 2721 人）。③统计以上用户在其购买的产品类对应的领域网站上的购前 2 个月（61 天）内的信息搜寻情况（只保留了购买人数在 30 及以上的产品类，符合条件的产品类共计 26 个，见表 3-4），得到了与购买类别一致的信息搜寻量。④按提前天数统计搜寻的人数，并计算其与对应类别购买人数的比例，这个比例总体是下降的,且下降速度先快后慢(图 3-5)。⑤以该比例低于 5%或达到最低值为临界点,确定时间窗口(即搜寻提前天数)。最终的临界点比例与对应的提前天数情况如表 3-4 所示。

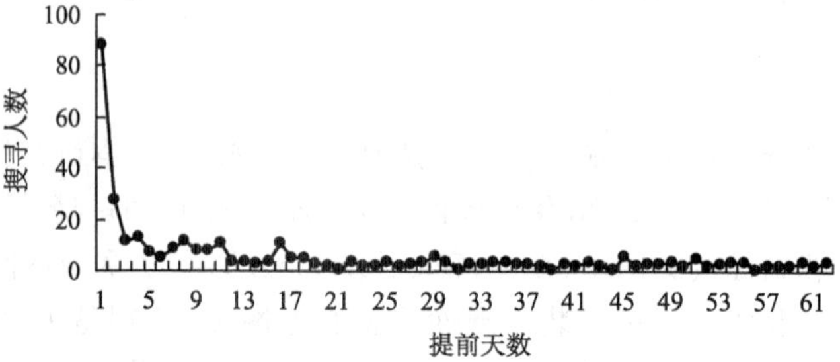

图 3-5 食品饮料类产品购前搜寻提前天数与搜寻人数的变化情况

表 3-4 不同产品类的购前搜寻提前量统计

类别	产品类名称	总购买人数/人	搜寻人数低于 5%或达到最低值时的对应比例/%	搜寻人数低于 5%或达到最低值时的提前天数/天
1	服装	271	7.00	61
2	鞋子	80	5.00	38
4	珠宝手表	31	3.00	10
10	床上/洗浴用品	36	6.00	12
13	食品饮料	141	4.00	12
15	运动康体产品	50	4.00	17
16	卫生美容用品	85	4.70	12
21	书籍杂志	150	6.70	46
22	音乐	34	2.90	33
23	影视	90	5.60	45
27	手持、个人数字助理、便携设备	36	2.80	5
29	打印机、监视器和电脑外设	31	3.20	8
31	音频视频设备	30	3.30	25
33	移动电话及套餐	37	2.70	22
36	控制台视频游戏	37	2.70	8
37	视频游戏控制台及配件	32	3.10	11
42	演出票	75	4.00	24
43	航空旅游	175	4.00	31

续表

类别	产品类名称	总购买人数/人	搜寻人数低于5%或达到最低值时的对应比例/%	搜寻人数低于5%或达到最低值时的提前天数/天
44	宾馆预订	65	1.50	4
45	汽车租赁	42	2.40	45
48	在线内容销售	328	4.90	29
51	照片打印服务	199	4.90	4
52	快递服务	35	2.90	3
53	其他服务	71	4.20	36
54	玩具与游戏	81	7.40	41
99	未分类	40	12.50	37

从表3-4可以发现，服装、鞋子、书籍杂志、影视、床上/洗浴用品、玩具与游戏等几个产品类别在购前两个月内的搜寻人数/购买人数比例始终没有低于5%，第一次出现最低值的时间点一般在40天以上（只有床上/洗浴用品是个例外，第一次出现最低值的时间点为12天，这可能跟该类产品购买样本人数较小有关），搜寻时间窗口大于30天的产品类还有音乐、航空旅游、汽车租赁、其他服务。这些类别要么是具有明显休闲体验特征的有形产品，要么是无形的服务，都属于“体验品”范畴，消费者的网络信息搜寻行为具有较明显的持续搜索（ongoing search）特征。手持、个人数字助理、便携设备，打印机、监视器和电脑外设，控制台视频游戏，视频游戏控制台及配件等几类产品具有明显的“搜索品”特征，时间窗口一般小于10天。日常服务类的照片打印服务和快递服务的时间窗口为3～4天。这表明假设H26“对于不同产品类而言，消费者信息搜寻的时间窗口长度是不一样的”是合理的。

最后，本研究以消费者在各产品类时间窗口内对应的任务相关网站上的网站会话数、页面浏览数、浏览时间和网站访问数来度量comScore数据集中消费者的购前信息搜寻行为量。

3. 信息需求量对信息搜寻行为的影响关系验证

正如前文所述，信息需求量大，则信息搜寻量也大。但是如果信息需求量太大，超出了个体的认知处理能力或所能负担的成本（如时间、精力），则个体可能放弃（完全）满足信息需求。最终的结果是个体只进行少量的或者是完全放弃外部信息搜寻，所以信息需求量非常大的时候外部实际信息搜寻量可能相对较小。

首先，本研究在实验问卷中调查了参与者主观上是否有放弃信息搜寻的打算及放弃的原因。采用“对应分析”方法得出的信息需求量大小与是否放弃信息搜寻的关系结果如表 3-5 所示。对应分析的显著值为 0.987，所以在显著性水平 0.05 的条件下，信息需求量与是否放弃信息搜寻具有显著的相关关系。从表 3-5 可以看出，打算放弃或倾向放弃的全部 14 名参与者中，信息需求量几乎全部是“非常大”或“较大”，只有 1 人为“中等”。

表 3-5 信息需求量大小与是否放弃信息搜寻的对应分析

信息需求量	是否打算放弃					
	放弃	倾向放弃	不确定	倾向不放弃	不放弃	小计
非常大	2	3	5	7	3	20
较大	3	5	10	16	6	40
中等	0	1	3	9	3	16
较小	0	0	0	1	0	1
非常小	0	0	0	1	0	1
小计	5	9	18	34	12	78

表 3-6 是参与者对“如果放弃的话，最主要的原因是什么”这一问题的回答。结果表明领域知识不够、时间精力不够是放弃搜寻的最重要原因，二者累计比例占到 83.6%。

表 3-6 放弃信息搜寻的原因

原因		频数	百分比/%	有效百分比/%	累计百分比/%
有效	时间精力不足	24	30.4	35.8	35.8
	领域知识不足	32	40.5	47.8	83.6
	网络知识不足	3	3.8	4.5	88.1
	信心不足	3	3.8	4.5	92.5
	兴趣不足	5	6.3	7.5	100.0
	合计	67	84.8	100.0	
缺失	系统	11	15.2		
合计		78	100.0		

以上分析表明，参与者由于已有知识不足，所以需求的信息量非常大，由此引致信息搜寻的成本（认知、时间和精力）非常高，使得参与者倾向放弃信息搜寻。这是“信息需求量与信息搜寻量与之间存在倒 U 形的关系”的第一个证据。

对于未放弃的参与者，利用客户端日志数据进一步分析了其信息需求量与实际信息搜寻量之间的关系。作者将参与者在九个主要计算机组装与硬件信息服务网站上访问的页面数量、网站数量与参与者的信息需求量结合起来进行了方差分析。在数据处理过程中，由于选择信息需求量为“非常小”和“较小”的参与者共只有 1 人，所以将其合并到了信息需求量“中等”组中，最终信息需求量只分为“非常大”、“较大”和“中等”三个等级。方差分析结果表明不同信息需求量水平间的平均搜寻页面数、搜寻网站数存在显著差异。图 3-6 是不同信息需求量水平对应搜寻页面数、搜寻网站数均值连线图。结果也表明，随着信息需求量的变化，搜寻页面数、搜寻网站数均呈倒 U 形变化。综上所述，假设 H21“信息需求量与信息搜寻量之间存在倒 U 形的关系”是成立的。

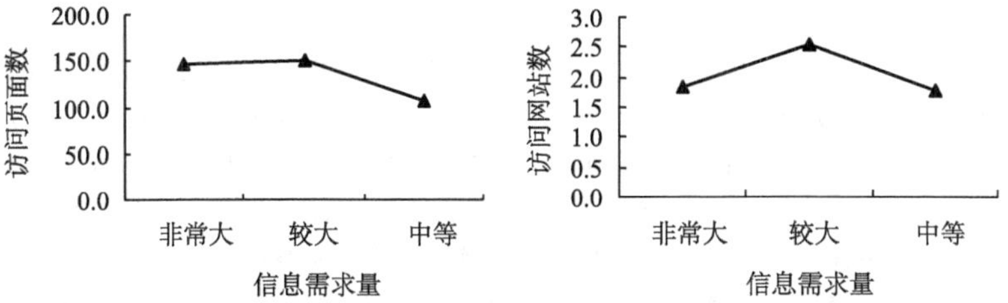

图 3-6　不同信息需求量水平对应的信息搜寻量

4. 信息需求清晰程度对信息搜寻行为的影响关系验证

信息需求清晰程度对信息搜寻行为的影响关系假设包括 H22、H23、H24。

由于样本的信息需求清晰程度既可以通过调查方式获得，也可以通过“推导”的方式获得，即对于给出的消费者网络信息搜寻网站会话序列，基于“信息需求是由模糊向清晰发展的”这一假设，可以根据时间顺序将网站会话序列分为 N 个阶段，并且认为在阶段 n 消费者的信息需求清晰程度要高于阶段 $n-1(2\leqslant n\leqslant N)$。所以本研究从横向（不同信息需求清晰程度的样本搜寻行为的横向比较）和纵向（同一样本在不同时间段上搜寻行为的纵向比较）两个维度进行了分析，横向分析使用的是实验数据集，纵向分析使用的是 comScore 数据集。纵向分析中，考虑到越临近购买时间，消费者的信息搜寻活动可能越密集，本研究划分 comScore 数据中消费者信息搜寻进程阶段的方法（图 3-7）是将消费者在时间窗口内的领域网站会话个数（不包括最后在线购买的会话，因为购买会话包括订单处理过程，会产生额外的页面浏览数和停留时间）按时间先后平分为数量相当的两个阶段（如果网站会话数是奇数，则删除正中间的那个网站会话）。对于搜索导航网站的度量则是合计对应阶段中各领域网站会话的前导网站是 Google 的次数。

在横向分析中，本研究使用方差分析方法分析了不同信息需求清晰程度的个体所使用的搜索导航网站个数和页面浏览数的差异。结果发现，需求清晰程度对

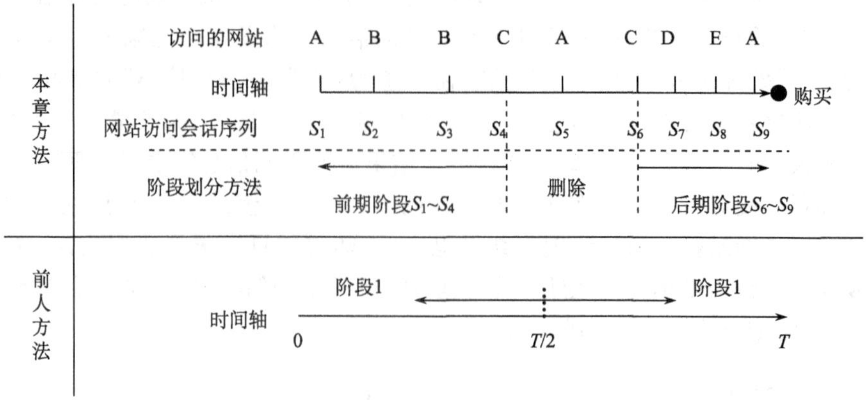

图 3-7　comScore 数据中消费者信息搜寻进程阶段的划分方法

注：在图上半部分的购前领域网站访问序列中，消费者一共进行了 9 次领域网站会话（$S_1 \sim S_9$），访问的独立领域网站一共有 5 个（A、B、C、D、E），时间轴箭头表示时间发展方向。在进行阶段划分的时候，由于会话次数为奇数，所以首先删除中间的会话（S_5），剩余的 8 个会话平分为前期阶段（$S_1 \sim S_4$）和后期阶段（$S_6 \sim S_9$），在两个阶段中，消费者访问的独立网站数分别为 3 个和 4 个，页面浏览数/浏览时间分别为（$S_1 \sim S_4$）、（$S_6 \sim S_9$）中的页面浏览数/浏览时间之和。这与图下半部分示意的前人进行纵向研究时采取的完全按时间均分阶段的方法不一样

于使用的搜索导航网站个数的影响是显著的（表 3-7）。图 3-8 是信息需求程度与使用的搜索导航网站个数均值连线图，表明信息需求清晰程度越高，消费者使用的搜索引擎和导航网站数越少。

表 3-7　信息需求清晰程度的方差分析结果

	Sum of Squares	df	Mean Square	F	Sig.
Between Groups	3.129	3	1.043	3.191	0.032
Within Groups	14.708	45	0.327		
Total	17.837	48			

在纵向分析中，通过配对样本的 t 检验发现[67]，在搜寻进程的前半程中，用户使用 Google 搜索引擎的频率要显著高于后半程，但是对于领域网站的访问数量、页面浏览数和停留时间均要显著地低于后半程。

因此，上述研究结果验证了假设 H22“信息需求清晰程度越高，消费者使用搜索引擎和导航网站的频率会越低”、假设 H23“消费者在信息搜寻任务的前期阶段主要会集中在少数几个网站上，后期阶段会扩大网站访问范围”和假设 H24“消费者在信息搜寻任务的前期阶段单次网站会话的时间和页面访问数会较少，后期阶

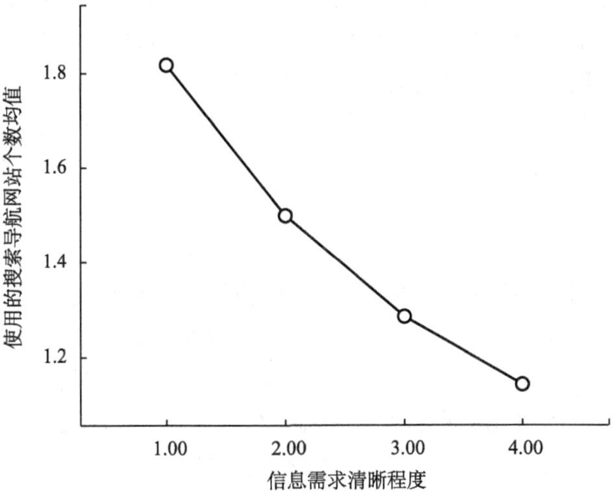

图 3-8　信息需求程度与使用的搜索导航网站个数均值连线图

段单次网站会话的时间和页面访问数将会上升”。

5. 其他关键因素的影响关系验证

本章还对任务情境中的产品因素(产品类、价格)、人口统计学因素(年龄、收入等)、搜寻收益等影响因素进行了验证,并得到如下结论,具体的量化分析参见文献[67]第四章。

1) 主要产品因素(产品类、价格)对信息搜寻行为的影响

在确定购前信息搜寻时间窗口的时候,已经发现不同类型产品的购前信息搜寻时间窗口的长度是不一样的,进一步的分析发现,消费者的购前信息搜寻时间窗口长度与页面浏览数、浏览时间或网站数均存在显著的相关关系。

产品类型与购前信息搜寻量的方差分析结果也表明,产品类型对于购前信息搜寻时间窗口、页面浏览数、浏览时间和网站数均存在显著影响。

在产品价格与信息搜寻量之间的关系上,本研究发现以消费者为观察单位得到的产品价格与浏览时间和网站数的线性相关性虽然是显著的,不过相关系数非常小。产品价格与页面浏览数的相关性则不显著。

考虑到产品类型与价格可能会存在交互效应,本研究选择了购买人数最多的 7 种产品(服装、食品饮料、书籍杂志、影视、航空旅游、在线内容销售、照片打印服务),进一步分析了同一产品类内产品价格与页面浏览数、浏览时间和网站数的线性相关性,结果表明,只在少数情况下,价格与页面浏览数、浏览时间或网站数存在显著相关性,而且相关系数较小,相关性的方向有正有负,表明价格对购前信息搜寻量的影响并不明显。

本研究还分析了26个不同产品类的平均价格与平均购前信息搜寻量的关系，发现平均价格与平均购前信息搜寻时间之间存在显著的线性相关性，但平均价格与平均搜寻网站数、平均页面浏览数之间的相关性不显著。

研究结果表明，产品类型对于购前信息搜寻量存在显著影响，对于高价格的产品类，消费者倾向于投入更多的搜寻时间，但是价格对于网站数、页面浏览数的影响并不明显。

2）主要人口统计学因素（年龄、收入）对信息搜寻行为的影响

在分析年龄、收入对信息搜寻行为的影响时，本研究首先使用方差分析方法研究了不同年龄组和收入组消费者的购前信息搜寻量情况。方差分析结果表明，不同年龄组和收入组消费者的购前信息搜寻量不存在显著差异。

考虑到产品类型可能会存在交互效应，本研究还是选择了前述购买人数最多的7种产品，进一步分析了同一产品类内不同年龄组和收入组消费者的购前信息搜寻量情况。分析结果表明，收入或年龄对于消费者的某产品（服务）类的购前信息搜寻量的三指标（页面浏览数、浏览时间和网站数）的影响都显著的仅出现在“照片打印服务”这一商品类中；年龄对于浏览页面数的影响关系并不是单调的。

研究结果表明，无论是在一般情形下，还是在具体产品类型中，年龄和收入对于消费者的购前信息搜寻量不存在普遍意义上的显著影响。即使少数情形下存在显著影响，这种影响关系也不是单调的。

3）搜寻收益（价格优惠）对信息搜寻行为的影响

价格优惠是产品报价与实际成交价格的差值，可以理解为消费者购前信息搜寻的产出或收益。根据成本-收益理论，本研究提出了假设H25“网络信息搜寻量与搜寻收益之间存在正向相关关系”。

本研究首先以消费者为观察单位，分析了价格优惠额（saving）与购前信息搜寻量的相关性。分析结果表明，价格优惠额与页面浏览数、浏览时间和网站数都存在显著的正相关关系，相关系数尽管也很小，但较前面得出的与价格对应的相关系数高。在分析26个不同产品类的平均价格优惠额与平均购前信息搜寻量的关系时，发现平均价格优惠额与平均页面浏览数、浏览时间和网站数都存在显著的正相关关系，而且相关系数都在0.6以上。

由于价格优惠额与产品报价之间一般也存在相关关系，所以本研究进一步采用偏相关分析法分析以消费者为观察单位和以产品类为观察单位的产品报价/价格优惠额与购前信息搜寻量之间的偏相关关系。结果发现，两种情形下价格优惠额与购前信息搜寻量之间的偏相关关系都是显著的，产品报价与购前信息搜寻量之间的偏相关关系都是不显著的。

研究结果表明，假设H25“网络信息搜寻量与搜寻收益之间存在正向相关关系”是合理的，结合偏相关分析的结果，本研究发现对于价格高的商品，消费者之所

以愿意投入更多的搜寻时间以及搜寻更多的网站，其根本目的是为了获得更多的价格优惠量。

3.2.6　讨论

本节实证分析了人口统计学因素（年龄、收入）、产品因素（产品类、价格）、信息需求（信息需求量、信息需求清晰程度）、搜寻收益（价格优惠）对网络信息搜寻行为的影响，得到如下结论：①年龄和收入对于消费者的购前信息搜寻量不存在普遍意义上的显著影响。即使在特定情形下存在显著影响，这种影响关系也不是单调的。②产品类型对于购前信息搜寻量存在显著影响。对于高价格的产品，消费者倾向于投入更多的搜寻时间，但是价格对于页面浏览数的影响并不明显。③信息需求量与信息搜寻量之间确实存在倒 U 形的关系。信息需求清晰程度对信息搜寻行为的影响也是显著的，能够较好地预测信息搜寻行为的发展变化。④搜寻收益与网络信息搜寻量之间存在正向相关关系。这些研究结果证实了一些已有结论，但也与某些结论存在差异，现具体比较、分析如下。

（1）影响关系一致的研究结论。①产品类型对网络信息搜寻行为的影响。我们发现不同类型产品购前信息搜寻的时间窗口、页面浏览数、浏览时间或网站数均存在显著的差异，而且这四者之间存在显著的正相关关系，这与文献[62,65,66]提出的产品类型对信息搜寻量存在显著影响的结论是一致的。②随着信息搜寻进程的发展，消费者使用搜索引擎和导航网站的频率会越低[60]，本章的研究结果也证实了这一点，而且证实了信息需求清晰程度越高，消费者使用搜索引擎和导航网站的频率会越低。

（2）影响关系不一致的研究结论。①年龄和收入对购前信息搜寻行为的影响，现有研究认为年龄和收入均会负向影响信息搜寻量[61]，但本研究表明年龄和收入对于消费者的购前信息搜寻量不存在普遍意义上的显著影响，即使在特定情形下存在显著影响，这种影响关系也不是单调的。这种差异的形成可能是由于测量引起的，即所使用的 comScore 数据集中的年龄是指家庭中最年长成员的年龄，收入指的是家庭收入，而现有研究中大部分测量的是样本个体的年龄和收入。本研究认为，使用家庭中最年长成员的年龄来度量样本年龄可能不合适，但使用家庭收入来度量样本收入应该是合适的，所以本研究确信收入对于消费者的购前信息搜寻量不存在普遍意义上的显著影响，而年龄是否对消费者的购前信息搜寻量存在显著影响还需要进一步考证。②现有研究认为随着信息搜寻进程的发展，（领域）网站访问的数量、频率（网站会话数量）会下降[60,65]，但本研究发现，随着信息搜寻进程的发展消费者对于领域网站的访问数量会增加，单次网站会话的时间和页面访问数也会上升。这种差异的形成可能是现有研究中并没有与特定信息搜寻任务或任务发展进程结合起来，其信息搜寻行为的度量都是主观划定一个时间窗口(如一周或是一个月)，而且只考虑了网络知识/经验的变化，没有考虑领域知识/经验的变化。

(3) 影响关系一致但有待进一步探讨的问题。现有研究发现产品价格与信息搜寻时间之间存在正相关关系[64]，但价格与产品类之间可能存在一定的交互作用，不是所有产品类内产品价格与信息搜寻时间之间存在正相关关系[63]。我们发现以消费者为观察单位得到的产品价格-购前搜寻时间以及以产品类为观察单位得到的平均价格-平均购前信息搜寻时间均是显著相关的，但这种显著相关性只存在于少数几个产品类内。另外，价格与网站数之间有些时候存在显著相关性，但价格与页面浏览数之间不存在显著相关关系，而且根据价格-优惠额-购前信息搜寻量的偏相关分析结果，价格与购前信息搜寻时间、页面浏览数、网站数的偏相关关系并不显著。所以严格说来，价格对购前信息搜寻的影响是不显著的，对于价格高的商品，消费者之所以愿意投入更多的搜寻时间或搜寻更多的网站，其根本目的是为了获得更多的价格优惠量。

根据上述实证研究结果，我们认为：

对于网络信息搜寻量的预测而言，搜寻收益是最好的解释变量，搜寻收益与网络信息搜寻量存在显著的线性相关性，显著程度和相关系数都要高于对应的价格与网络信息搜寻量的线性相关性。信息需求量、年龄、收入对信息搜寻量的影响(可能)是显著的，但都不是单调的。

信息需求清晰程度能够较好地预测信息搜寻行为的发展变化，如随着信息需求清晰程度的提高或是信息搜寻进程的发展，消费者使用搜索引擎和导航网站的频率会越低，对于领域网站的访问范围会扩大，而且单次网站会话的时间和页面访问数也会上升。就目前的研究进展而言，其他模型因素还很难做到这一点。

总体来说，信息需求的解释与预测能力比其他因素更全面，特别是能够对信息搜寻行为的发展变化作出较好的预测。

3.3　消费者站间转移行为建模与分析

3.3.1　问题分析

消费者的网络信息搜寻是由交替衔接的站内访问和站间转移两种行为过程构成。现有的关于站内访问行为的研究十分丰富。例如，有大量文献采用 Web 使用挖掘技术挖掘相应站点的日志文件和相关数据来发现该站点上的浏览者的行为模式，也有文献采用实证方法来研究消费者的站内导航、搜索等行为。

在 2000 年前后，研究者们开始关注消费者的跨网站访问行为，这些研究一方面试图得出消费者在网站间分配搜寻精力(如浏览量)的一般规律，另一方面试图利用消费者在一些网站上的访问行为来预测其在另一些网站上的行为。

互联网的很多特征都符合齐夫定律(Zipf's law)，包括网页的点击次数分布[68,69]。齐夫定律是指将样本对象按照频次从高到低进行递减排列，则某对象出现的频次 f_r 与其排序 r 成反比[51]，如式(3-1)。文献[50,68]利用互联网接入服务商美国在线(America Online)的日志数据分析了网民的跨网站访问模式，发现网站的访问次数-位序分布符合齐夫定律，文献[51]通过对美国和俄罗斯的多个代理服务器日志数据的分析也发现了相似的规律。

$$f_r \sim \frac{1}{r} \tag{3-1}$$

一种更普遍的齐夫定律形式还包括一个指数 α，如式(3-2)。不同研究中的 α 值是不一样的，文献[51]归纳出 α 的变化范围为 0.60～1.03，并且认为 α 值的变动是由于样本规模过小和具体的数据拟合方法造成的。

$$f_r \sim \frac{1}{r^{\alpha}} \tag{3-2}$$

文献[51]对网站访问量的分布规律进行了深入研究，通过对不同地区、不同时间周期、不同年份的多个服务器日志统计分析发现网站访问量的位序分布符合齐夫定律，并提出了一个改进的齐夫模型，即

$$f_r \sim a + \frac{b}{(c+r)^{\alpha}} \tag{3-3}$$

式中，参数 a 是对样本容量的修正，样本规模越大，a 的值越小；b 为大于 0 的常数，但至今还没有文献明确给出 b 的具体意义；c 刻画的是网络访问过程中代理服务器缓存或用户浏览器缓存大小的影响。该模型的实际拟合结果表明，当样本规模(页面请求次数)数量级超过 10^5，拟合统计结果就很稳定；分布规律与地区、周期、年份无关；α 值稳定在 1.02 ± 0.05 的区间内，非常接近于 1，据此，文献[51]认为 $\alpha=1$ 应该是网站访问量分布的普遍规律。

文献[48]利用一阶马尔可夫品牌转换模型分析了网民在主要门户网站间的转换行为，发现网民转向某一特定门户网站的概率与网民的先前状态存在密切联系，也就是说网民先前访问的网站对于预测其随后访问的目标网站是有用的。文献[49]分析了消费者在同一产品类电子商务网站上的行为，从书籍和音乐两类产品中各选择了两个对应的在线销售网站(书籍网站为 Amazon. com 和 Barnesandnoble. com，音乐网站为 CDNOW. com 和 Musicboulevard. com)进行分析，发现消费者在相同产品类中一个网站上的行为可以用来预测其在另一个网站上的行为。

综上所述，现有的跨网站行为研究所利用的数据要么是服务器端数据，要么是商业性的网民网络行为面板数据，这两类数据的一个共同缺点是研究者们无法准确识别用户的“任务情境”。本节将继续使用第 2 章实验中收集的客户端事务日志(实验数据)和 comScore 公司 2008 年美国网民网站访问和购买日志面板数据，应

用齐夫定律和复杂网络理论这两个网络环境下普遍应用的理论模型，分析比较特定任务环境下的消费者和日常网站访问过程中的用户网站间分配搜寻精力和网站转移的一般规律，并应用这些规律特征设计了一种领域网站发现及其站间转移行为模式抽取算法。

3.3.2 站间搜寻精力分配规律

消费者在面临某个购买任务的时候，可能会浏览若干个网站以获得相关信息。那么，消费者花费在每个网站上的精力(如页面访问量、浏览时间)是不是存在某种规律？已有的研究利用服务器日志(包括缓存服务器和互联网接入服务商日志)验证了日常情形下的网站访问量或页面点击量符合齐夫定律。那么：①消费者在特定任务环境下的网站访问行为是否符合齐夫定律？②网民的日常网络访问行为是否符合齐夫定律？③不同情形下的网站访问量遵循的齐夫定律形式是否会有所不同？

1. 特定任务环境下的消费者站间搜寻精力分配模型

“网络消费者信息需求与信息搜寻行为实验”的客户端事务日志数据能够反映特定任务环境下的消费者站间搜寻精力分配规律。按照文献[51]的论述和结论，基于客户端日志拟合的站间搜寻精力分配模型应该符合以下形式，即

$$f_r \sim a + \frac{b}{r} \tag{3-4}$$

即式(3-3)中的缓存参数 $c=0$，指数 $\alpha=1$。

首先利用 SPSS 的抽样过程和曲线估计过程分别对网络消费者信息需求与信息搜寻行为实验中三个单元的客户端日志数据(分别记为 Log1、Log2、Log3)、总日志数据 Log 以及 Log 的 16 等分抽样数据(Sample1～16)共 20 个数据集进行了拟合，结果表明式(3-4)确实能够较好地拟合网站页面数及其排序的关系(复相关系数除 Log3 为 0.88 外，其余都在 0.98 以上，如表 3-8 所示)。

表 3-8 样本拟合情况

Dataset	Page Views	Top1Page Views	Top1PageViews /PageViews	Websites	R^2	a	b	b/Page Views	b/Top1 PageViews
Log1	11 132	2 419	0.22	245	0.98	−17.0	2 529	0.23	1.05
Log2	4 801	995	0.21	88	0.99	−17.0	1 256	0.26	1.26
Log3	4 382	1 021	0.23	128	0.88	−11.0	1 069	0.24	1.05
Log	20 315	4 292	0.21	350	0.98	−26.0	4 574	0.23	1.07
Sample1	1 270	275	0.22	121	0.98	−2.6	294	0.23	1.07

续表

Dataset	Page Views	Top1Page Views	Top1PageViews /PageViews	Websites	R^2	a	b	b/Page Views	b/Top1 PageViews
Sample2	1 270	280	0.22	126	0.99	−2.3	291	0.23	1.04
Sample3	1 270	258	0.20	118	0.98	−2.0	281	0.22	1.09
Sample4	1 270	281	0.22	135	0.99	−2.5	293	0.23	1.04
Sample5	1 270	277	0.22	117	0.98	−2.8	299	0.24	1.08
Sample6	1 270	264	0.21	113	0.98	−3.0	288	0.23	1.09
Sample7	1 270	258	0.20	108	0.97	−2.2	288	0.23	1.12
Sample8	1 270	252	0.20	119	0.98	−1.8	276	0.22	1.10
Sample9	1 270	277	0.22	123	0.99	−2.4	292	0.23	1.05
Sample10	1 270	277	0.22	109	0.98	−2.6	294	0.23	1.06
Sample11	1 270	273	0.21	116	0.99	−2.3	289	0.23	1.06
Sample12	1 269	288	0.23	125	0.99	−2.7	299	0.24	1.04
Sample13	1 269	263	0.21	117	0.9	−2.2	285	0.22	1.08
Sample14	1 269	270	0.21	109	0.9	−2.3	291	0.23	1.08
Sample15	1 269	252	0.20	112	0.9	−1.8	279	0.22	1.11
Sample16	1 269	247	0.19	128	0.9	−1.8	277	0.22	1.12

表 3-8 中，PageViews 为访问的总页面数；Top1PageViews 为页面访问数最大的网站受访的页面数；Websites 为所访问的不同网站数量；R^2 为倒数模型拟合的复相关系数。各样本中：① 访问量第一网站的首位度（Top1PageViews/PageViews）的值基本相同，约为 0.21；② 参数 b 的值具有非常明显的规律，即 b/Top1PageViews ～ 1.08，且 b/PageViews ～ 0.23，也相当稳定，系数 b、Top1PageViews、PageViews 的两两 Pearon 相关系数均为 1.00。

为了获得更精确的拟合结果，本研究进一步在 Matlab 环境下对不考虑缓存、允许 α 不等于 1 和考虑缓存、允许 α 不等于 1 的两种齐夫定律模型进行了拟合，拟合结果分别为式(3-5)（拟合度：SSE＝4.785e＋005，R-square＝0.9852，Adjusted R-square＝0.9852，RMSE＝37.14）和式(3-6)（拟合度：SSE＝1.965e＋005，R-square＝0.9939，Adjusted R-square＝0.9939，RMSE＝23.83）。

$$f_r \sim -37.56 + \frac{4\,474}{r^{0.945}} \tag{3-5}$$

$$f_r \sim -8.489 + \frac{14\,290}{(1.359 + r)^{1.417}} \tag{3-6}$$

如果不考虑缓存参数 c，拟合模型结果式(3-5)和式(3-4)很接近，$\alpha=0.945$，非常接近于1。但通过对比拟合度和拟合曲线残差(图3-9)，则发现式(3-6)的拟合度更高，残差值更小且分布更接近于直线 $x=0$，是更精确的拟合模型，但该模型中 α 值为1.417。

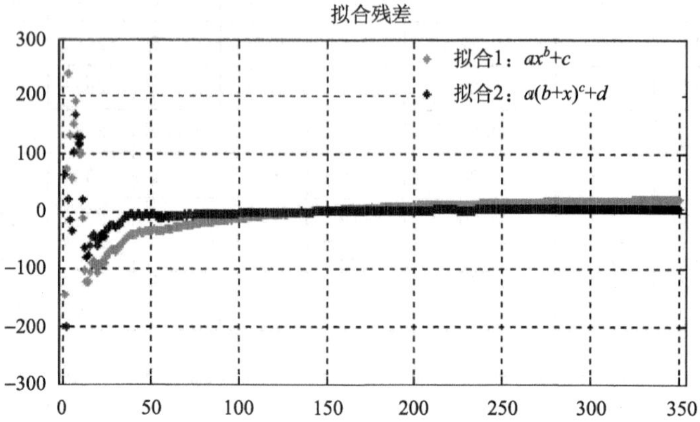

图3-9 不同参数条件下的实验数据齐夫定律拟合残差结果

研究结果表明，特定任务环境下消费者为了获得所需信息可能会访问很多网站，但在网站间的搜寻精力分配符合齐夫定律，即搜寻精力主要集中在少数几个网站上，在首位网站上的访问量超过总访问量的1/5(本实验为22%)，而且这个比例在整个信息搜寻过程中基本维持不变(本实验中，单元1、2、3中该比例基本相等)。从最优拟合模型，即式(3-6)看，特定任务环境下消费者在网站间的搜寻精力分配与基于服务器日志得出的网民站间访问精力分配模式不存在差异，但是相对而言 α 值大得多。

2. 日常网站访问情形下的用户站间搜寻精力分配模型

comScore公司2008年美国网民网站访问和购买日志面板数据能够反映日常网站访问情形下的用户站间搜寻精力分配规律。

类似地，应用comScore数据，在Matlab环境下对不考虑缓存、允许 α 不等于1和考虑缓存、允许 α 不等于1的两种齐夫定律模型进行了拟合，拟合结果分别为式(3-7)(拟合度：SSE＝4.489e＋012，R-square＝0.9834，Adjusted R-square＝0.9834，RMSE＝2555)和式(3-8)(拟合度：SSE＝1.334e＋012，R-square＝0.9951，Adjusted R-square＝0.9951，RMSE＝1393)。

$$f_r \sim -94.12+\frac{1.273\times 10^7}{r} \tag{3-7}$$

$$f_r \sim 52.06+\frac{3.43\times 10^7}{(1.15+r)^{1.363}} \tag{3-8}$$

通过对比发现，comScore 数据的拟合结果与实验数据拟合结果具有共同特征：①如果不考虑参数 c，则指数 $\alpha=1$；但如果考虑参数 c，则指数 α 的拟合值同样偏大，达到 1.363；②同样是考虑参数 c 时的拟合结果更优（比较拟合度和图 3-10 所示的拟合曲线残差）。

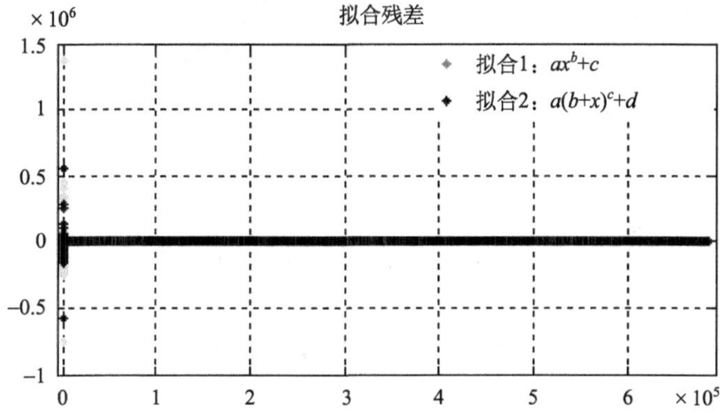

图 3-10　不同参数条件下的 comScore 数据齐夫定律拟合残差结果

3. 不同情形下的站间精力分配模型比较

综合上述研究结果，本研究认为基于客户端日志拟合得出的特定任务环境下的消费者站间搜寻精力分配规律和日常网站访问情形下的用户站间搜寻精力分配规律是一致的，表现为①如果不考虑参数 c，则指数 α 的拟合值接近 1，但如果考虑参数 c，则指数 α 的拟合值同样偏大，达到 1.4 左右；②都是考虑参数 c 时的拟合结果更优。这表明特定任务环境下和日常网站访问情形下的站间精力分配规律是一致的，最优拟合模型均为

$$f_r \sim a + \frac{b}{(c+r)^{\alpha}}$$

通过与文献[51]研究结论的比较，本研究认为基于客户端日志和服务器端日志得出的齐夫定律形式是一致的，但是二者的拟合优度和拟合参数值还是存在一定差异。

(1) 通过对网站访问量及其位序的双对数曲线图比较可以发现，服务器端日志数据表现出明显的“垂尾”现象（图 3-11(a)），但客户端日志数据则比较接近光滑的直线（图 3-11(b)），表明客户端日志数据更加符合齐夫定律。

(2) 通过对齐夫定律拟合参数的比较可以发现，服务器端中参数 c 在 0.45～17.82 变动，参数 a 均小于 0，指数 α 在 0.92～1.09 变动[51]。但同样是大规模网民访问记录数据集，comScore 客户端日志拟合得出的参数缓存 c 的值在文献[51]

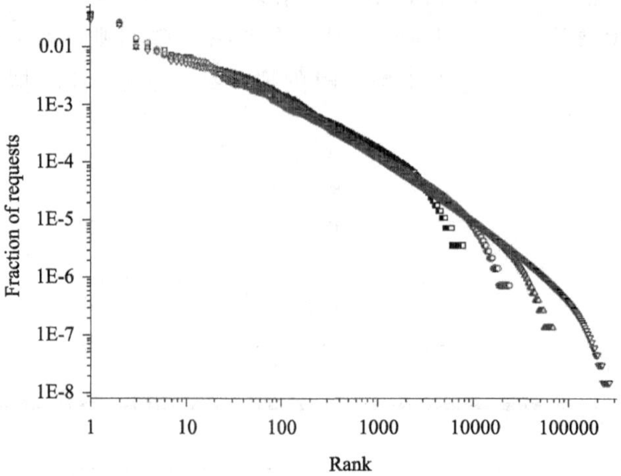

(a) 根据服务器端日志(源自文献[51])

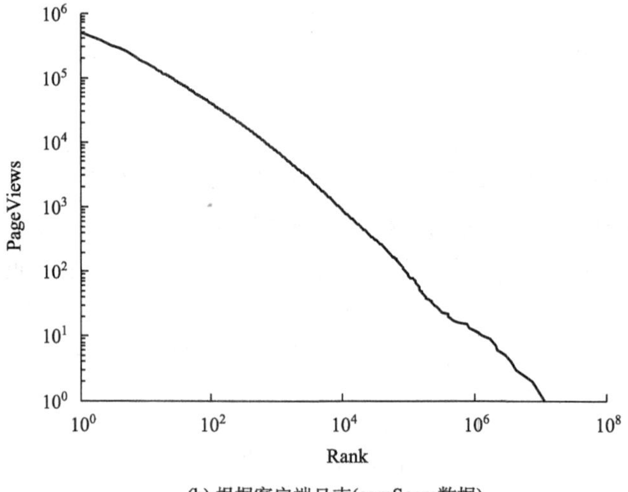

(b) 根据客户端日志(comScore数据)

图 3-11　网站访问量及其位序的双对数曲线图

报告的变动范围内，但是参数 a 和指数 α 则表现出明显差异，均远大于文献[51]的报告结果。

究其原因，本研究认为，由于客户端日志较少受到缓存等问题的影响，得出的结果应该更精确，而服务器端日志数据会低估网站页面访问量。

3.3.3　站间转移行为规律

本节拟采用复杂网络理论方法对消费者的网站访问序列进行建模，并分析站间转移网络的拓扑结构和站间转移行为的特征规律[70]。

1. 站间转移行为网络建模及度量指标

如果以网站为单位，消费者的信息搜寻过程可以视做一个网站访问序列。网站访问序列与单个网站内的页面访问序列的意义是不一样的：单个网站内的页面之间可能存在较为紧密的逻辑关联，如导航页面和内容页面之间存在导航关系，内容页面与内容页面之间存在上下文关系，但网站之间的逻辑关联性要弱很多，即网站访问的先后次序所包含的意义可能不明显（例如，在利用搜索引擎返回结果的时候，人们更多的是依据结果的排序和相关性来选择打开哪个页面，而较少考虑这个页面是属于哪个网站），所以常用于页面访问序列分析的序列模式发现方法不太适用于网站访问序列分析，另外序列模式发现得到的结果往往是一些规则，很难帮助人们从整体上直观理解消费者站间转移行为。

复杂网络理论方法是互联网研究的一类重要研究方法，已被成功用来研究刻画因特网的基础设施节点构造、万维网（WWW）的网站页面链接结构、端对端（P2P）网络结构，以及在线社会性网络结构等。将访问序列中的网站作为顶点 W，将自网站 W_i 到 W_j 的转移记为有向边 $\langle W_i, W_j \rangle$，有向边 $\langle W_i, W_j \rangle$ 的权值 p 代表始点网站 W_i 到终点网站 W_j 的转移次数，即可得到反映消费者站间转移行为的有向含权网络图模型。已有研究表明包括计算机网络、网站页面超链接网络在内的现实世界中的众多复杂网络具有一些共同的拓扑结构特征：无标度（scale-free）、小世界（small world）和高聚类性（high clustering）等[71]。

1）无标度

无标度特性是与网络节点的度分布相联系的。定义某网络的度分布 p_k 为拥有度为 k 的节点被随机挑选到的概率（可理解为某一节点与 k 个其他节点有连接的可能性）服从幂律分布

$$p_k \sim k^{-\alpha}$$

式中，α 是一个正常数，已有的 WWW 网页链接网络研究结果表明 α 的值为 2～3[72,73]。

2）小世界

小世界现象是指尽管网络的规模一般都很大，但是网络中任意两个节点之间的路径长度却相对较小。定义任意两个连通节点间的最大路径长度为该网络的直径 D，定义 l 为网络中任意两个连通节点的平均路径长度，对于一般网络而言，如果 l 的值小于 $\log n$（n 为网络节点的数量），则该网络具备小世界特征[74]。

3）高聚类系数

现实世界中的许多网络都有聚集的内在趋向，这种趋向表现为这类网络的聚类系数要远大于随机网络，聚类系数有全局聚类系数（global clustering coefficient)和局部聚类系数(local clustering coefficient)两种(图 3-12)。对于有向图而言，全局聚类系数 GC 的含义为[①]

$$\mathrm{GC}=\frac{\text{全部传递三角形数量}}{\text{全部有序三元组数量}}$$

$$\mathrm{LC}=\frac{1}{n}\sum_{i}\mathrm{LC}_i$$

式中，n 表示网络节点数量，节点 $i(i\leqslant n)$ 的局部聚类系数 LC_i 的计算公式为

$$\mathrm{LC}_i=\frac{\text{以节点 } i \text{ 为始点的传递三角形数量}}{\text{以节点 } i \text{ 为始点的有序三元组数量}}$$

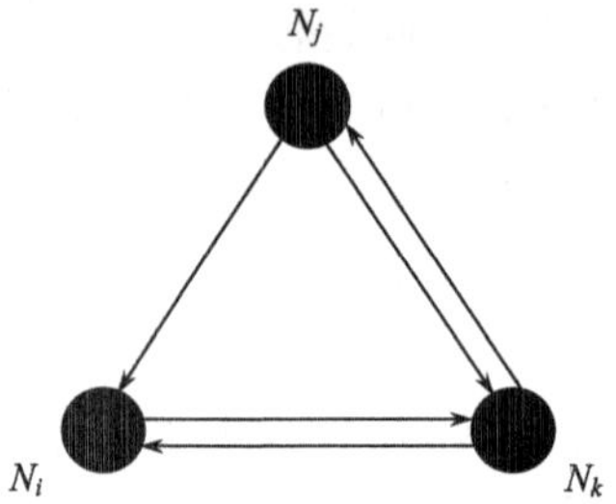

有序三元组 | 是否构成传递三角形

$N_i \longrightarrow N_k, N_k \longrightarrow N_j$　　$N_i \not\longrightarrow N_j$(否)

$N_j \longrightarrow N_i, N_i \longrightarrow N_k$　　$N_j \longrightarrow N_k$(是)

$N_j \longrightarrow N_k, N_k \longrightarrow N_i$　　$N_j \longrightarrow N_i$(是)

$N_k \longrightarrow N_j, N_j \longrightarrow N_i$　　$N_k \longrightarrow N_i$(是)

所以GC=3/4=0.75

LC_i=0/1=0，LC_j=2/2=1，LC_k=1/1=1

LC=(0+1+1)/3=0.67

图 3-12　传递三角形、有序三元组及聚类系数

高聚类系数意味着如果节点 A 与节点 B、节点 B 与节点 C 是相连的，则节点 A 与节点 C 相连的可能性也较高，即“朋友的朋友也很可能是你的朋友”，所以有时也称为传递性。

4）同类匹配

网络中往往存在多种类型的节点，现实世界中的网络多表现为同类匹配，即同一类型的节点之间连接的概率更高。例如，同一主题的网页之间存在链接的可能

① Wasserman S, Faust K. Social Network Analysis: Methods and Applications. New York: Cambridge University Press, 1994.

性会更高。同类匹配现象可用匹配系数 R 来度量,即

$$R=\frac{\sum_i e_{ii}-\sum_i a_ib_i}{1-\sum_i a_ib_i}$$

式中,e_{ij} 表示连接 i 类节点和 j 类节点的边的比例,满足以下规则,即

$$\sum_{ij}e_{ij}=1,\quad \sum_j e_{ij}=a_i,\quad \sum_i e_{ij}=b_i$$

如果网络是同类匹配的,则 $R>0$;反之,如果网络是异类匹配的,则 $R<0$。

同类匹配现象还可以使用网络中边两端节点的度的 Pearson 相关系数 r 来度量。如果 $r>0$,表明节点倾向于与自身度相近的节点相连,网络是同类匹配的;反之,如果 $r<0$,则表明节点倾向于与自身度差异较大的节点相连,网络是异类匹配的[76]。

5) 网络弹性

网络弹性反映的是在网络中的某些节点(以及与该节点对应的边)被破坏(删除)后,网络的抗破坏能力(一般使用平均路径长度的增长量来度量)。常见的节点删除方法包括删除度最高的 N 个节点(Top$N$ 删除法)和随机删除 N 个节点(Random$N$ 删除法),一般情况下,Random$N$ 删除法对于平均路径长度的影响不大,但 Top$N$ 删除法对网络的毁坏性很大[74]。

6) 社群结构

一般的网络中都存在社群结构,即在某些节点群内部拥有密集的连接,而在节点群之间的连接较少。

2. 站间转移网络的整体特征

WWW 网站间的链接网络与消费者的网站间转移网络反映的虽然都是网站之间的关系,但关系的内涵和强弱明显不同。前者反映的更多是网站设计模式,后者则体现的是基于网站设计模式基础上的消费者使用模式,而且后者中搜索导航类网站扮演着很重要的角色。另外,链接网络中领域网站之间基于商业或竞争因素考虑可能较少存在超链接,但同时获取比较多个竞争网站上的产品/服务信息则能够为消费者带来明显的好处,所以在转移网络中竞争网站之间也会存在较强的连接关系。例如,第 2 章的研究发现消费者的信息搜寻行为是以任务或主题为中心的,在特定时间段内消费者往往专注于特定类型或主题信息的搜寻,这种“专注”体现在跨网站访问中,就是消费者会在可长达 1 小时的时间段内不间断地访问多个领域网站,通过视频分析也发现,消费者会利用收藏夹/快捷组或手工方式(如连续打开搜索引擎返回结果页中的多个链接)同时打开多个领域网站页面,显示在多个窗口/标签中,然后在这些页面间切换浏览,这使得原本不存在相互链接的两个

领域竞争网站在消费者的网站转移网络中联系在一起，结果会使得领域网站间的连接密度更大。

本研究在 Matlab 环境下计算或拟合了站间转移网络的拓扑结构属性，并与前人报告的 WWW 网页链接网络和在线社会性网络的相关属性值进行了比较（表 3-9）。

表 3-9 不同网络的拓扑结构特征

网络类型	网络	节点数/千	边数/万条	l	D	α (in/out)	GC	LC	R	r
WWW	诺特丹大学校园网[72]	269.5	149.7	11.27	NA	2.1/2.4	0.11	0.29	NA	−0.067
	Altavista[73]	203 549	213 000	16.18	905	2.1/2.7	NA	0.081	NA	NA
	厄尔巴岛旅游类网站[75]	0.468	0.043 7	4.5	11	3.0/1.9	0.003	NA	NA	−0.101
在线社会性网络	Flickr[76]	1 846.2	2 261.4	5.67	27	2.7/2.1	NA	0.313	NA	0.202
	Orkut[76]	3 072.4	22 353	4.25	9	1.5/1.5	NA	0.171	NA	0.072
	YouTube[76]	1 157.8	4 945	5.10	21	1.6/2.0	NA	0.136	NA	−0.033
站间转移网络	DIY 实验	0.34	0.112 7	3.28	10	2.00/NA*	0.09	0.20	−0.307	−0.296
	comScore	687.7	495.5	3.97	44	NA*/NA*	0.008	0.11	−0.187*	−0.084

注：NA 表示该结果无法计算或获得；Na* 表示未通过幂律拟合优度 p 检验；* 表示根据 comScore 数据 12 月有在线交易记录且仅销售单一产品类的共 41 类 216 个网站计算得出

1）度分布特征

已有的 WWW 网页链接网络研究结果表明 α 的值为 2～3[72,73]，采用文献[77]给出的 α 值估计和幂律拟合度 p 检验方法（$p>0.1$ 表示服从幂律分布），分别对 DIY 转移网络和 comScore 转移网络的入度（InDegree）、出度（OutDegree）是否符合幂律分布及其 α 值进行了检验和估计，结果如表 3-10 所示。结果表明只有实验数据转移网络中的入度分布通过了幂律拟合度 p 检验（$p=0.107$），这表明站间转移网络的度分布并不服从幂律分布。通过幂律拟合结果图 3-13 分析发现，实际数据曲线存在垂尾现象，右下方的实际值明显低于幂律分布拟合值，表明在转移网络中高度数节点的比例是明显偏低的（相对于幂律分布而言）。

表 3-10 α 值估计和幂律拟合优度 p 检验结果

实验转移网络				comScore 转移网络			
InDegree		OutDegree		InDegree		OutDegree	
α	p	α	p	α	p	α	p
2.00	0.107	1.98	0.014	1.88	0.000	1.89	0.000

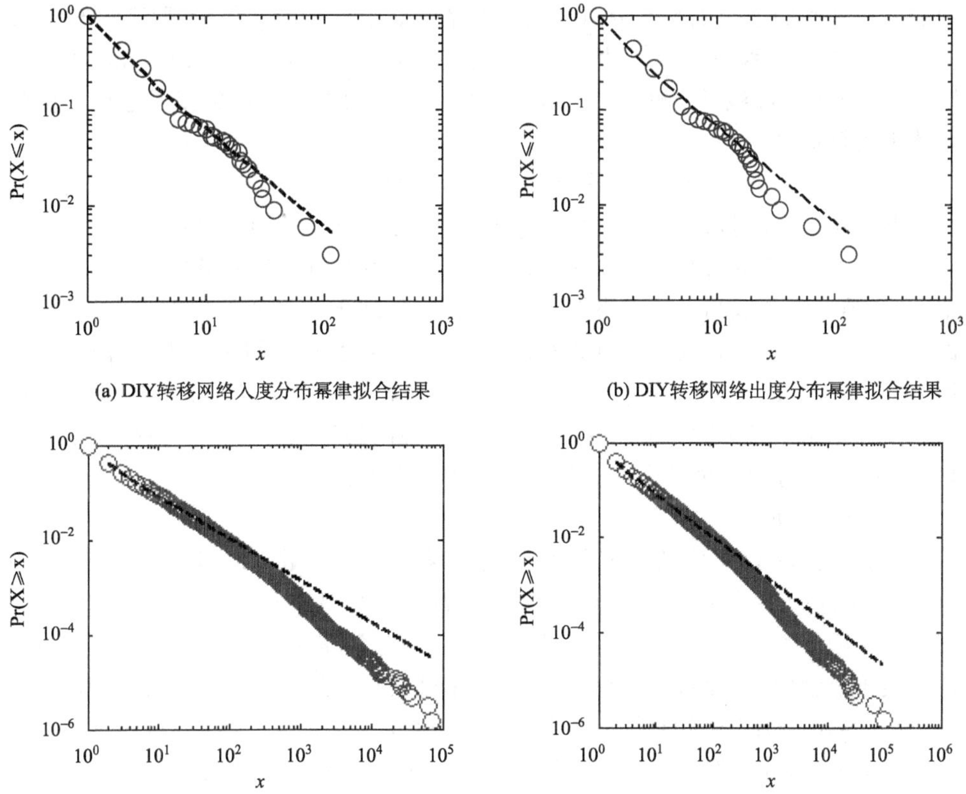

(a) DIY转移网络入度分布幂律拟合结果

(b) DIY转移网络出度分布幂律拟合结果

(c) comScore转移网络入度分布幂律拟合结果

(d) comScore转移网络出度分布的律拟合结果

图 3-13 转移网络度分布幂律拟合结果

2) 平均路径长度和网络直径

计算得出的 DIY 实验站间转移网络的平均路径长度为 3.28（$<\log n/\log(\log n)=3.3, n=341$），具有小世界网络的特征。另外网络直径为 10，可达节点对的数量为 111 564，不可达节点对的数量为 4376，二者分别站全部节点对[$n(n-1)=115\ 940$]的 96.23%和 3.77%，这都说明 DIY 实验站间转移网络中的节点之

间的连接是十分紧密的。与规模基本相同的厄尔巴岛旅游类网站链接网络相比[75]，站间转移网络连接数量（边数）要密集一些，而平均路径长度和直径都要小一些（表 3-9）。

comScore 站间转移网络的平均路径长度为 3.97（$<\log n/\log(\log n)=5.17$，$n=687\ 699$），也具有小世界网络的特征。另外网络直径为 44，可达节点对的数量为 4.5529×10^{11}，不可达节点对的数量为 1.7643×10^{10}，二者分别站全部节点对 $[n(n-1)=4.7293\times10^{11}]$的 96.27%和 3.73%，这说明 comScore 站间转移网络中的节点之间的连接也是十分紧密的。与表 3-9 中列举的其他大规模网络相比，comScore 站间转移网络的平均路径长度较短，直径也远小于 Altavista 链接网络[73]，但均大于在线社会性网络[76]，所以总体上讲消费者在信息搜寻过程中能够迅速抵达目标网站。

comScore 站间转移网络的平均路径长度仅略高于 DIY 实验站间转移网络的平均路径长度，表明站间转移网络的规模对平均路径长度影响很小。

理论上讲，任意两个网站之间都只有“一步之遥”，但在实际网络信息搜寻过程中，由于消费者领域知识或网络知识的有限性，往往无法直通目标网站，而是要借助一些“中介”网站（如搜索导航类网站）来获得并到达目标网站。所以，网站与网站之间的“实际距离”肯定不止一步，理想的站间转移网络应该在 2 左右，即起点网站—中介网站—目标网站。从这个意义上说，站间转移网络的平均路径长度是衡量互联网搜索导航和消费者信息搜索水平的一个指标。

3）聚类系数

计算得出的 DIY 实验站间转移网络的整体聚类系数（GC）和局部聚类系数（LC）分别为 0.09 和 0.20，整体聚类系数远高于规模基本相同的厄尔巴岛旅游类网站链接网络[75]（文献[75]没有报告局部聚类系数），表明特定任务环境下消费者信息搜寻过程中的站间转移网络较领域网站链接网络具有更明显的聚集特征。

comScore 站间转移网络的整体聚类系数（GC）和局部聚类系数（LC）分别为 0.008 和 0.11，局部聚类系数也高于 Altavista 链接网络[73]（文献[73]没有报告整体聚类系数），但整体聚类系数或局部聚类系数均低于诺特丹大学校园网页面链接网络[72]和在线社会性网络[76]的对应聚类系数。comScore 站间转移网络的聚类系数低于诺特丹大学校园网页面链接网络是易于理解的，因为一般来说，校园网内部页面之间的链接应该是比较密集的，而且校园网内部页面社群是该校组织结构的映射，属于同一部门的页面之间的链接密度会明显高于跨部门页面之间的链接。

在消费者站间转移网络中，高聚类系数意味着两个网站 A、C 之间本来可以直接转移（如消费者访问完 A 网站后直接键入网址访问网站 C），但消费者在实际访问过程中却往往是借助网站 B 到达网站 C。以 DIY 实验站间转移网络为例，B 多为搜索导航类网站，C 多为 IT 硬件领域类网站，在全部传递三角形中，B 为搜索引擎类网站 baidu 的比例高达 24.8%，C 为 IT 硬件类网站 zol 的比例则高达 20.6%。所以在站间转移网络中高聚类系数一方面表明网络具有明显的社群特征（每一社群代表一种网站使用与转移模式），另一方面也表征着消费者领域网站知识水平，聚类系数高表明消费者领域网站知识水平低（即两个领域网站之间的转移要借助搜索导航类网站完成）。

4）匹配系数

为了探索不同类型网站之间及其内部转移行为规律，我们首先对 DIY 实验事务日志数据中访问量前 40 位的网站（页面访问数合计为 17 343，占全部网站页面访问数的 85.4%）进行了分类，具体的访问次数统计与分类结果如表 3-11 所示。计算得出的 DIY 实验站间转移网络的匹配系数 R 为－0.307，边两端节点度的 Pearson 相关系数 r 为－0.296。

表 3-11　网站的访问次数统计与分类

类别	网站（访问量）
1. 搜索导航	baidu(1787)，google(181)，yahoo(107)，soso(95)，msn(70)，sogou(66)，hao123(62)
2. 门户	163(983)，sina(569)，sohu(247)
3. 休闲交友	xiaonei(1301)，qq(720)，hfutbbs(377)，syzw(167)，orc3c(143)，chinaren(117)，people(95)，cyworld(60)，ahradio(52)
4. IT 硬件	zol(4292)，it168(2359)，pconline(938)，it(629)，yesky(186)，pchome(119)，enet(115)，pcpop(87)，beareyes(82)，pcarm(64)，hongen(63)
5. 日常任务	mop(527)，hfut(178)，gw(94)，126(91)，pinggu(65)，210.45.240.29(64)，taobao(53)，cnstock(52)，210.45.242.12(47)，cnforex(39)

类似地，计算得出的 comScore 站间转移网络中所有边两端节点度的 Pearson 相关系数 r 为－0.084，表明边两端节点的度的相关性非常低，节点与节点之间的连接仅表现出微弱的倾向性。由于 comScore 数据集中网站的数量太过庞大，无法对其进行领域类别划分，所以本研究仅选择了 comScore 的 12 月数据中有在线交易记录且仅销售单一产品类的共 41 类 216 个网站，计算得出的匹配系数 R＝－0.1866。r 和 R 都是负值，再次表明站间转移网络是异类匹配的。

两种网络的 r 和 R 都是负值，表明站间转移网络中高度数的网站倾向于连接到低度数的网站（如对那些不知名的网站我们往往需借助搜索引擎来访问），而且转移行为主要发生在不同类型的网站之间，也就是说，消费者在进行信息搜寻时，领域网站之间的直接转移概率是比较低的。这警示我们在研究网络信息搜寻行为时，仅将注意力放在领域网站上是远远不够的。

但在计算和解释站间转移网络匹配系数 R 的时候，应该特别注意。表 3-12 是将访问量排在前40位的网站划分为5类后得到的网站类间(内)转移次数及行标准化后的转移比例，单元格中的值表示转移次数/转移比例(行代表转出，列代表转入)。由此可以看出：①高频转移基本发生在不同类型的网站之间，而且位于类1、类4所在的列，类1、类4之间的相互转移也是最高的，说明转移行为主要是围绕类1、类4进行。②类2与类5之间的相互转移也比较高，说明用户在进行日常任务时往往伴随着门户网站的访问。③虽然类内的转移频率总体较低，不过不同类型的网站类内转移频率也是不一样的：类2、类3的内部转移频率都非常低，但类5、类1、类4内部的转移频率则比较高，说明消费者在进行非功能性(门户、休闲交友)访问时，往往偏好选择少数几个网站，但在完成功能性任务(搜索导航、日常任务、IT硬件)时，则倾向联合使用多个同类网站，如同时尝试多个IT硬件类网站浏览获取计算机组装相关的信息。

表 3-12 网站类间(内)转移

类别	1	2	3	4	5
1	169/0.141**	50/0.042	109/0.091	850/0.711*	17/0.014
2	71/0.534*	8/0.060	15/0.113	13/0.098	26/0.195**
3	102/0.548*	10/0.054	9/0.048	56/0.301**	9/0.048
4	830/0.780*	18/0.017	57/0.054	150/0.141**	9/0.008
5	23/0.146	30/0.190**	3/0.019	11/0.070	91/0.576*

* 在行内排名第一；** 在行内排名第二

从上述分析可知，消费者在进行领域信息搜寻时，实际上采用的是一种“搜索引擎-领域网站”的双中心转移模式，功能类领域网站内部的转移也很频繁。为此我们剔除搜索导航类网站，重新计算了另外四类网站的匹配系数，发现 $R=0.0841$，证实了不考虑搜索导航网站的时候，同一类型网站的内部转移概率要高于不同类型网站之间的转移概率。

另外，由于节点度和边权均具有长尾分布特征，会使得匹配系数 R 的值对于网站的选择很敏感。在comScore单一产品类在线销售网站站间转移子网中，仅仅删除aol.com(只在线销售航空旅游产品，在该子网中访问的页面数最大)一个网站，R 就由原来的 -0.1866 变为 -0.2007。

一般来说，社会性网络往往是同类匹配的，但是其他类型的网络(信息网络、技术网络、生物网络)似乎是异类匹配的[74]，表3-9中列举的结果也支持这种观点，但这种现象目前还没有合理的解释。综合这两个网络的分析结果，本研究发现站间转移网络是属于异类匹配的，并且认为这首先与网站的层次性有关，根据前文的站间精力分配模型，网站的访问规模符合齐夫定律，所以在一个领域中大型网站的数量很少,但小型网站数量众多。由于消费者往往需要访问多个领域网站,所以必然存在从大型网站向小型网站的转移,而网站的访问规模与该网站的度之间存在着正相关关系。因此也就存在高度网站向低度网站的转移。其次这与搜索引擎有关,由于现今搜索引擎的返回结果是依据页面相关性排序,较少考虑和提供页面所属网站的信息,使得小型网站也有机会被访问到,所以也存在着大量的由搜索引擎向小型网站的转移。

5）网络弹性

一般来说,随机删除节点法对于网络的破坏性很小,因此本研究只计算了 Top*N* 删除法对网络的影响。我们将节点按照其出度与入度之和的倒序排序,计算了原始网络和依次删除 1%～10%度数最高的节点后的网络的平均路径长度、直径、不可达节点对数比例等指标。

表 3-13 显示了 comScore 站间转移网络和 DIY 站间转移网络的抗破坏能力情况。从中可以看出,平均路径长度和直径一开始呈增长态势,在删除比例达到一定程度时(comScore 网络在 8%左右,DIY 网络在 5%左右)达到最大,之后会逐渐下降。而可达节点对数的下降速度极快,原始网络的可达节点对数比例超过 96%。当删除 1%的高度数节点后,可达节点对数比例激降至 30%附近;当删除 5%的高度数节点后,可达节点对数比例仅为 5%左右。

表 3-13　comScore/DIY 站间转移网络的抗破坏能力

删除比例	剩余节点数		平均路径长度		直径		全部节点对数		可达节点对数比例/%	
	comScore	DIY	comScore	DIY	comScore	DIY	comScore	DIY	comScore	DIY
0	687 699	341	3.97	3.28	44	10	4.73E+11	115 940	96.27	96.2
1	680 822	338	8.78	4.02	55	12	4.64E+11	113 906	27.6	36.5
2	673 945	334	11.68	4.88	57	15	4.54E+11	111 222	19.3	22.2
3	667 068	331	15.13	5.13	65	15	4.45E+11	109 230	13.4	13.9
4	660 191	327	19.46	6.36	73	15	4.36E+11	106 602	8.9	7.5
5	653 314	324	25.18	6.50	86	17	4.27E+11	104 652	5.2	4.0
6	646 437	321	32.25	3.48	115	10	4.18E+11	102 720	2.6	1.4
7	639 560	317	39.37	2.48	160	8	4.09E+11	100 172	1.1	0.7
8	632 683	314	48.67	2.31	208	7	4.00E+11	98 282	0.36	0.6
9	625 806	310	40.26	2.32	176	7	3.92E+11	95 790	0.08	0.5
10	618 929	307	34.53	1.86	130	5	3.83E+11	93 942	0.02	0.4

删除高度数节点对站间转移网络的平均路径长度和直径的影响与前人研究的 Internet 拓扑网络、WWW 链接网络的结论是一致的[78]。进一步考察删除高度数

节点对连通节点对的影响，我们发现，相对于平均路径长度和直径而言，删除高度数节点对站间网络连通性的影响更为严重，当少数高度数节点网站不可用的时候，绝大部分网站之间的联系将被割断，变得不可抵达。

6）社群结构

首先，我们发现站间转移网络具有明显的圈层结构和自相似特征。站间转移网络的最大社群结构特征是存在一个极大组团（中心圈层）和若干个小组团（边缘圈层），如图 3-14(a)所示。这与一般的网络存在若干个子中心的社群结构明显不同(图 3-14(b))。而且我们发现迭代删除低于一定边阈值的连接后，转移网络的圈层结构特征不会改变，表明转移网络具有自相似性。

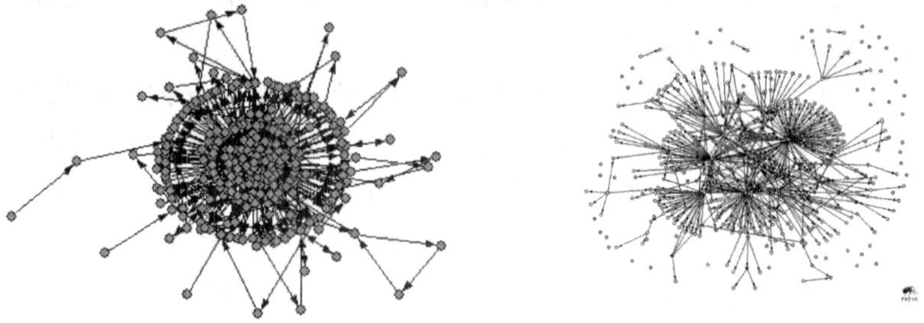

(a) DIY消费者访问网站　　(b) 厄尔巴岛旅游类网站[75]

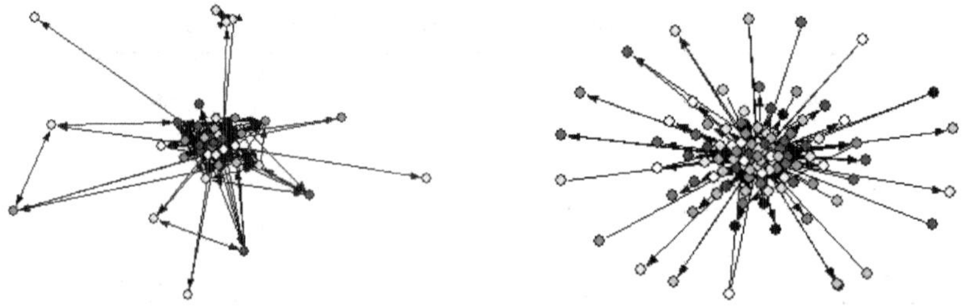

(c) DIY消费者访问前40个网站　　(d) comScore单一产品类在线交易网站

图 3-14　站间转移网络的社群结构(使用 Pajek Version1.27 绘制)

图 3-14(c)是 DIY 站间转移网络前 40 个网站转移网络图，图 3-14(d)是 comScore 单一产品类在线交易网站间转移网络图。从中可以发现，同一类型的领域网站在转移网络中并不一定聚集在一起，因此无法直接应用现今的一些社群发现方法来挖掘领域网站使用模式。这表明消费者在进行领域信息搜寻时，总是会配合使用多种类型网站，从而形成不同的使用模式，这些使用模式也反映了网站之间的竞合关系。这再次警示我们在研究网络信息搜寻行为时，不能将注意力仅仅集中在领域网站上。

3. 站间转移行为的特征和规律

上文已经宏观分析了站间转移网络的整体拓扑结构特征，下面将进一步从微观上分析不同网站间转移行为的特征和规律[70]。

1) 不同类型网站的转移特征

用户在不同类型的网站上具有不同的访问行为，同样，用户在不同类型的网站上也具有不同的转移行为，利用复杂网络方法我们可以建立一些比较简洁的指标来反映用户在不同类别网站的转移行为特征。

(1) 出度-入度比：站间转移网络中网站节点的出度与入度之比。高出度的网站相当于中心(hub)网站，高入度的网站相当于权威(authority)网站，因此如果出度-入度比大于1，则该网站的中心性强；如果小于1，则权威性强。

(2) 出权-入权比：站间转移网络中网站节点的所有出边权值和与所有入边权值和的比值。在一次网络访问过程中，第一个网站的入权为0而出权为1，最后一个网站的入权为1而出权为0，中间网站的出权和入权都为1(仅指一次网络过程中各网站不间隔重复出现时的情况)，所以某网站出权大于入权意味着在用户访问网络的过程中，该网站第一个被访问的频率大于作为最后一个被访问的频率，所以出权-入权比大于1意味着该网站是重要的入口网站(访问网络时打开的第一个网站)。

(3) 出权-网站页面访问数比：站间转移网络中网站节点的所有出边权值和与该网站页面访问数的比值，其含义为消费者在仅访问某网站一个页面后就离开该网站的可能性。对于搜索导航类网站而言，高出权-网站页面访问数比可能是一件好事，因为这意味着消费者能很快地发现信息目标，并接着去访问该信息目标。但对于内容网站而言则可能意味着该网站的内容不够吸引人，留不住访问者。

本研究分别计算了comScore转移网络前10个访问量最大的网站的这三个比值(表3-14)，发现表3-14中搜索导航类网站(google. com、yahoo. com、live. com、craigslist. org)的出度-入度比均大于1，其中google. com高达1.50；而Web2.0社交网站的出度-入度比是最低的(myspace. com、facebook. com)。出权-入权比大于1的网站实际上都是重要的入口网站，包括yahoo. com、aol. com、msn. com等。出权-网站页面访问数比最高的是google. com、live. com、msn. com、yahoo. com等搜索导航网站，myspace. com、facebook. com、youtube. com等Web2.0交友分享网站的出权-网站页面访问数比值很小，最小的是craigslist. org。在这些网站中，craigslist. org是美国最大的分类信息网站和著名的搜索引擎，所以同时具有高出度-入度比和低出权-网站页面访问数比的特征。

表 3-14　不同类型网站的转移特征

网站	yahoo	google	craigslist	live	myspace	facebook	youtube	aol	ebay	msn
出度-入度比	1.09	1.50	1.01	1.09	0.78	0.85	0.91	0.93	0.90	0.85
出权-入权比	1.12	1.09	0.95	1.03	1.04	0.99	0.95	1.12	0.98	1.12
出权-页面访问数	0.08	0.17	0.02	0.11	0.03	0.04	0.06	0.07	0.06	0.11

DIY 转移网络中也表现出同样的特征,图 3-15 显示了不同类型网站的出权-网站页面访问数比存在明显差异。出权-网站页面访问数比由大到小依次为搜索导航、日常任务、IT 硬件、休闲交友类、门户网站,表明功能性类(搜索导航、日常任务、IT 硬件)的出权-网站页面访问数比高,非功能性类(门户、休闲交友)出权-网站页面访问数比低。

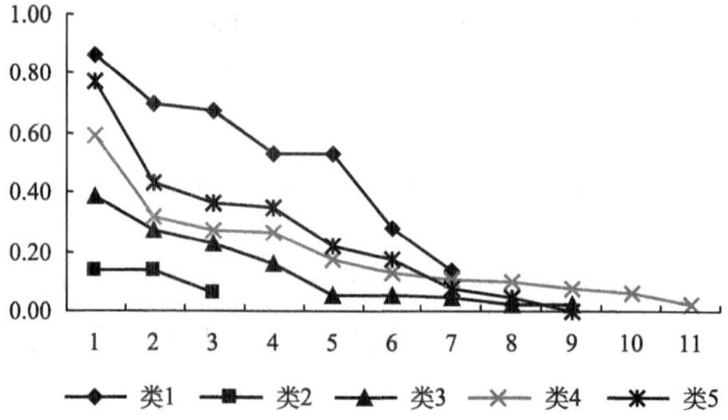

图 3-15　不同类型网站的出权-网站页面访问数比

2) 网站间转移的互惠性

互惠性(reciprocity)是社会性网络分析中常用的一个指标,它指的是网络中的受动者以类似行动回报施动者的行为现象[79]。本研究将从两节点之间是否存在双向连接、节点的出度-入度相关性、两节点之间边权相关性三个方面分析站间转移的互惠性。

表 3-15 是转移网络中节点对之间的连接统计情况。虽然双向连接的节点对占总连通节点对数(单向连接的节点对数与双向连接的节点对数之和)的比例并不高,但进一步分析发现这些单向连接边的权值(代表转移次数)非常小(表 3-16表明 DIY 转移网络中所有单向连接边的权值都小于等于 4,comScore 转移网络中 98.7%单向连接边的权值都小于等于 4),说明节点之间还是倾向于互惠连接的。

表 3-15　转移网络中节点对之间的连接统计

转移网络	单向连接的节点对数	双向连接的节点对数	双向连接的节点对比例/%
DIY	445	341	43.4
comScore	3 935 933	509 554	11.5

表 3-16　转移网络中单向边的权值分布情况

边权值	DIY		comScore	
	频数	累计百分比/%	频数	累计百分比/%
1	408	91.7	3 528 191	89.6
2	30	98.4	257 222	96.2
3	5	99.6	70 447	98.0
4	2	100.0	29 469	98.7

站间转移网络中有向边的权值代表起点网站 W_i 到终点网站 W_j 的转移次数，定义 T_{ij} 为 W_i 到 W_j 的转出次数，T_{ji} 为 W_j 到 W_i 的转入次数；定义 OUT_i 为 W_i 的出度，IN_i 为 W_i 的入度，我们发现这两种相关系数都非常大(表 3-17)，表明站间转移具有高度的互惠性。

表 3-17　站间转移网络中节点度、边权的相关性

转移网络	OUT_i-IN_i 度相关系数		T_{ij}-T_{ji} 权相关系数	
	r	p	r	p
DIY	0.987 3	0.000 0	0.997	0.000 0
comScore	0.971 1	0.000 0	0.747	0.000 0

注：我们实际上计算了所有连通节点对和双向连接节点对两种情况下 T_{ij}-T_{ji} 相关系数，发现二者差别极小

3）主要网站间的转移

表 3-18 是 DIY 实验中访问次数排名前 10 位的网站间的相互转移矩阵。可以看出，baidu、zol 的总转出次数远远高于其他网站，占 10 个网站总转出次数的比例分别为 45%和 43%，这其中，二者的相互转移又占了相当大的比例，baidu 到 zol 的转移次数占 baidu 总转出次数的 86%，zol 到 baidu 的转移次数占 zol 总转出次数的 93%。baidu 和 zol 分别为访问次数最多的搜索导航网站和 IT 硬件网站，这意味着消费者在信息搜索过程中的主要转移模式是围绕首位搜索引擎和首位领域网站的转移。而在主要领域网站之间，我们发现首位领域网站的出度和转出次数都是最大的(表 3-19)。

表 3-18 前 10 位网站间的相互转移矩阵

网站	163	baidu	it	it168	mop	pconline	qq	sina	xiaonei	zol	出度	转出次数
163	0	15	0	0	0	1	3	3	3	2	6	27
baidu	9	0	34	10	1	13	8	15	3	655	9	748
it	0	34	0	1	0	4	1	1	0	1	6	42
it168	0	10	0	0	0	3	0	0	1	14	4	28
mop	0	0	0	0	0	0	0	0	0	1	1	1
pconline	3	11	4	4	0	0	0	2	0	18	6	42
qq	1	7	0	0	0	1	0	2	3	7	6	21
sina	2	18	0	0	0	1	6	0	1	5	6	33
xiaonei	2	4	0	0	0	1	2	1	0	5	6	15
zol	3	658	2	14	0	19	6	4	7	0	8	713
入度	6	8	3	4	1	8	6	7	6	9		
转入次数	20	757	40	29	1	43	26	28	18	708		

表 3-19 主要领域网站间的相互转移矩阵

网站	beareyes	enet	it	it168	pchome	pconline	pcpop	yesky	zol	出度	转出次数
beareyes	0	0	0	4	0	2	0	0	0	2	6
enet	0	0	0	0	1	0	0	0	2	2	3
it	0	0	0	1	0	4	0	0	1	3	6
it168	3	0	0	0	0	3	0	1	14	4	21
pchome	0	0	0	0	0	4	0	0	9	2	13
pconline	0	0	4	4	5	0	0	1	18	5	32
pcpop	0	0	0	0	0	0	0	0	3	1	3
yesky	0	0	1	1	0	1	1	0	1	5	5
zol	0	1	2	14	10	19	2	1	0	7	49
入度	1	1	3	5	3	6	2	3	7		
转入次数	3	1	7	24	16	33	3	3	48		

3.3.4　领域网站发现及其站间转移行为模式抽取

在本书的3.2.4中曾将开放环境下消费者所访问的网站根据任务相关性分为搜索导航网站、领域网站、可能相关网站、无关网站等四类。目前，研究者们往往只能根据自己的知识经验来手动识别。但是，研究者们的知识经验是有限的，尤其是在进行多领域网络信息搜寻行为比较研究时，面对巨大的网站数，手动识别方法就显得力不从心，所以需要研究领域网站的自动发现方法，而消费者的领域网站间转移行为模式也是分析网站竞合格局的重要内容之一。本节依据所发现的站间搜寻精力分配、站间转移行为规律等设计了一种领域网站发现及其站间转移行为模式的抽取方法。

1. 算法设计思路

通过以上分析，本研究发现信息搜寻过程中站间转移网络结构和转移行为具有一些明显的特征和规律，可以支持本研究设计领域网站发现和站间转移行为模式抽取算法。

(1) 站间转移网络总体上是异类匹配的，消费者的转移行为主要是围绕搜索引擎和领域网站展开。但如果不考虑搜索导航网站，同一类型领域网站之间的转移概率要高于不同类型领域网站。这表明从转移网络中发现和抽取领域网站是可能的，但需要首先排除搜索导航类网站的影响，一种可能的办法是首先识别并分离出搜索导航类网站，并对网络进行简化。

(2) 搜索导航类网站具有一些独特的转移特征，如高出度-入度比和高出权-网站页面访问数比，尤其是出度-入度比大于1是搜索导航类网站的一个显著标志，这使得我们能够分辨出搜索导航类网站。

(3) 围绕首位搜索引擎和首位领域网站的转移居于绝对主导地位。步骤(2)中已经识别出了搜索导航网站，此处将利用首位领域网站来发现其他领域网站。首位领域网站是页面浏览数最大的领域网站，而且首位领域网站的度和转移次数也都是最大的(经验证发现网站页面浏览数与其出度、转出次数均正相关)，所以度和转移次数大于首位领域网站的节点基本可以断定不属于领域网站，可以删除这些节点。由站间转移网络弹性的特征可知，删除这些节点后网络中的绝大部分节点将不再连通，该子网就可用以探索发现一般意义上的转移模式。

(4) 由于站间转移是高度互惠的，所以我们可以通过对称化操作将有向图转换成无向图，也可以视需要仅考虑单向出连接或入连接，而不会损失太多信息。由于消费者一般都是先访问首位领域网站，再去访问次一级的网站，所以我们可以以首位领域网站为起点，抽取出度低于首位领域网站的出邻居，并视需要反复迭代，抽取出邻居的出邻居，如此就能够找出几乎所有的领域相关网站。

(5) 根据抽取出的领域首位网站、领域首位网站出邻居和迭代出邻居之间的子转移网络，利用现有的一些网络社群发现方法，就可以得出领域网站间的转移模式。

受篇幅限制，这里仅给出算法设计的思路，具体算法实现请参见文献[67]。

2. 算法应用与评价

本研究将上述算法具体应用到以下三个场景中，以评估算法的作用效果。

(1) 应用到 DIY 实验数据集中，以中关村在线(zol)为领域核心网站抽取了本次实验过程中参与者的网站访问与转移模式。迭代次数设为 Inf(穷尽迭代)，返回得到 178 个网站，然后删除边权小于等于 4 的边，再寻找组团，得到 1 个规模较大的组团，共 26 个网站。我们发现了参与者的两种主要转移模式(图 3-16)：一种是任务模式，但同时也进行娱乐(右下方)，以 zol、it168 等计算机硬件网站和 qq(腾讯 QQ)、xiaonei(校内网，现在为人人网)等娱乐交友网站为中心；另一种则是新闻模式，以 yahoo 和 people 为中心(左上方)；新浪网(sina)是两种模式转换的桥梁(中间)。

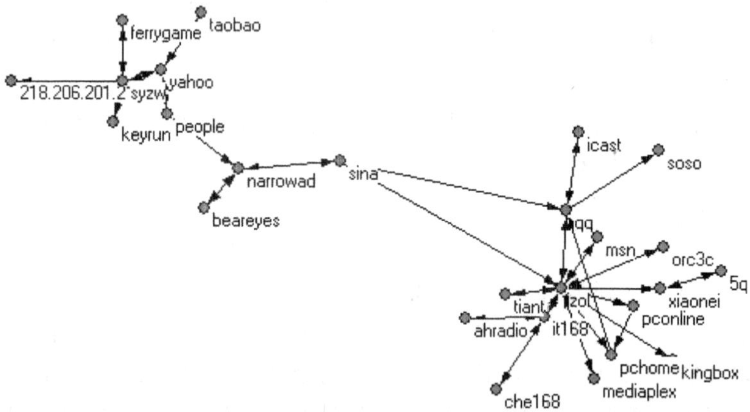

图 3-16　实验数据集中参与者的网站访问与转移模式

(2) 应用到 comScore 数据集中，以 expedia. com 为首位领域网站，抽取了美国网民的旅游类网站访问与转移模式(图 3-17)。迭代次数设为 1，得到 1 329 个网站，然后删除边权小于等于 20 的边，再寻找组团，得到 2 个规模较大的组团，共 39 个网站，较大的组团是以 expedia. com、priceline. com、travelocity. com 等大型综合性旅游在线预订网站为中心，以机票(如 continental. com、spiritair. com、jetblueairways. com、united. com)、宾馆(如 hotels. com)、度假(如 wwtel. com)等垂直专业性网站以及小型综合性在线预定网站(如 airtran. com)为边缘的放射状转移模式。较小的组团则是由在线约会与成人网站(fling. com、longlycheating-

wives. com)、广告联盟网站(bizmarketads)、欺诈与病毒传播网站(pro-scanner-online、powerfulvirusremover2008)等组成。

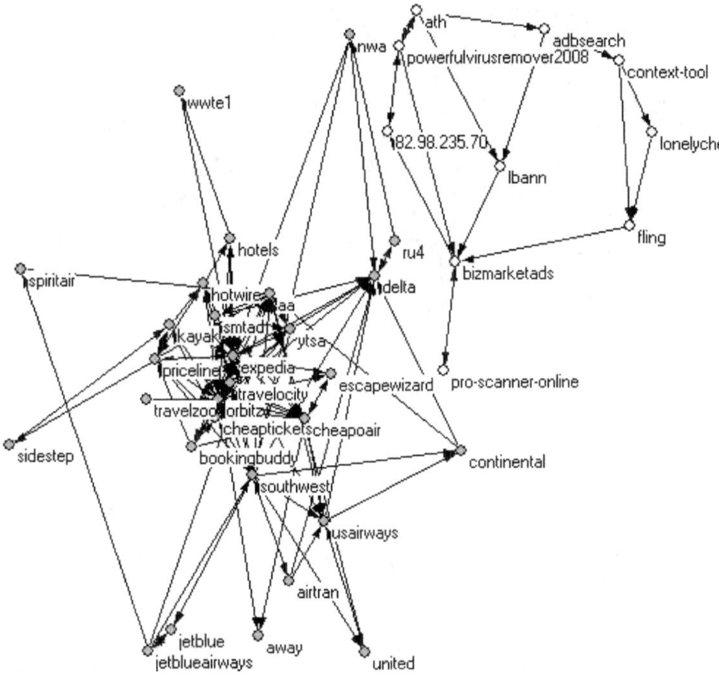

图 3-17　美国网民在旅游类网站间的访问与转移模式

(3) 应用到 comScore 数据集中,以 ebay. com 为首位领域网站,抽取了美国网民在 B2C 电子商务类网站上的访问与转移模式(图 3-18)。迭代次数设为 1,得到 15 259 个网站,然后删除边权小于等于 500 的边,再寻找组团,得到 1 个节点规模较大的组团,共 44 个网站。组团下方主要为 ebay. com、paypal. com、amazon. com、walmart. com 等综合性 B2C 电子商务和在线支付网站,以及 bestbuy. com(数码产品)、target. com(家具家居用品)、toysrus. com(玩具)、circuitcity. com(数码电器)等专业性在线购物网站,右侧则为新闻类网站(cnn. com、foxnews. com)和美国国家橄榄球联盟官网(NFL. com),上方则主要为社会性网络与搜索引擎广告联盟(包括 socialreach. com、flingweb. com、myofferpal. com、metricsdirect. com、presidiomedia. com),另外该组团中还包括在线游戏(gamevance. com)、小型搜索引擎(ask. com、go. com)网站。表明消费者浏览在线购物网站时会被众多的广告围绕,另外消费者也会看新闻、玩游戏。

通过上述应用结果的分析,本研究发现该算法具有以下特点:①它能很好地发现领域网站及密切相关网站。在图 3-16 至图 3-18 中,三个应用实例中的主要领

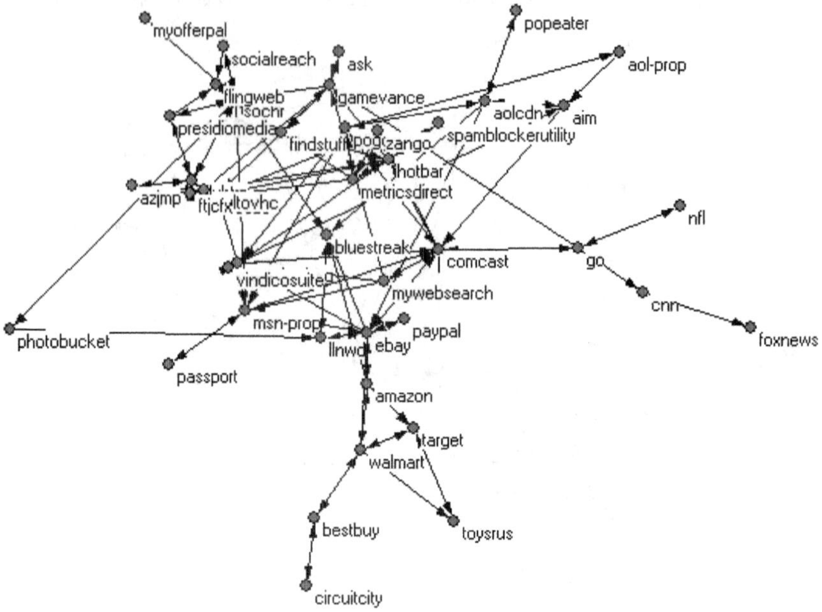

图 3-18 美国网民在 B2C 电子商务类网站间的访问与转移模式

域网站都能找到(为了保证可视化效果,图 3-16 至图 3-18 只保留了很少的一部分发现的网站)。②能够直观地发现和展示消费者在领域网站上的宏观访问与转移模式。③只需要较少的领域知识,即输入首位领域网站。④算法效率高,因为对于大型网络而言,只需迭代极少的次数,本研究将算法应用到 comScore 转移网络中时,设置的迭代次数仅为 1。

第 4 章

网络消费者网站访问行为

互联网技术的迅速发展,实现了全球的资源共享和信息交换。然而互联网上的信息量呈指数级速度增长所导致的“信息过载”和“信息迷航”问题已日益制约用户高效地使用各种信息资源。网站通过提供 Web 个性化服务可以提高用户的访问效率和满意度。实现 Web 个性化推荐所面临的关键问题是需要对大量匿名用户的行为模型进行深层理解,传统的个性化方法很难处理匿名用户的情形。将 Web 使用挖掘用于 Web 个性化推荐是解决上述问题的有效途径。作为 Web 数据挖掘的一个重要组成部分,Web 使用挖掘就是利用数据挖掘技术分析用户访问留下的日志文件,挖掘用户浏览模式的过程。Web 使用挖掘可用于理解用户在网站的访问行为,从而可以主动为用户提供网站访问服务。

蚁群算法(ant colony optimization,ACO)作为群体智能算法的一个分支,是受真实蚁群觅食行为的启发而逐步发展起来的一种模拟蚂蚁群体智能行为的算法。由于其在求解复杂优化问题方面的优势,在许多领域都得到了应用。在本章中,蚁群算法被引入 Web 使用挖掘来发现用户的浏览模式,从而为用户提供访问推荐服务。

4.1 网络消费者网站访问日志

用户浏览网站可能是带有某种访问意图的,即站点中的某些内容是他所感兴趣的。由于用户之间存在不同偏好的差异,所以他们会沿着各自感兴趣的路径进行浏览。与此相关的访问数据可以通过服务器端、客户端和代理服务器端来获取。每种类型的数据不仅来源不同、数据格式不同,而且有用信息段和相应的算法实现都不同。通常,客户端的数据包含了单用户/多站点的浏览模式,服务器端的数据则包括多用户/单站点模式,代理服务器上的数据则包含了多用户/多站点模式。

4.1.1 服务器端访问数据

在 Web 使用挖掘的数据源中,服务器日志是最重要的来源,因此,Web 使用挖掘又可称为 Web 日志挖掘。当一个用户访问 Web 服务器时,他对网站页面的访问序列被记录下来，形成Web日志文件。日志文件主要有三种类型[80]：服务器日志(server log)、错误日志(error log)和浏览痕迹(cookie log)。

1. 服务器日志

当多个用户访问一个站点时，该站点的服务器端会把这多个用户对网站的访问行为记录下来。Web日志在大体上有两种格式：普通日志格式(common log format,CLF)和扩展普通日志格式(extended common log format,ECLF)。CLF日志格式和ECLF日志格式的关键不同点在于：在ECLF日志中增加了引用项与客户端浏览器项。Web日志文件格式可参见表4-1，其中列举了用户访问网站服务器时，服务器所记录下来的描述该用户访问行为的一些主要的数据项。

在实际的Web使用挖掘时，表4-1中的一些数据项一般是不会使用的，如Cookie。Cookie可以记录用户访问网站服务器时留下的实际浏览路径，但因为考虑到这种方式可能会侵犯用户的隐私，因此在实际使用它时，会要求用户给予相应的合作。表4-2是Web服务器上日志文件内容示例。

表4-1 Web日志格式

域	含义
date	用户浏览网站的日期
time	用户浏览网站的时间
user-ip	客户端主机的IP地址或DNS入口
user-name	客户端的用户名
server-name	服务器名称
server-ip	服务器的IP地址
server-port	服务器的端口号
user-method	用户请求的方法，如GET或POS
user-stem	用户想访问的网页
user-query	用户想进行的查询
server-status	反映了请求页面的最后状态，一般的有：200表示成功，404表示请求失败
server-bytes	服务器向客户浏览器发出的字节数
client-bytes	服务器从客户浏览器接受的字节数
time-spent	用户浏览结束所消耗的时间
protocol-version	协议版本
host	主机的操作系统
user-agent	用户代理，表示客户机的浏览器的类型、版本，以及所运行的操作系统等
Cookie	Cookie标示号
user-referer	用户浏览的上一页

表 4-2　Web 日志举例

IP Address	Time	Method/URI/Protocol	Status	Size
200.100.89.2	10/Dec/2003:12:34:16-0600	"GET/images/gaat. gif HTTP/1.1"	200	44 851
203.102.87.5	10/Dec/2003:12:34:32-0600	"GET/graduate. htm HTTP/1.1"	200	7 403
203.101.82.5	10/Dec/2003:12:34:32-0600	"GET/images/haha. jpgHTTP/1.1"	200	18 481
203.141.86.9	10/Dec/2003:12:34:48-0600	"GET/result. htm HTTP/1.0"	200	12 302
200.137.2.52	10/Dec/2003:12:34:58-0600	"GET/structure. htm HTTP/1.1"	200	367
205.128.5.58	10/Dec/2003:12:34:58-0600	"GET/abcindex. htm HTTP/1.1"	200	4 370
208.153.99.78	10/Dec/2003:12:34:58-0600	"GET/abccontent. htm HTTP/1.1"	200	12 047
206.160.55.88	10/Dec/2003:12:34:58-0600	"GET/images/gty. jpg HTTP/1.1"	200	22 574

2. 错误日志

存取请求失败的数据，如丢失连接、授权失败或超时。

3. 浏览痕迹

由于 Web 环境中存在用户本地缓存、代理服务器缓存和防火墙，而用户浏览缓存中的页面在服务器端日志没有得到记录，防火墙使得不同的用户请求在 Web 服务器的日志中记录的都是防火墙的 IP 地址，所以日志中的用户使用数据并不是完全可靠的。可以使用 Cookie 技术，使得用户在服务器上留下浏览痕迹(cookie log)，但 Cookie 的使用需要用户的合作并涉及保护隐私的问题。

4.1.2　客户端访问数据

Web 客户端层次的数据为 Web 使用挖掘提供了更细致的分析角度[81]。通过观察用户在客户端的行为，可以获得更贴近实际的用户兴趣和爱好。例如，用户停留在某一 Web 页面的时间超过一定长度时，依赖 Web 日志的方法将判定用户离开，并以此划分为一个用户事务，但如果同时在客户端检测到用户仍然在使用其他相关的应用程序，那么可以推测用户正在根据 Web 页面的内容进行其他的操作，而不是中途离开。

4.1.3　代理服务器端访问数据

代理服务器作为 Web 服务器和 Web 客户端之间的纽带，在提高 Internet 访问速度与效率方面发挥了很大的作用，因此代理服务器端的日志也是 Web 使用数据的重要补充。尤其是单个 Web 服务器端的日志只包括用户访问本站点页面的浏览记录，而代理服务器端的日志却包含了多个用户对多个 Web 站点的访问情况，因此对代理服务器日志进行分析可以更合理地确认用户及用户事务。

在本章中，访问数据收集的主要来源是 Web 服务器日志记录。

4.2 基于自适应时间阈值的会话识别方法

4.2.1 Web 使用挖掘

Web 使用挖掘(web usage mining，WUM)就是从服务器端记录的用户访问日志或从用户的浏览信息中，通过数据挖掘技术分析出用户的使用模式，从而改进站点结构、提高站点性能、进行商务智能运作或为用户提供个性化服务的一项技术。它一般分为基于服务器端和客户端的 Web 使用挖掘，前者数据源于服务器和代理服务器日志，后者数据源于客户使用数据。根据不同用户倾向，该技术分为基于群体行为和基于个体行为两种类型：前者需要了解群体用户的共同行为和兴趣，理解用户的访问模式和倾向，一般用于改进站点的组织结构和网络服务质量；后者需分析单个用户偏好、习惯和个人倾向，为用户提供符合其个人特色的服务。1996 年，Chen 等首次将数据挖掘技术应用于 Web 服务器日志，并提出了最大向前引用序列(maximal forward reference，MFR)的概念来发现用户的浏览模式[82]。Web 使用挖掘过程大体分为三个阶段：数据预处理、模式发现和模式分析。预处理的目的是为模式发现阶段提供可靠完整的数据源，其核心任务是会话识别。模式发现是在数据预处理后，根据具体的目标需求选择访问模式的发现技术挖掘访问记录中的知识。模式发现任务涉及多种发现技术，如关联规则发现、序列模式发现、聚类和分类等。模式分析的目的是使所发现的用户模式易被理解和使用。

WUM 有广阔的应用领域，可提供 Web 个性化、在线推荐、商务智能、寻找目标客户等营销手段，还可改善系统安全、负载平衡、站点结构等系统性能，如图 4-1 所示。基于 WUM 的在线推荐技术是根据用户当前的访问情况，如内容、所处位置、访问路径等信息，确定用户兴趣所在，从而动态地为用户推荐相关内容。利用在线推荐技术，系统可以将预测到的下一请求预先发送至客户端，当用户真正提出

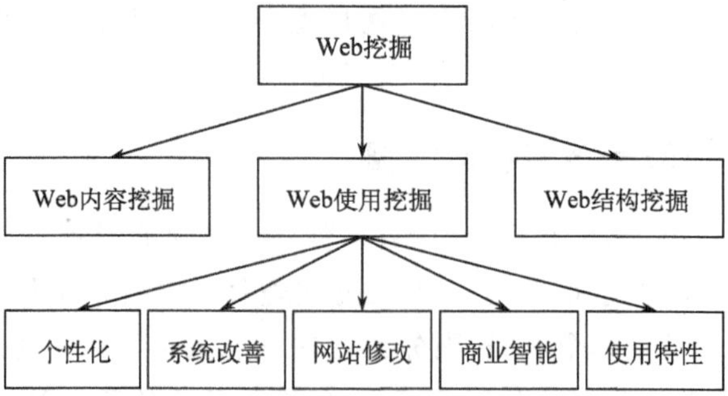

图 4-1 Web 使用挖掘的应用领域

请求时，将直接从本地缓存中读取，从而减少了等待时间。WUM 的结果还可以帮助网站设计者重新定义网站内容的相关性，重组网站结构，从而使用户在进入网站后尽可能快速地发现感兴趣内容，提高网站使用效率。

4.2.2　会话识别问题描述

数据预处理的关键工作之一是会话识别，对于完全相同的数据，使用不同的会话识别方法可能会导致不同的挖掘结果。只有识别出高质量的会话，才能正确有效地实现模式发现，从而为相关应用提供有意义的数据支持。因此，预处理的成功取决于有效的用户会话识别，常用的用户识别方法如表 4-3 所示。

表 4-3　常用的用户识别方法

方法	描述	私密性	优点	缺点	广泛程度
IP 地址和代理(agent)	假定每一个用户对应一个 IP/代理地址	最低	不需要特殊的技术，最容易实现	不能保证 IP/代理与用户一一对应	广泛
嵌入会话 ID	由动态的方法产生 ID 号，并嵌入到用户访问请求中	较低	容易实行，与 IP 无关	没有考虑用户在短时间内重复访问的情形，只有在动态网站下适用	多用于个性化方法
用户注册	用户要注册并且登录	中	可以精确跟踪一个用户的访问情况	并不是所有的用户都愿意注册，且每一次访问时都愿意登录	较低
Cookie	要在客户端写入一个标志	中高	可以跟踪重复访问	用户如果不打开 Cookie 选项就无法收集信息	较低
代理软件	在客户端浏览器上装一个特殊的程序，向服务器送回浏览的信息	高	可以得到一个网站的精确访问情况	只适用于一些特定的环境	多用于个性化方法
修改浏览器	由浏览器记录用户访问的数据	最高	可以获得用户对互联网整体的访问情况	必须在用户使用了这种修改的浏览器时才会发挥作用	很少使用

在跨越时间区段较大的 Web 服务器日志中，用户有可能多次访问了该站点。会话是指同一用户在一次浏览过程中连续请求的页面序列，它代表了用户对服务器的一次有效访问。下面给出用户会话的形式化定义。

定义 4.1 如果用户会话(user session) S 可以表示为一个二元组 $\langle userid, RS\rangle$，其中 $userid$ 表示用户标识，RS 表示用户在一段时间内访问的 Web 页面集合，包括用户访问的页面 P 和访问时间 $time$，那么用户会话 S 可以用式(4-1)所示的元组来表示。

$$S = \langle userid, \{(P_1, time_1), \cdots, (P_k, time_k)\}\rangle \tag{4-1}$$

会话识别(session identification)，又称为会话重构(session reconstruction)，是指在用户识别之后，把每个用户在一段时间内的访问序列进行分解，从而得到相应的会话。会话识别的目的就是将用户的访问记录分为若干单个独立的会话。

由于一个用户可能多次访问一个站点，Web 日志文件中记录了关于一个用户的多次会话。显然，不同用户请求的页面属于不同的会话。表 4-4 是 Web 服务器上日志文件经过会话识别后的用户会话示例。在表 4-4 中，IP 为 128.102.210.40 的用户的访问记录被划分为两个独立的会话。会话识别的可靠性越高，挖掘结果的可靠性也就越高。然而到目前为止，还没有确实有效的方法来正确地识别用户会话，这是源于以下几个困难。

表 4-4 用户会话示例

Session Id	IP Address	Date & Time	URL Accessed
9	128.102.204.243	1995-07-22 01:16:58	/shuttle/missions/sts-73/mission-sts-73.html
9	128.102.204.243	1995-07-22 01:17:25	/shuttle/missions/sts-74/mission-sts-74.html
9	128.102.204.243	1995-07-22 01:17:38	/shuttle/missions/sts-72/mission-sts-72.html
9	128.102.204.243	1995-07-22 01:17:45	/shuttle/missions/sts-75/mission-sts-75.html
9	128.102.204.243	1995-07-22 01:17:52	/shuttle/missions/sts-76/mission-sts-76.html
9	128.102.204.243	1995-07-22 01:17:58	/shuttle/missions/sts-77/mission-sts-77.html
9	128.102.204.243	1995-07-22 01:18:05	/shuttle/missions/sts-78/mission-sts-78.html
10	128.102.210.40	1995-07-20 23:27:49	/shuttle/countdown/countdown.html
10	128.102.210.40	1995-07-20 23:28:11	/shuttle/technology/sts-newsref/stsref-toc.html
10	128.102.210.40	1995-07-20 23:28:57	/shuttle/technology/sts-newsref/sts_mes.html
10	128.102.210.40	1995-07-20 23:29:11	/shuttle/countdown/liftoff.html
10	128.102.210.40	1995-07-20 23:30:18	/shuttle/missions/sts-69/mission-sts-69.html
11	128.102.210.40	1995-07-21 01:58:47	/shuttle/countdown/countdown.html
11	128.102.210.40	1995-07-21 01:59:12	/shuttle/countdown/liftoff.html

(1) 用户行为的不可判定性。我们无法预知一个用户何时退出一个站点，因为服务器上没有留下用户退出的记录；也无法精确判定在此期间该用户究竟执行了哪些操作，甚至是中途离开计算机去做其他事情。

(2) IP 共享(IP sharing)问题。根据 HTTP 协议的规定，来自同一个 IP 地址的用户并不能确保是唯一的一个用户，也可能是来自一台主机的多个用户，还可能是来自同一个代理服务器上的多台主机上的用户。

(3) Web 日志信息不足。Web 日志中记录的信息有限，用户使用本地缓存或代理服务器缓存中的数据所执行的操作并没有显式地对 Web 服务器发出请求，因此在 Web 日志中也就没有记录，单纯根据 Web 日志不能精确地恢复用户操作的整个过程。

由于上述困难的存在，会话识别的结果可能使会话得到不合理的划分，如果这样的比例很大时，进一步的模式发现所得到的结果正确性就会受到影响，甚至是错误的。

4.2.3 相关研究工作

目前会话识别主要有两类启发式方法：面向时间的启发式(time-oriented heuristic)和基于引用的启发式(referer-based heuristic)。面向时间的启发式方法通常采用超时(timeout)方法识别用户会话，对于超时阈值的设定，有两种方法：会话持续时间启发式(session duration heuristic)和页面停留时间启发式(page-stay time heuristic)。

会话持续时间启发式设定整个用户会话的超时时间，则式(4-1)中的用户会话必定满足下面的条件(其中 T 为预先设定的超时阈值)，即

$$time_k - time_1 \leqslant T \tag{4-2}$$

即一个会话的持续时间不超过阈值 T。式中 $time_1$ 表示一个构造会话 s 的第一个 URL 页面请求 P_1 的时间戳；$time_k$ 表示一个待划分的 URL 页面请求 P_k 的时间戳。如果($time_k - time_1 \leqslant T$)则 P_k 属于构造会话 s。第一个时间戳大于($time_1 + T$)的页面请求 Q 是下一个新构造会话的第一个成员。

文献[83]通过实验度量了用户对一个站点的一次访问持续时间。实验结果表明，用户对一个站点的平均访问持续时间是 9.3 分钟，加上 1.5 倍的标准偏差，得到用户一次访问的持续时间为 25.5 分钟，经过取整得到 30 分钟。在许多应用中将 30 分钟作为一次会话的最长持续时间。显然，选取最合理的时间阈值取决于具体的网站和用户，只有不断地挖掘某个特定网站的使用信息，才能获得该网站最合理的时间阈值，而这个时间阈值对于其他网站不一定具有通用性。

页面停留时间启发式的思想是通过给出连续访问页面之间的超时时间来切分会话，当两个连续页面访问的停留时间的差值超过一定界限时，就可以认为用户已

经开始了一个新的会话。那么式(4-1)中的用户会话一定符合式(4-3)的性质(其中，T为预先给出的超时阈值)，即

$$time_i - time_{i-1} \leqslant T, \quad 1 < i \leqslant k \tag{4-3}$$

这是因为，在一次访问中，用户对于某个页面的浏览时间在一个时间范围内变化。如果在两次请求之间的时间间隔过长，则认为后一次请求是一个新的会话的开始。

文献[84]通过实验给出了时间阈值T，实验首先把时间阈值定为一个很大的值，接着将此阈值逐步减小，最后得出一个结论，认为将时间阈值确定在10～15分钟是最优的会话时间间隔。但是这种方法的缺陷在于，通过分析个别网站短时间内的用户浏览日志并不可能正确地反映出所有网站的用户访问特征，从而也不能最终计算出切分会话的最佳时间间隔。

文献[85]提出了基于引用的启发式方法。这种方法不考虑用户在页面或网站内的停留时间，而是利用了用户在网站浏览的行为习惯。该方法主要是基于网站的拓扑结构，考虑页面之间是否有超链接到达，构成会话的页面之间直接或间接地有超链接可达。它基于这样一种假设：用户经常是通过超链接来访问新页面，而不是手工输入请求页面的URL地址。一个URL请求页面的“引用页”(referer)是指其中含有这个URL请求页面链接的页面。如果会话中的所有页面都没有包含某个页面链接，则基于引用的启发式方法将这个页面请求划分至新的会话中去。

例如，页面$P_1, P_2, \cdots, P_k$已经构成一个会话，P_{k+1}加入该会话满足：P_k页面上有直接指向P_{k+1}的超链接，或者P_k页面上虽然没有直接指向P_{k+1}的超链接，但是$P_1, P_2, \cdots, P_{k-1}$中存在某一个页面$P_j$上有指向$P_{k+1}$的超链接，那么就将$P_{k+1}$加入该会话。那么当前的会话变成$P_1, P_2, \cdots, P_k, P_{k-1}, P_{k-2}, \cdots, P_j, P_{k+1}$，如果在$P_1, P_2, \cdots, P_k$中有多个页面上有指向$P_{k+1}$的超链接，那么$P_j$就为离$P_k$最近的一个页面。

该方法的局限性在于空引用(empty referers)问题的存在，即服务器日志中有一些页面请求找不到它们的引用页，这些空引用的存在将在很多情形下导致用户活动链的断裂。下列情况可能出现空引用页面：①在地址栏中直接敲击或通过书签记录的URL地址访问的页面；②在一次会话中装载的一个含有帧页面集的页面。帧页面集是指包含一组帧页面的页面集。当对页面发出访问请求后，帧页面集的全部帧页面被依次载入，所有帧页面都具有同样的引用页。但日志文件并不能反映这一点，所以在此基础上进行基于引用页面的启发式会话识别可能产生错误。

4.2.4 自适应时间阈值启发式的会话识别方法

大量试验表明，面向时间的启发式方法在性能上要优于基于引用的方法，是

最普遍适用的方法[86]。然而这种会话识别方法的问题在于这个时间阈值设定的困难性。超时阈值的设定直接影响 Web 日志数据预处理的结果输出，设定不同的超时阈值，就会产生不同的用户会话文件，从而对 Web 日志的最终挖掘结果产生不同的影响。因此，关于该方法的研究主要是如何合理地设定时间阈值。

由于每个用户的浏览模式和行为都是不同的，所以所形成的会话的时间间隔也必然不会相同。而过去的基于时间的方法是基于一个固定的时间阈值参数来识别会话的，这种方法的不足使得识别出来的会话必定和真实会话之间的重合度不高，因此不能准确表示用户的访问行为，从而降低了模式发现的准确性。本研究利用动态的时间阈值参数来对会话进行识别，从日志文件中获取信息，分析每个用户的平均页面访问时间，并结合固定的时间阈值得到一个动态的自适应时间阈值，利用这个时间参数分析日志文件，实现会话访问时间参数的个性化，使会话识别的质量得到提高，本研究称其为自适应时间阈值启发式的会话识别方法。

会话识别是在用户识别之后进行的。本研究仅采用基于 IP 地址的方法来识别用户，在这种情况下，假设 IP 共享问题不存在或者对会话识别的影响很小，可以忽略不计。

定义 4.2 平均页面停留时间 T_{ps} 设某一个 IP 第 i 个访问时间间隔为

$$T_i = time_{i+1} - time_i, \quad i = 1,2,\cdots,n-1 \tag{4-4}$$

式中，n 是该 IP 对服务器的网页访问次数；$time_i$ 是第 i 次访问的开始时间，则该用户在每个网页上的平均停留时间为

$$T_{ps} = \sum_{i=1}^{n-1} T_i/(n-1) \tag{4-5}$$

对于不同的用户，平均页面停留时间是不同的。因此平均页面停留时间反映了不同用户的浏览特征。

定义 4.3 自适应时间阈值 T 该阈值的计算为

$$T = \begin{cases} T_{\max}, & T_{ps} \geqslant T_{\max} \\ T_{ps}, & T_{\min} < T_{ps} < T_{\max} \\ T_{\min}, & T_{ps} \leqslant T_{\min} \end{cases} \tag{4-6}$$

时间阈值的取值既不能过大，也不能过小。如果取值过大，则会使原本不在同一个会话的请求被划分到同一个会话中。因此在式(4-6)中设定了一个时间阈值的上限 $T_{\max}$。文献[87]中的实验表明，页面停留时间启发式在 T 大于 30 分钟时，会话划分的性能将开始下降，因此这里将 $T_{\max}$ 取为 30 分钟。

另外，时间阈值也不能取得过小，如果取值过小，则可能将一个真实的会话切分成多个，可能会错误地把一些时间间隔较长的用户请求序列划分成多个会话，从

而使原本在同一个会话里的请求被划分到不同的会话中。例如，一个真实的会话为$\langle P_1, P_2, \cdots, P_k, P_{k+1}, \cdots \rangle$，按照页面时间间隔不超过一个给定阈值的思想，有可能将会话切分成$\langle P_1, P_2, \cdots, P_k \rangle$和$\langle P_{k+1}, \cdots \rangle$。因此，式(4-6)中设定了一个时间阈值的下限 $T_{\min}$。$T_{\min}$取页面停留时间启发式的经验值 10 分钟。

经过这样的优化识别，使得形成的会话更加接近真实会话，从而提高了会话识别的质量。

4.2.5 实验分析

1. 数据准备与会话识别

我们使用的数据集是 EPA-HTTP 日志，它包含用户在 24 小时内 47 748 个访问 EPA 服务器的请求。

1) 数据净化与用户识别

访问日志中保存了用户每次请求的记录。日志是用于组织网页使得用户的浏览更加有效方便，因此我们只需要保留相关信息的日志。通过检查 URL 名称的后缀可以合理地删除那些无关的项目。例如，具有 gif、GIF、jpeg、JPEG、jpg 和 JPG 等后缀的项目可以从日志中删除。在数据净化的基础上，我们使用机器的 IP 地址来识别不同的用户。处理后的日志如图 4-2 所示。

Col01	Col02	Col04
128.120.153.224	[30:18:37:03]	/Software.html
128.120.153.224	[30:18:37:24]	/enviro/html/ef_home.html
128.120.153.224	[30:18:39:00]	/enviro/html/ef_overview.html
128.120.153.224	[30:18:39:49]	/enviro/html/ef_query.html
128.120.153.224	[30:18:40:13]	/enviro/html/pcs/pcs_overview.html
128.120.153.224	[30:18:40:23]	/enviro/html/emci/emci_overview.html
128.120.153.224	[30:18:41:30]	/Rules.html
128.120.153.224	[30:18:51:59]	/docs/major.html
128.120.153.224	[30:18:52:13]	/docs/WhatsNew.html
128.120.153.224	[30:18:53:21]	/OWOW/sec4/index.html
128.120.153.224	[30:18:53:48]	/OWOW/sec4/drink.html
128.120.153.224	[30:18:54:24]	/OWOW/index.html
128.120.153.224	[30:18:55:02]	/OWOW/sec9/index.html
128.120.153.224	[30:18:55:24]	/Access/chapter3/s3-18.html
128.120.153.224	[30:18:56:32]	/OWOW/sec9/drinklink.html
128.120.153.224	[30:18:57:18]	/OWOW/sec9/insert1.html
128.120.153.224	[30:18:57:45]	/OWOW/sec8/index.html
128.120.153.224	[30:18:58:05]	/OWOW/sec5/index.html
128.120.153.224	[30:19:08:56]	/Rules.html
128.120.153.224	[30:19:10:51]	/docs/EPA-PEST/1995/August/Day-25/pr-385.html
128.120.68.34	[30:18:22:40]	/docs/ozone/index.html
128.120.68.34	[30:18:23:15]	/docs/ozone/science/science.html
128.120.68.34	[30:18:23:30]	/docs/ozone/science/sc_fact.html
128.120.68.34	[30:18:24:07]	/docs/ozone/science/process.html
128.120.68.34	[30:18:24:21]	/docs/ozone/defns.html

图 4-2 数据净化和用户识别后的日志文件

2）会话识别

首先使用 30 分钟的会话超时来区分不同的会话。每个页面的访问时间定义为连续两个页面之间的时间差。因此，当遇到一个新的 IP 地址或者对于相同的 IP 地址而访问页面时间超过 30 分钟时，就产生一个新的会话。最后使用基于自适应时间阈值的方法进行会话识别。使用数据经过会话识别后，我们将会话长度不大于 2 分钟的会话删除，形成了两个会话文件，分别包含了 928 个会话和 1 578 个会话。对于测试的日志数据，会话文件分成两部分：约 70% 的会话被随机地选择为训练集，其余部分作为测试集。

2. 实验效果评价方法

为了评价方法的有效性，我们将会话识别后的数据应用于基于 K-means 用户聚类的访问推荐来测试效果。我们定义准确度来评价提出的方法。

对于测试集中的每一个会话 s，我们选择前 g 个页面请求。这 g 个页面请求用来计算其所属的类，并产生推荐集合。推荐集合中的页面包括兴趣分大于阈值 t 的所有页面，但不包含会话 s 中的前 g 个页面。计算所属类 j 中每个页面 r 的兴趣分的计算公式为

$$\text{interest}(r) = f_{rj} \tag{4-7}$$

式中，f_{rj} 表示所属类 j 中页面 r 的请求数。

然后将兴趣分归一化，使其最大值为 1。我们令推荐集合为 $\text{PS}(g,t)$，集合中的页面与当前会话中剩余部分页面相匹配的数目为 m，则一个会话的准确度定义为

$$\text{precision}(s) = \frac{m}{|\text{PS}(g,t)|} \tag{4-8}$$

3. 实验结果

实验所用计算机为 AMD Sempron 处理器 2200＋，CPU 频率为 2GHz，内存为 256MB。测试程序用 Matlab 7.0 编写，在 Microsoft Windows 2000 中运行。实验中，我们将 t 设为 0.5，g 设为 2。我们将聚类数目 K 设为不同的值进行了实验，表 4-5 显示了聚类数为不同值时不同会话识别方法的访问推荐准确度。从中可看出，与基于固定时间阈值的会话识别方法相比，自适应时间阈值方法有更高的准确度。

这表明，使用自适应时间阈值的会话识别方法划分的会话更能准确地反映用户的浏览行为，更能接近用户的真实会话。当然，自适应时间阈值方法也存在不足，只利用了日志中的时间信息，没有考虑网站的拓扑结构和网页的内容，即没有考虑网页之间的超链接关系，以及网页内容之间的相关性对会话识别的影响，因此，该方法还有待于进一步的改进。

表 4-5 准确度比较($t=0.5,g=2$)

聚类数目	固定时间阈值方法的准确度	自适应时间阈值方法的准确度
5	0.33	0.46
10	0.51	0.57
15	0.43	0.56
20	0.44	0.48
25	0.42	0.47
30	0.33	0.41

4.3 基于 ACO 的用户访问兴趣模式挖掘

发现用户访问的兴趣模式有利于服务方理解用户的访问行为，从而有助于改进 Web 站点的结构设计，开展广告业务，向用户提供个性化服务等。为了挖掘出用户访问的兴趣模式，本节提出基于蚁群算法的兴趣模式发现方法，用于发现这种带有某种兴趣的用户访问模式。

4.3.1 ACO 的思想起源与算法描述

1. ACO 思想起源

1991 年，Dorigo 等为解决一个 NP 完全问题——旅行商问题而提出了“蚂蚁系统”(ant system，AS)[88]，这是最初的蚁群优化算法，现被称为基本蚁群算法。

基本蚁群算法来源于对蚂蚁觅食行为的观察。蚁群寻找食物时会派出一些蚂蚁分头在四周游荡，如果一只蚂蚁找到食物，它就返回巢中通知同伴并沿途留下“外激素”(pheromone)作为蚁群前往食物所在地的标记。外激素会逐渐挥发，如果两只蚂蚁同时找到同一食物，又采取不同路线回到巢中，那么比较绕弯的一条路上外激素的气味会比较淡，蚁群将倾向于沿另一条更近的路线前往食物所在地。这里用如图 4-3 所示的形象图例来进一步说明蚁群的搜索原理。

在图 4-3 中，两只蚂蚁同时从蚁巢开始沿着不同的方向搜索食物源。其中一只蚂蚁选择较短的路径，而另一只蚂蚁则选择了较长的路线，如图 4-3(a)所示。沿着较短路径移动的蚂蚁较早地回到蚁巢，在这条路径上释放的外激素浓度显然要高于在较长路径上释放的外激素。巢中的其他蚂蚁将以较高的概率沿着较短的路径移动，这些蚂蚁在这条路径上移动时也释放出外激素。越来越多的蚂蚁将被吸引沿着这条路径移动，因此蚁群能够很快建立起从蚁巢到食物源的最优路径，如图 4-3(b)所示。这种以外激素作为中介的合作搜索过程就导致了蚁群的群体智能行为。

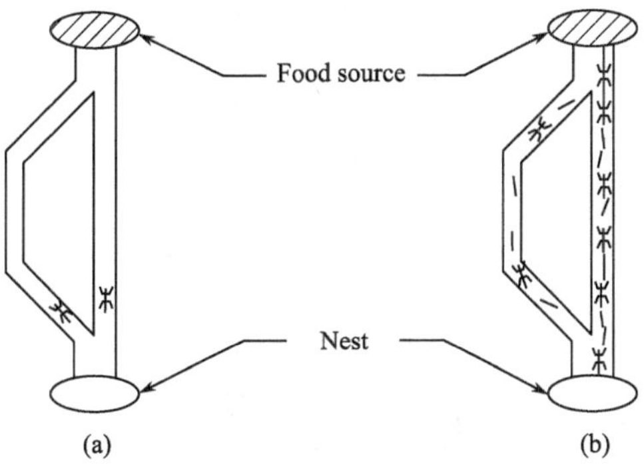

图 4-3　蚁群的觅食行为

用于旅行商问题的蚁群算法采用虚拟的"蚂蚁",让它们摸索不同路线,并留下会随时间逐渐消失的虚拟"信息素"(外激素)。根据"信息素较浓的路线更近"的原则,即可选择出最佳路线。这种信息素起到了非直接通信(stigmergy)的作用。

2. 基本蚁群算法描述

Dorigo 在 ant system 中,使用人工蚂蚁模拟真实蚂蚁。人工蚂蚁与真实蚂蚁的行为方式相似,但有两点不同:其一,人工蚂蚁的"视力"正常,可以"看见"周围环境中的信息;其二,它们有记忆力,对 TSP 禁忌表中的元素有记忆。人工蚁群的特性概括起来有三点:其一是正反馈,正反馈是基于信息素的释放和蚂蚁倾向走信息素较浓的路线,从而快速发现较优的解;其二是负反馈,负反馈是基于信息素的挥发,从而避免算法的早熟,陷入局部最优解;其三是利用一个构造的启发信息,构造的启发信息有助于通过搜索过程找到较优的解。

3. 应用于 TSP 问题的算法流程

TSP(travelling salesman problem)问题:给出 n 个城市,各城市间的距离 d 已知,试找出一条游历路径,满足下列条件:①每个城市走一次且仅一次;②总距离最小。TSP 是一个经典的组合优化问题,属于 NP 完全问题,现在一般用来作为测试算法好坏的标准。ant system 中提出的算法流程如图 4-4 所示。

1) 状态转移规则

第 k 个蚂蚁在它的第 t 次环游中,从城市 i 向城市 j 移动的概率为

$$p_{ij}^{k}=\frac{[\tau_{ij}(t)]^{\alpha}[\eta_{ij}(t)]^{\beta}}{\sum_{h\in J_i^k}[\tau_{ih}(t)]^{\alpha}[\eta_{ih}(t)]^{\beta}} \tag{4-9}$$

式中,$\eta_{ij}=1/d_{ij}$ 表示局部启发信息,表示蚂蚁位于当前城市 i 时,下一步访问城市 j 的支持度;$\tau_{ij}(t)$ 表示在路径 (i,j) 上的虚拟信息素的浓度。

每个蚂蚁 k 都在记忆中维护一个禁忌表,禁忌表中定义了蚂蚁位于当前城市 i

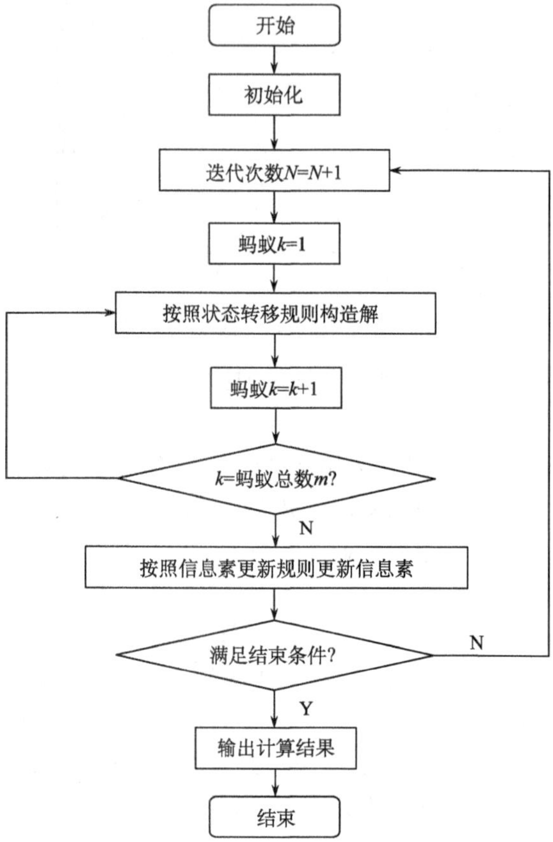

图 4-4 基本蚁群算法的流程

时,下一步待访问的城市集合 J_i^k。对于每个蚂蚁来说,在第 t 次循环中,从城市 i 向城市 j 的转移首先取决于城市 j 是否已被访问,如果城市 j 已游历过,则 $p=0$。

2) 信息素更新规则

在完成一次周游之后,每个蚂蚁都会在它走过的每条路径(i,j)上释放一定数量的信息素。当然,信息素有随时间挥发的特性,定义 ρ 为挥发性系数,则信息素更新规则为

$$\tau_{ij}(t+1)=(1-\rho)\tau_{ij}(t)+\sum_{k=1}^{m}\Delta\tau_{ij}^{k} \tag{4-10}$$

从式中可以看出,AS 算法中所有的蚂蚁都可以对路径上信息素的积累作贡献。式中,$\rho\in(0,1)$;$\Delta\tau_{ij}^{k}$ 表示第 k 个蚂蚁释放的信息素的浓度。Dorigo 等[89]提出三种不同的方法来发现 $\Delta\tau_{ij}^{k}$ 的值:①ant density:$\Delta\tau_{ij}^{k}=Q$;②ant quantity:$\Delta\tau_{ij}^{k}=Q/d_{ij}$;③ant cycle:$\Delta\tau_{ij}^{k}=Q/L^{k}$。其中,$Q$ 是指与蚂蚁释放的信息素数量有关的常数;

d_{ij} 表示城市 i 与 j 之间的距离；L^k 是指第 k 个蚂蚁总的游历长度。ant density 和 ant quantity 方法的共同之处在于蚂蚁每移动一步就要进行信息素更新；而 ant cycle 方法是在蚂蚁完成一次完整的游历之后才释放信息素。文献[89]验证发现 ant cycle 方法优于其他两种方法。

4.3.2　用户浏览行为与蚁群觅食行为的相似性分析

定义 4.4　用户访问模式　用户访问模式是指群体用户对 Web 站点内的页面的浏览顺序模式。

设 $E=\{e_1,e_2,\cdots,e_m\}$ 为一页面集合，$SDB=\{s_1,s_2,\cdots,s_n\}$ 为一会话数据库，s_i $(i\in\{1,\cdots,n\})$ 表示一个会话，它由包含在 E 中的页面序列构成。访问模式 P 表示浏览行为，特征化为一个项目序列。假设一个访问模式包含 l 个页面，可称之为 l-访问模式。访问模式 P 的支持度(或称为发生频率)表示 SDB 中包含 P 的会话的数目。如果 P 的支持度满足预先定义的最小支持度阈值 λ，则 P 是一个频繁访问模式。

如果给定一个会话数据库，一个为 l-访问模式的历史访问模式 P，以及最小支持度阈值 λ，则可以通过 Web 使用挖掘的方法发现频繁访问模式，从而根据历史访问模式就可以推荐下一个合适的页面。

发现用户访问路径模式不同于对不同页面集间的关联关系的发现。对于前者，页面与页面之间存在的有序关系反映了用户的访问路径特性，路径特性更多反映的是用户访问超链接的特性；而后者则不存在这种有序关系。因此，本质上说，用户访问模式是由大量 Web 日志数据构成的，反映用户浏览意图的序列模式。目前该领域需要进一步研究的内容可从下面几点思考出发。

(1) Web 站点的路径结构是由站点预先设计的，所以对于特定的用户浏览过程而言，有些文档并不是因为它们的内容而是由于它们所处的位置而被访问的，有些文档虽然没有包含用户当前所需的信息，但是它们位于特定的路径上，为了从浏览起点到达特定的位置不得不经过这些文档。因此，用户的访问序列是在固有的网站结构的制约下产生的，也就是说用户为实现自己的目标，在现有网站结构下无法自由选择访问路径，而不得不访问某些页面，有的网页虽然被用户点击很多次，但它实际上可能只是通往目标网页的必经之路，而并非用户真正想要浏览的对象，因此这样的访问序列并不能完全反映用户的偏好。

(2) 充分考虑 Web 数据挖掘的特点。如果不考虑访问页面时间的先后顺序，就很难得出有效的结果；此外，仅通过访问序列来表示用户偏好，得到的访问模式只是一些频繁路径，因此不仅要考虑路径的访问次数，还必须综合考虑用户在不同路径上的访问时间等因素。

(3) 用户兴趣不但是多方面的，而且是动态变化的，因此跟踪和学习用户兴趣是一个最基本且难以解决的问题。传统的 Markov 模型是一个静态模型,没有考虑用户兴趣变化问题,从而影响了预测的准确性。

利用用户浏览行为与蚁群觅食行为的相似性[90],一个新的概念"外激素"被用来反映用户的访问兴趣,并基于蚁群算法从 Web 日志中有效地、准确地挖掘兴趣访问模式。与已有研究相比,我们进一步考虑了上述因素对用户访问路径模式挖掘的影响,同时考虑了早期访问者与现有访问者对访问路径模式发现的不同影响,从而能够更加准确地反映出用户的浏览兴趣。

定义 4.5 网站的基本模型 网站的基本模型可以用一个图(N,E)来描述,图中 N 描述了网站上页面的集合,E 描述了网站上页面之间的超链集合。

现假设有一组用户浏览的页面集合为

$S=\{(n_1,n_4,n_8),(n_1,n_4),(n_1,n_4,n_7),(n_1,n_3,n_7),(n_1,n_3,n_7),(n_1,n_3,n_6),(n_1,n_2,n_6),(n_1,n_2,n_5,n_3,n_7),(n_1,n_2,n_5),(n_4,n_7)\}$

按照图 4-5 和群体用户的浏览行为,我们给出群体用户的访问模型,如图 4-6 所示。

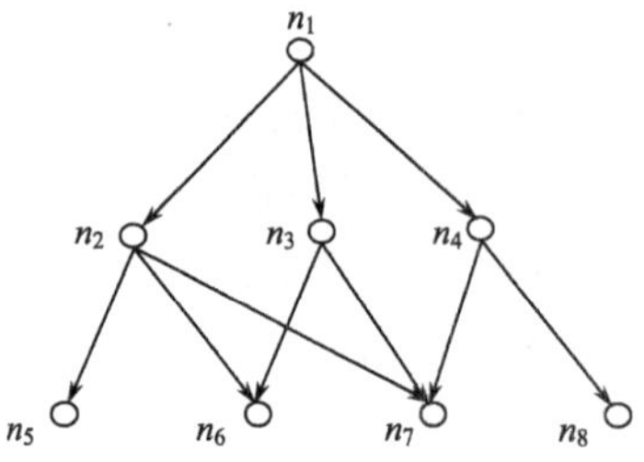

图 4-5 一个网站的基本模型图

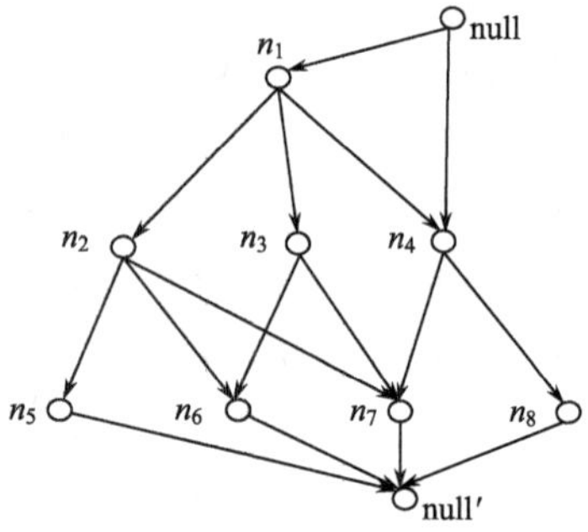

图 4-6 群体用户访问模型

定义 4.6 用户浏览路径 用户浏览一个 Web 站点时对网站页面访问的相关序列称为用户浏览路径。N 为网站的页面集合。null 为用户开始浏览该网站页面的最初位置,访问途径可以是直接输入页面地址、使用书签或点击别的网站上的超链接,null′为去访问别的网站或用户终止浏览。

根据网站的基本模型和群体用户访问模型,我们可以得出以下结论:用户并不了解网站的实际结构,因此他并不知道如何以最快的速度到达其目标网页,用户浏览站点只有根据站点已有的浏览路径来进行访问,从而具有如下性质:

(1) 从众性:随机选择概率较大的链接路径;

(2) 距离目的网页的路径越短,则被浏览的次数也增加得越快,否则,冗长的浏览将会使用户慢慢失去耐心;

(3) 遗忘(forgetting)是一种高级的智能行为,早期访问者对现有访问者的影响可以看成是遗忘的一种形式，与时间负相关，也就是说，距离当前用户访问时间越远的用户的访问记录，对当前用户访问的影响就越弱，也可以说这种影响因素具有某种挥发性。

上述性质和自然界中蚂蚁寻找食物的机理是一致的。蚂蚁寻找食物的行为本质是信息素浓度越大的路径，被选择的概率就越大，即路径概率选择机制；路径越短，在路径上释放的信息素的浓度增加得也越快，即信息正反馈机制；信息素具有挥发性，即信息负反馈机制。由此，蚂蚁寻找食物行为与用户访问网站的行为是很相似的。

所以，基于用户浏览行为与蚂蚁觅食行为的相似性，我们提出了基于蚁群算法的访问模式挖掘方法。在此算法中，我们把用户在网站上访问某一目标页面的过程比做蚂蚁觅食的过程。通过应用蚁群算法，模拟蚂蚁的信息素在用户之间建立联系，从而为用户提供访问推荐服务。

4.3.3　基于蚁群算法的群体用户兴趣访问路径发现

本节提出应用 ACO 算法挖掘用户的访问模式[91]。在算法中，首先对网站结构制约下的用户访问序列定义新的支持度，作为蚁群算法的启发式信息，在一定程度上消除网站结构对用户访问的影响；其次，又考虑到用户的访问行为对访问路径模式发现的影响是时间负相关，即时间越久，影响越小，或者说这种影响存在一定的挥发性，因此利用 ACO 算法中的“外激素”来反映群体用户的浏览兴趣。该算法更进一步地考虑了 Web 环境下用户浏览行为的特点，因此弥补了常规算法的不足。

1. 问题描述与定义

定义 4.7　支持度　支持度 η_{ij} 表示用户从节点 i 到 j 的访问路径的频率。η_{ij} 定义为

$$\eta_{ij} = C_{ij} / ((\sum_{k=1}^{n} C_{ik}) / n) \tag{4-11}$$

式中，C_{ij} 表示访问节点 i 到 j 路径次数，从节点 i 到所有的下一节点有 n 种不同的选择。

通常用户感兴趣的浏览路径被看成用户访问比较频繁的路径，这是不准确的。例如，一条路径的访问次数与它所在的位置是相关的。一般地说，路径离主页越近，用户的访问就会越频繁，反之亦然。包括很多超链接的页面往往被较多次地浏览，然而，这并不能表示用户对该页面有更大的偏好。原因在于，用户可能要在浏览该页面之后才有可能浏览目标页面。另外，许多网站采用一些特别的手段，如彩色的或图形的显示，诱使用户浏览。路径的浏览次数并不能正确地度量出用户真实的偏好。所以，我们提出用户访问频率的新定义，并把它作为支持度来进行模式

的发现。

定义 4.8 外激素函数 外激素函数 $\tau_{ij}(t)$表示用户对从节点 i 到 j 的路径的浏览兴趣。该外激素函数 $\tau_{ij}(t)$定义为

$$\tau_{ij}(t+1)=(1-\rho)\tau_{ij}(t)+\Delta\tau_{ij} \tag{4-12}$$

式中,$0<\rho<1$,ρ 称为遗忘因子,表示用户兴趣的衰减率。

早期访问者对现有访问者的影响与时间负相关,即时间越久,影响越小,存在一定的挥发性,因此在式(4-12)中引入的遗忘因子 ρ 使得算法具有自适应性,能够跟踪用户兴趣的变化。举例来说,在某一段时间内,往往会出现热点网页,也就导致短时间内会有很多人访问。一段时间后,该网页的消息过时,访问的人会越来越少,有了信息素的可挥发性,就可以使该网页的重要性逐渐降低,直到不再向用户推荐。

在式(4-12)中,$\Delta\tau_{ij}$ 表示信息素增量,具体描述为

$$\Delta\tau_{ij}=Q\eta_{ij} \tag{4-13}$$

式中,Q 为一定值,它与外激素的数量相关。

按照蚁群算法求解 TSP 问题的思路,路径越短,外激素在该路径上释放的浓度越高。蚁群算法在求解 TSP 问题时采用路径长度的倒数作为支持度。所以,我们提出外激素增量 $\Delta\tau_{ij}$ 的定义,外激素增量 $\Delta\tau_{ij}$ 的值依赖于用户访问的频率 η_{ij}。

定义 4.9 偏好函数 偏好函数 $p_{ij}(t)$表示用户浏览从节点 i 到 j 路径的偏好。偏好函数 $p_{ij}(t)$定义为

$$p_{ij}(t)=\frac{[\tau_{ij}(t)]^{\alpha}[\eta_{ij}]^{\beta}}{\sum_{k=1}^{n}[\tau_{ik}(t)]^{\alpha}[\eta_{ik}]^{\beta}} \tag{4-14}$$

式中,α 和 β 各自表征外激素和支持度的重要性。

2. 偏好访问路径挖掘算法

如果在用户浏览集合中有 m 个元素,则挖掘偏好路径的算法如下所示:

step1:确定参数,外激素浓度初始化。设置 $t=0$,$\tau_{ij}(0)=0$。

step2:For ($k=1$ to m)

　　更新 η_{ij}

　　更新每条路径上的 $\tau_{ij}(t+1)$

　　$t=t+1$

Endfor

step3:初始化 α,β,计算

$$p_{ij}(t)=[\tau_{ij}(t)]^{\alpha}[\eta_{ij}]^{\beta}/\sum_{k=1}^{n}[\tau_{ik}(t)]^{\alpha}[\eta_{ik}]^{\beta}$$

定义页面之间转移概率的阈值，我们就可以获得群体用户访问偏好的路径。

3. 实验分析

本书在 Windows 2000 平台上用 Matlab 6.5 实现了蚁群算法和文献[92]中的 MF 算法，并对其在导航推荐应用中的准确性进行了对比。

我们利用从美国加利福尼亚大学 Irvine 分校的 UCIkdd 数据库下载的 Web 日志作为实验的数据集。该数据是用户一周对微软网站的访问记录。数据分为训练集和测试集两部分，经过预处理，训练集包含 131 365 条记录，测试集包含 20 483条记录。训练集用来生成偏好路径，测试集用来验证准确性。设 R 代表正确的结果而 W 代表错误的结果，则有

$$\text{Precision} = R/(R+W)$$

在生成偏好路径过程中，过短的路径没有现实意义，所以先去掉少于 3 个访问请求的会话。设定页面之间转移概率的阈值 p，大于该阈值的路径即为偏好的路径。在测试比较过程中，设有用户经历了一段路径 r 之后开始对它进行测试比较，r 构成会话 s 的一部分。这样可以分别计算路径长度 length$=3,4,\cdots,N$(即当前测试会话长度取 $3,4,\cdots,N$)时的精确度。为了验证这个方法的效果，同时将相同的数据用 MF 算法来计算，设定两个算法中相应的阈值挖掘出相同转移概率的兴趣路径，经过测试得到的结果如表 4-6 所示。蚁群算法中的参数 $Q=0.5$，$\alpha=0.5$，$\beta=1$，$\rho=0.9$，$p=0.005$。

表 4-6 预测精度比较表

当前测试的会话路径长度	ACO 算法的预测精度	MF 算法的预测精度
3	0.52	0.40
4	0.55	0.43
5	0.61	0.52
6	0.56	0.49
7	0.50	0.37

从结果可以看到，蚁群算法比 MF 算法的准确性要高。这说明蚁群算法揭示的是群体用户的兴趣路径，更能反映用户的浏览偏好。

ACO 算法存在的不足之处是在访问一个 Web 站点时，用户的兴趣可由页面的访问频率和访问时间来显示。浏览次数越多、浏览时间越长表示用户对网页越有兴趣。为了简化问题，在上述提出的算法中我们没有考虑网页浏览时间的因素。

4.3.4　引入页面访问时间的用户访问模式挖掘

1. 问题描述与定义

在前述基于 ACO 的推荐预测模型中，我们只考虑用户的访问频率，而假设用户对每个页面的浏览时间都相同。事实上，用户在浏览网页的时候，对不同的网页的关注度是不同的，不同的浏览时间对于表现用户的兴趣是十分重要的，浏览时间很短的访问是不应该考虑在概率中的。单纯考虑浏览次数往往会得到多个概率相同的结果，预测精度不够高。如果把时间因素考虑在内，在一定程度上就能解决这些问题[93]。

例如，有以下两个 4 元子路径 S_1、S_2 为

$$S_1 = \{P_1(25) \rightarrow P_2(3) \rightarrow P_3(90) \rightarrow P_4(180)\}$$

$$S_2 = \{P_1(20) \rightarrow P_2(40) \rightarrow P_3(15) \rightarrow P_4(70)\}$$

很明显，S_1 中用户在 P_2 上仅停留了 3 秒钟，说明该网页并非该用户感兴趣的，进而这条子路径整体上来说也不能算是一条兴趣路径。

另外，将页面访问时间引入访问模式挖掘，其预处理及挖掘过程将更加复杂。本节将针对这一问题进行讨论，提出将页面访问时间引入蚁群访问模型，将用户访问频率和访问时间结合起来，并利用这种新的蚁群访问模型进行用户兴趣访问模式的挖掘。下面我们首先考察页面访问时间。

由图 4-7 可见，在用户浏览网站的日志中记载了前后两次服务器收到的对网站页面的请求，由此获取到对应的时长，称之为浏览时长。该时长共有 4 个时长段，即

$$\begin{aligned} l_i.\text{timelength} =& \text{loadtime}(\text{url}_i) + \text{sendtime}(\text{url}_i) \\ &+ \text{userviewtime}(\text{url}_i) + \text{userrequesttime}(\text{url}_{i+1}) \end{aligned} \quad (4\text{-}15)$$

式中，$l_i \in L$，L 为浏览日志集合；$\text{url}_i = l_i.\text{url}$，表示请求的网页；loadtime($\text{url}_i$)表示服务器载入网页的时长；sendtime($url_i$)表示从服务器发出网页到用户接到网页的时长；userviewtime(url_i)表示用户浏览网页的实际时长；userrequesttime(url_{i+1})表示用户对下一个网页的请求被发送到服务器端的时长。

考虑到日志中时间的单位为秒，所以可将 loadtime(url_i)和 userrequesttime(url_{i+1})看成 0，时长即可以看成用户实际浏览时间和发送时间之和。

就一个站点来说，网页的发送时间必然不大于一个不变的定值 C，其长度通常为若干秒。就那些用户偏好的网页来说，用户浏览的时长将远高于 C 值，所以在许多情形下，两个时间不加以分别，皆可看成用户的实际浏览时间。最后一个被浏览的网页的用户实际浏览时间为

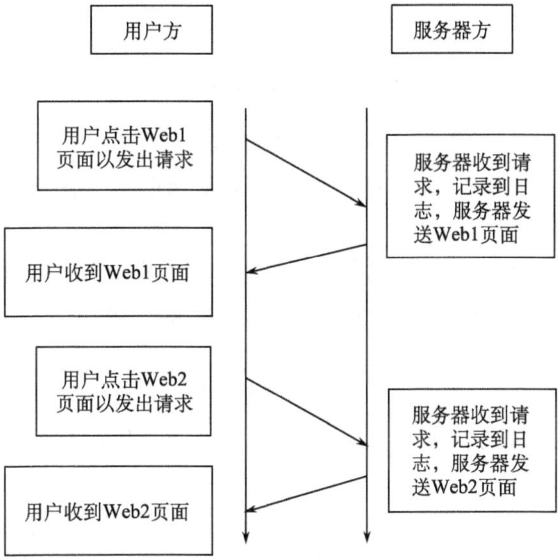

图 4-7　用户访问 Web 服务器时的时间

$$\text{userviewtime}(\text{url}_m) = \frac{\sum_{i=1}^{m-1} \text{userviewtime}(l_i)}{m-1} \tag{4-16}$$

式中，$l_i \in L$，L 表示浏览日志集合；url_m 为浏览的网页。

2. 引入页面访问时间的蚁群模型

引入了页面访问时间以后，对日志数据的处理也要作相应的改变。用户会话的页面序列中要加入访问时间离散值。

预处理的结果由 n 个不同的 URL 组成的集合 $U=\{\text{url}_1, \text{url}_2, \cdots, \text{url}_n\}$，以及 m 个会话组成的集合 $S=\{s_1, s_2, \cdots, s_m\}$ 形成，其中，每个用户会话可表示为 $s=\{\langle \text{url}_1, t_1\rangle, \langle \text{url}_2, t_2\rangle, \cdots, \langle \text{url}_n, t_n\rangle\}$，其中，$t_n$ 为用户对页面 url_n 的访问时间。

对上述会话文件作进一步处理，它包括页面访问时间的离散化。按照用户在页面上的停留时间可以将浏览分成简单经过、大致浏览、正常浏览和兴趣浏览四种，据此可进行浏览兴趣度量：浏览的时间越长说明用户越有兴趣、越偏爱于访问，而浏览时间越短则相反。

定义 4.10　浏览兴趣的时间度量　按照用户在一个页面上的浏览时间，可将用户的浏览兴趣的度量定义为

$$T=\begin{cases}1, & 0\text{秒}<t\leqslant 60\text{秒}\\ 2, & 60\text{秒}<t\leqslant 180\text{秒}\\ 3, & 180\text{秒}<t\leqslant 300\text{秒}\\ 4, & 300\text{秒}<t\end{cases} \tag{4-17}$$

引入页面访问时间以后，蚁群模型在支持度和信息素函数的定义上要作出相应的修正。

定义 4.11 支持度 根据用户的访问路径，可以建立一个有向图，支持度 η_{ij} 表示用户沿节点 i 到 j 路径的访问频率。支持度 η_{ij} 定义为

$$\eta_{ij}=c_{ij}/(\sum_{k=1}^{n}c_{ik}) \tag{4-18}$$

式中，c_{ij} 表示沿节点 i 到 j 路径访问的次数，从节点 i 到所有的下一节点有 n 种不同的选择。

定义 4.12 信息素函数 信息素函数 $\tau_{ij}(t)$ 表示用户对于沿节点 i 到 j 路径的访问兴趣。信息素函数 $\tau_{ij}(t)$ 定义为

$$\tau_{ij}(t+1)=(1-\rho)\tau_{ij}(t)+\rho\Delta\tau_{ij} \tag{4-19}$$

式中，$0<\rho<1$，ρ 表示信息素的衰减率。

$$\Delta\tau_{ij}=\bar{t}_{ij}/(\sum_{k=1}^{n}\bar{t}_{ik}) \tag{4-20}$$

式中，$\bar{t}_{ij}$ 表示沿节点 i 到 j 路径访问下一个网页的平均时间，从节点 i 到所有的相邻节点有 n 种不同选择。

$$\bar{t}_{ij}=t_{ij}/c_{ij} \tag{4-21}$$

式中，t_{ij} 表示沿节点 i 到 j 路径访问下一个网页的时间，c_{ij} 表示沿节点 i 到 j 路径访问的次数。

用户访问路径的一个重要特征就是用户在不同网页上的浏览时间。在网页上的浏览时间可以很好地度量用户对该网页的兴趣，如果对网页的内容感兴趣，他可能花更多的时间浏览该网页上。如果用户仅仅是利用网页上的链接到达另一个网页，他可能在该网页上逗留很短时间。这种网页即使被访问很多次，由于访问时间 t_{ij} 的引入，仍然可以降低用户在这一类网页上的偏好。

3. 偏好访问路径的挖掘算法

假设预处理日志中有 m 个用户会话，那么基于蚁群访问模型的具体算法如下所示：

step1：设置参数，初始化信息素，设置 $t=0$，$\tau_{ij}(0)=0$

step2：For ($k=1$ to m)

　　更新 c_{ij}

更新 t_{ij}

Endfor

计算 η_{ij}, $\tau_{ij}(t)$

step3：初始化 α,β，计算

$$p_{ij}(t)=[\tau_{ij}(t)]^{\alpha}[\eta_{ij}]^{\beta}\Big/\sum_{k=1}^{n}[\tau_{ik}(t)]^{\alpha}[\eta_{ik}]^{\beta}$$

如果给出偏好 p 的阈值，我们就可以动态地发现群体用户偏好的访问路径。

4. 实验分析

为了评价方法的有效性，本书利用用户的导航推荐来测试提出的模型。给定一个当前会话，算法将预测出用户的下一个请求页面。我们定义准确度来评价提出的模型，准确度是指预测准确的请求占所有推荐请求的比率。我们使用的数据集是 EPA-HTTP 日志，它包含用户在 24 小时内 47 748 个访问 EPA 服务器的请求。使用数据经过预处理后，会话文件中包含 928 个会话和 1 768 个页面。对于测试的日志数据，会话文件分成两部分：大约 70%的会话被随机地选择为训练集，其余部分作为测试集。

实验所用计算机为 AMD Sempron 处理器 2200＋，CPU 时钟率为 2GHz，主存为 256MB。测试程序用 Matlab 7.0 编写，在 Microsoft Windows 2000 中运行。实验的准确性结果如表 4-7 所示。在实验中，我们给出偏好阈值 p 的不同值。如果偏好阈值 p 取较高的值，则产生很少的推荐，如果 p 取较低的值，则不相关的网页被推荐。我们将 p 设为 0.3，ρ 设为 0.9。表 4-7 给出了针对不同会话长度情况下的预测准确度。模型参数 α,β 分别表示信息素和支持度的相对重要性。当 α 设为 0，β 设为 1 时，模型退化为 1-序 Markov 模型。如表 4-7 所示，与 Markov 模型比较，当会话长度不大于 7 时，蚁群模型有更好的预测准确度。实验结果表明，蚁群模型中的信息素可以更有效地跟踪用户的兴趣变化。

表 4-7　准确性比较（$p=0.3,\rho=0.9$）

当前会话长度	准确度（$\alpha=1,\beta=1$）	准确度（$\alpha=0,\beta=1$）
3	0.65	0.56
4	0.68	0.58
5	0.78	0.65
6	0.85	0.78
7	0.72	0.70
8	0.87	0.87
9	0.85	0.85

4.4 基于混合 ACO 的 Web 用户聚类

4.4.1 引言

用户在 Web 空间的浏览过程是一个受浏览目的、文化背景、兴趣爱好等多种因素影响的复杂过程。由于这些因素的差异，各个用户的浏览过程也就表现出不同的个性化特点。通过观察大量用户的浏览过程可以发现，某些用户的浏览过程表现出相同或相近的特点，如浏览的网页基本相同、浏览各个网页的顺序相似等。这一现象引发了基于用户访问模式的聚类研究，并取得了较好的效果。聚类方法是用来将具有相似浏览行为的用户分组，或者将具有相似内容的网页分组。将具有相似浏览模式的用户分组称之为用户聚类，用户聚类可用来准确预测用户浏览行为，理解和影响购买模式并实现用户个性化访问服务等，对于电子商务中的市场细分是非常有用的；而页面聚类则是将内容相关的网页分组，适用于网站结构的优化设计与自适应导航。

Web 日志文件经过预处理后，生成用户会话文件。用户聚类的结果是把会话文件中的所有会话按相似程度聚类成组。

例如，某会话文件中有 7 个会话，会话集合见表 4-8，经过聚类后形成 3 个类划分，以会话 ID 表示分别为(1,4)、(2,6)和(3,5,7)。

表 4-8 用户聚类示例

会话 ID	会话集合
1	A B C D
2	I J K
3	D E F G H I
4	B C D E
5	E F H I
6	J K
7	F G H I J

用户聚类和页面聚类的不同之处在于用户聚类的分析对象是用户会话，侧重于用户行为之间的联系，而页面聚类的分析对象为单个页面，侧重于页面之间的关联。我们可以用图 4-8 表示用户聚类和页面聚类的关系。

图 4-8 表示包含 4 个会话文件的数据集，其中 S 代表用户会话，p 代表 Web 页面，表中的数值 1 代表该页面在相应的用户会话中出现，0 代表该页面没有出现，表中的第一行对应的会话为$\{p_2, p_4, p_5\}$。图 4-8 直观地表示了横向聚类(用户

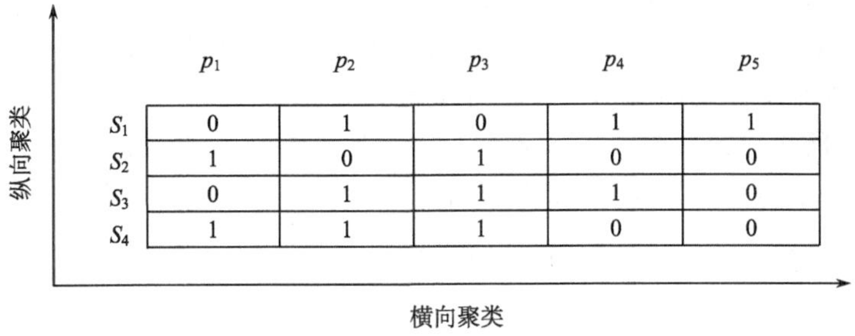

图 4-8　用户聚类和页面聚类的关系

聚类)和纵向聚类(页面聚类)之间的区别和联系。

对于用户聚类,在 Web 使用挖掘中最早使用的方法是由 Yan 等提出的划分方法[94]。在该项工作中,使用 Leader 算法将用户会话聚类,虽然结果计算很快,但该方法的问题在于聚类的结果取决于输入向量的显示顺序。Heer 和 Chi 提出了 Wavefront 算法用来改进 K-means 方法的初始化步骤,该方法可以获得较快的收敛[95]。Xie 和 Phoha 使用信任函数对站点用户进行聚类[96]。他们将用户分成不同的组,然后发现每组用户中的共同访问模式。王实等提出了 K-paths 路径聚类方法[97]。他们认为,用户对 Web 站点的访问代表用户对 Web 站点上页面的访问兴趣,这种兴趣程度可以通过用户对 Web 站点上页面的浏览顺序表现出来。K-paths 路径聚类方法根据群体用户对 Web 站点的访问顺序进行路径聚类。Mobasher 在介绍其研究的个性化推荐系统——WebPersonalizer 中,给出了一种根据用户访问模式的相似性进行聚类、各页面加权以及根据这些结果进行推荐的方法[98]。

本节探索的是基于向量分析的用户聚类问题。该问题的难度在于有成千上万的会话需要聚类,而且每个会话都可描述为一个高维向量。此外,该问题就聚类数目而言具有指数的复杂性,是一个 NP-难的问题。就聚类分析本身,目前现有的聚类方法可分为划分方法、层次方法、基于密度的方法、基于网格的方法和基于模型的方法。其中,最经典的聚类方法是 K-均值和 K-中值,它们的聚类速度快,但聚类精度不很高。

随着蚁群算法研究的兴起,其在 Web 使用挖掘中的应用正逐步引起人们的关注。本节提出一种基于混合蚁群算法的新的聚类方法将网站访问者分组,该方法是将蚁群算法与 K-means 算法相结合对用户会话进行优化聚类[99,100]。

4.4.2　Web 用户聚类的数学规划模型

定义 4.13　对于一个网站而言,路径 p 是指 n 个网页的序列,即{url_1,url_2,

$\cdots, url_{n-1}, url_n\}$，路径 p 的长度 $n>2$。

定义 4.14 用户聚类 C 是指一个用户分组，组内的用户在浏览网站时的行为相似，在一段时间内访问的网页在内容上是相关的。

假设在预处理的日志中包含 n 个 URL，即 $U=\{url_1, url_2, \cdots, url_n\}$，$m$ 个用户会话，即 $S=\{s_1, s_2, \cdots, s_m\}$。我们将会话表示为二进制位向量，即

$$s = \langle u_1^s, u_2^s, \cdots, u_n^s \rangle$$

式中，

$$u_i^s = \begin{cases} 1, & \text{如果 } u_i \in s \\ 0, & \text{其他} \end{cases}$$

我们应用混合蚁群聚类算法来划分用户会话，解决此聚类问题的目标是将 R^n 空间中的 N 个会话最优地分配到 K 个聚类中，使得每个会话与所属类质心之间的欧氏距离的平方和最小。创建的解的质量由该问题的目标函数值来度量，目标函数定义为每个向量与所属类质心之间的欧氏距离的平方和。

现给定在 R^n 空间中 m 个会话的数据集 $\{s_1, s_2, \cdots, s_m\}$，将其划分为 k 组，则该聚类问题的数学形式可描述为

$$\min F(\boldsymbol{w}, \boldsymbol{c}) = \sum_{j=1}^{k}\sum_{i=1}^{m}\sum_{v=1}^{n} w_{ij} \| s_{iv} - c_{jv} \|^2 \tag{4-22}$$

并满足

$$\sum_{j=1}^{k} w_{ij} = 1, \quad i = 1, 2, \cdots, m; \quad \sum_{i=1}^{m} w_{ij} \geqslant 1, \quad j = 1, 2, \cdots, k$$

式中，s_{iv} 是指第 i 个会话中的第 v 个网页；$\boldsymbol{c}$ 是 $k\times n$ 维的聚类质心矩阵；c_{jv} 是第 j 类中所有会话的第 v 个页面的平均值；$\boldsymbol{w}$ 是 $m\times k$ 维的权重矩阵；w_{ij} 是指会话 s_i 相对于聚类 j 的关联权重，且有

$$w_{ij} = \begin{cases} 1, & \text{如果会话 } i \text{ 属于聚类 } j \\ 0, & \text{其他} \end{cases}$$

式中，$i=1, \cdots, m; j=1, \cdots, k$。

4.4.3 蚁群算法与 K-means 算法的融合思想

ACO 算法的一个重要特征是对初始过程不敏感，在满足一定条件下总是能收敛到全局最优解。但是，收敛速度较慢影响了 ACO 算法更广泛的实际应用。这是因为蚁群算法在构造解的过程中，随机选择策略使得算法的进化速度变慢。

与 ACO 算法相比，K-means 聚类是在应用分析和科学分析中使用最普遍的一种方法，具有较高的计算性能。该方法由 J B MacQueen 于 1967 年提出，是一种主流的迭代下降聚类方法。具体地说，设样本为 $X_i, i=1, 2, \cdots, N$。给定一组初

始中心 $c_k, k=1,2,\cdots,K$，初始中心可以是从训练数据中随机选择的个体。K-means 算法交替执行如下两步：

(1) 对每个样本 X_i，找出离它最近的中心点(族)，即

$$k = \mathrm{argmin}_{k\in\{1,2,\cdots,K\}} d(c_k, X_i), \quad k = 1,2,\cdots,K \tag{4-23}$$

(2) 计算每个族中数据点的均值，并且该均值向量成为该族新的中心，即

$$c_k = \frac{1}{n_k}\sum_{j=1}^{n_k} X_j^{(k)}, \quad k = 1,2,\cdots,K \tag{4-24}$$

式中，n_k 为第 k 族包含的样本数。重复以上两步，直到没有样本或仅有很少样本被分配到不同的族中。在执行以上步骤的同时，各族的误差平方和也达到最小。故 K-means 聚类法也是寻找使目标函数误差平方和最小的聚类方法。

K-means 聚类法因计算速度快、处理大型数据效率较高而被人们应用，但其本身也存在一定的缺陷。该方法在运用误差平方和准则函数测度聚类效果时，最佳聚类结果对应于目标函数的极值点。由于目标函数存在着许多局部极小点，而算法的每一步都是沿着目标函数减小的方向进行，若初始化落在一个局部极小点附近，就会造成算法在局部极小处收敛。因此，这种方法的缺点在于 K-means 聚类很可能收敛到一个局部最优解，并且由于初始聚类是随机生成的，其结果受到初始过程的影响，即在相同的输入数据下，多次运行 K-means 可能会产生不同的解。

KACO 算法是 ACO 算法与 K-means 聚类算法的结合。该方法在蚁群算法中引入 K-means 算法，并对每代所构造的解进行局部优化，以加快蚁群算法的收敛速度。这种结合既显示了 ACO 算法的鲁棒性，又显示了 K-means 算法的高性能，即除了能收敛到全局最优解之外，还比 ACO 算法收敛得快。

4.4.4 算法流程

Web 用户聚类的 KACO 方法流程如下：

step1：初始化。设置最大迭代次数 $I^{\max}$、当前迭代次数 iter=0 和蚂蚁数 R。设置初始信息素 $\tau_{ij}=\tau_0$。τ_{ij} 表示会话 i 与聚类 j 相关联的路径上的信息素浓度，是一个正实数，在运行时不断更新。

step2：创建聚类。一只蚂蚁是通过下列方式选择解串 L 中每个元素所属的类号，从而产生一个解 L。一只蚂蚁是根据归一化的转移概率来选择某一个聚类的，如式(4-24)所示，即

$$p_{ij} = \frac{\tau_{ij}}{\sum_{k=1}^{K}\tau_{ik}}, \quad j = 1,2,\cdots,K \tag{4-25}$$

式中，p_{ij} 是指元素 i 属于类 j 的转移概率。

在获得 w_{ij} 的值以后，每个聚类质心 c_j 可由式(4-26)计算，即

$$c_{jv}=\frac{\sum_{i=1}^{m}w_{ij}s_{iv}}{\sum_{i=1}^{m}w_{ij}},\quad j=1,2,\cdots,K,v=1,2,\cdots,n \tag{4-26}$$

对于给定的一个解串 L_1，根据聚类质心矩阵 c 和权重矩阵 w 就可以由式(4-21)计算出目标函数值 F_1。令蚂蚁产生的 R 个解中的最好解为 L_b，则其函数值 F_b 是 R 个函数值中的最小值。

step3：优化。为了加速算法的收敛过程，我们对蚂蚁产生的 R 个解中的最好解 L_b 进行优化。因此在该步骤中使用 K-means 算法，K-means 算法的流程如下：

(1) 根据会话与聚类中心的距离，将所有的会话分配到距离它们最近的类。

(2) 重新计算每个聚类 c_j 的质心。对于解串 L，根据聚类中心 $\boldsymbol{c}$ 和权重矩阵 $\boldsymbol{w}$，其目标函数 F 可由式(4-22)计算。

(3) 如果 F 值小于 F_b，则保留目标函数值较小的解，即用 F 值替代 F_b，用解 L 替代 L_b。

step4：信息素更新。信息素矩阵在一代结束之后更新，其中包含以前各代中找到的好的解的信息，因此是一种自适应记忆单元。在本算法中使用的信息素轨迹更新过程只考虑最优蚂蚁发现的最好解 L_b，该蚂蚁模拟真实蚂蚁释放信息素 τ_{ij}，信息素更新规则如式(4-27)所示。

$$\tau_{ij}(t+1)=(1-\rho)\tau_{ij}(t)+\rho\Delta\tau_{ij}\quad i=1,2,\cdots,m,j=1,2,\cdots,K \tag{4-27}$$

式中，ρ 表示信息素挥发率，且 $\rho\in[0,1]$。ρ 的值越高，则表示从以往迭代中聚集的信息被遗忘得越快。

$$\Delta\tau_{ij}=\begin{cases}\dfrac{1}{F_b}, & \text{如果最好解中的第 } i \text{ 个元素被分配到第 } j \text{ 类}\\ 0, & \text{其他}\end{cases} \tag{4-28}$$

式中，F_b 是目前得到的最优解的目标函数值。全局信息素更新的目的是在最优聚类中会话 i 与聚类 j 相关联的路径上加入更多的信息素，这是一个正反馈的过程。

step5：终止。终止条件是迭代次数满足 $I=I^{\max}$。如果终止条件不满足，则 $I=I+1$，转向 step2 进行下一代进化；否则结束。结束时获得的解具有最小目标函数值，表示给定用户会话数据集的最优划分。

4.4.5　实验分析

1. 实验数据集及其预处理

我们使用的数据集仍然是 EPA-HTTP 日志，它包含用户在 24 小时内 47 748 个访问 EPA 服务器的请求。在使用聚类挖掘算法之前，需要进行预处理。

面向用户聚类的数据预处理是将日志文件中的数据处理成为会话文件。使用数据经过预处理后，会话文件中包含 928 个会话和 1 768 个页面。对于测试的日志数据，会话文件分成两部分：大约 70%的会话被随机选择为训练集，其余部分作为测试集。并将会话转换成会话-页面矩阵(图 4-9)，以方便聚类算法处理。

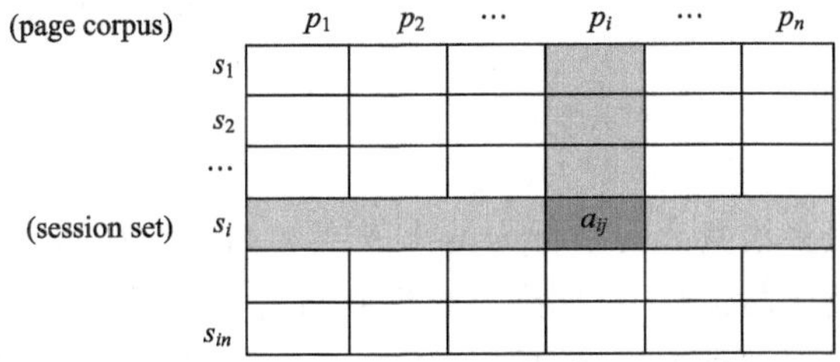

图 4-9　会话-页面矩阵的示意图

2. 实验结果

实验所用计算机为 AMD Sempron 处理器 2200＋，CPU 频率为 2GHz，主存为 256MB。测试程序用 Matlab 7.0 编写，在 Microsoft Windows 2000 中运行。在实验中，我们将 t 设为 0.5，g 设为 2，ρ 设为 0.9。我们将聚类数目 K 设为不同的值进行了实验，表 4-9 显示了聚类数为不同值时该方法推荐的准确度。从表 4-9 中可看出，与 K-means 方法相比，KACO 方法有更高的准确度。

表 4-9　准确度比较($t=0.5$，$g=2$，$\rho=0.9$)

聚类数目	K-means 方法的准确度	KACO 方法的准确度
5	0.33	0.52
10	0.51	0.60
15	0.43	0.61
20	0.44	0.49
25	0.42	0.50
30	0.33	0.45

第5章

网络消费者消费与购买行为

在线购物是众多消费者网络行为的出发点和归宿。在确认需求之后，消费者通过搜索引擎收集产品信息，对比产品属性并与需求进行匹配以确定购买目标，浏览电子商务企业的网站进行价格、信誉、安全等方面的比较并作出购买决策，最后根据实际使用后的体验对产品以及企业服务进行购后评价。企业的营销数据库所记录的消费者个人特征、定制信息、购买记录以及产品特征等信息，隐藏着消费者的行为特征、购买习惯以及兴趣偏好等，这些信息是分析消费者消费与购买行为的重要依据。网络消费者消费与购买行为分析就是利用上述信息，分析消费者兴趣和偏好，制定个性化网络营销方案吸引消费者购买产品，提高消费者满意度。本章所描述的产品，不仅包括传统意义上的商品，还包括电子书籍、在线服务等不同性质的产品和服务；本章所讲的购买不仅包括传统意义上的商品交易，还包括用户的定制或者以某种方式表示出来的兴趣偏好等。我们将从营销数据库的角度分析消费者的在线购买行为，利用关联分类和证据理论等技术方法挖掘消费者的购买决策规则，构建消费者兴趣偏好模型，进而实现有效的个性化服务。本章的研究内容主要有以下三方面。

(1) 保留冲突规则的购买模式分析方法研究。由于消费者兴趣偏好的多样性、消费行为的不确定性和复杂性，营销数据库中反映消费者在线购买行为的数据必然存在冲突。对冲突的处理策略主要有两种：保留和删除。冲突记录的删除策略可以降低后续分析算法的处理难度，提高算法的效率，但同时也删除了大量有益的信息，降低了算法的准确性。而准确、有效的行为分析方法必须以合理的规则库为基础，该规则库在简洁的同时必须尽量保留原始数据中的有益信息。因此，对冲突的正确操作应该是尽量保留有益的冲突，删除噪音的影响。为了根据营销数据库建立消费者在线行为模型，本章利用关联分类这一分类工具，挖掘消费者行为模式，保留冲突信息，从而建立有效的在线行为规则库。

(2) 基于规则库的个性化推荐系统。如何充分利用在线消费行为模式对潜在消费者行为进行分析和预测是消费者在线行为分析的关键。传统的决策方法通常利用最优规则原则，即根据某种标准从规则库中选出一条最优的规则，并根据这一规则进行推荐。但是，在面对冲突规则时，不同的排序标准往往会选出不同的最优规则，得出完全不同的结论，这样的推荐结果显然是不稳定的。因此，为了有效利用规则库中的知识，增加推荐结果的稳定性和可靠性，本章利用证据理论综合多条推荐规则对消费者进行个性化推荐，得到综合的推荐结果。

(3) 基于网络口碑的行为分析优化。作为一种新兴的在线信息源，以在线评论为代表的网络口碑在消费者的购买决策中发挥着越来越重要的作用，网络口碑已经成为在线购买决策的重要依据。由于网络口碑中的信息均是消费者使用后的切身体验，与网络广告、产品描述等企业提供的信息相比，网络口碑更具有参考价值。对电子商务企业而言，网络口碑反映了消费者对产品和服务的需求，根据网络口碑，企业可以更加准确地获得消费者需求的动态变化。为了利用网络口碑分析在线消费者的实际需求，优化企业的个性化服务效果，本章利用关联分类和证据理论等技术，对在线评论进行挖掘和分析，找到消费者需求与其最终满意度的关系，对企业的个性化服务提供指导。

5.1 基于营销数据库的网络消费者消费行为分析

电子商务企业的营销数据库包括消费者个人特征数据库、定制信息数据库、购买事务数据库和产品特征数据库等。基于营销数据库的网络消费者行为分析，不仅可以发现消费者的偏好，即发现消费者喜欢什么或者想购买什么，而且具有较强的可解释性。营销数据库中的各类信息已经在网络消费者购买行为分析中得到了广泛的应用。基于营销数据库的消费行为分析方法主要包括协同过滤和基于内容的消费者行为分析。

5.1.1 基于协同过滤的消费行为分析

协同过滤(collaborativef filtering)技术是消费行为分析中应用最早和最为成功的技术之一[101~103]。协同过滤基于以下假设：要为目标消费者找到其真正感兴趣的产品，应该首先找到与目标消费者有相似兴趣的其他消费者，然后将他们感兴趣的产品推荐给目标消费者。这一思想非常易于理解，在日常生活中，我们往往会根据朋友的推荐对产品进行选择。协同过滤正是把这一思想运用到消费者行为分析中来，基于其他消费者的兴趣和购买历史向目标消费者进行推荐。根据所依据信息源不同，协同过滤可以分为基于消费者的协同过滤和基于产品的协同过滤两种。

1. 基于消费者的协同过滤

基于消费者的协同过滤方法一般采用最近邻技术，利用消费者的历史购买信息计算消费者之间的距离，然后利用目标消费者的最近邻居对商品的某种加权值来预测目标消费者对特定商品的偏好程度，系统根据这一偏好程度对目标消费者进行个性化服务。协同过滤方法的基本过程如图 5-1 所示。

“数据表示”阶段的任务是将消费者的购买记录用一定的数据形式来表示，以方便后续的协同分析；“识别邻居”阶段主要解决的问题是如何为目标消费者识别兴趣相似的邻居；“产生推荐”阶段的目标是根据最近邻居中消费者的购买记录，生成他们最常购买的产品，并推荐给目标消费者。

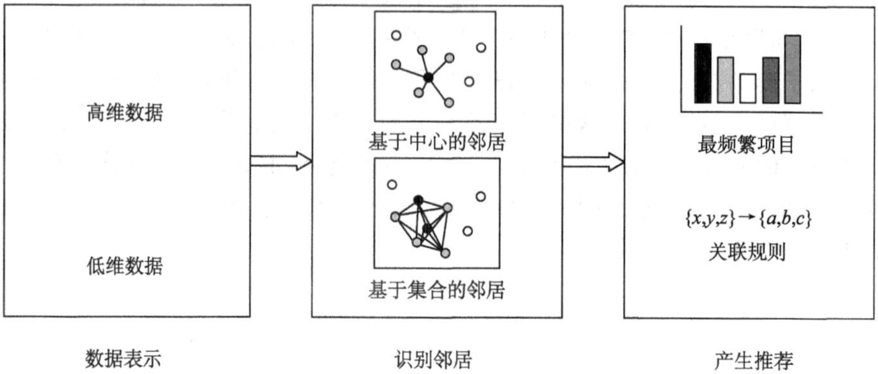

图 5-1 协同过滤的基本过程

(1) 数据表示。在传统的协同过滤系统中，输入数据通常是 n 个消费者对 m 个产品的历史购买记录或者评价，用 R 表示，R 是 $n\times m$ 维的消费者—产品矩阵。如果消费者 i 曾经购买过产品 j，则 $R_{ij}=1$，否则 $R_{ij}=0$。这一表示方法虽然很简单，但是可能面临如下的问题：①稀疏性问题。通常情况下，网络消费者行为分析要对大量的产品进行处理。在这些产品中，一个消费者曾经购买过的产品所占的比例一般很小，往往不到整个产品数量的 1%，从而造成消费者—产品矩阵 R 中绝大多数元素为 0。R 的稀疏性使得为消费者识别最近邻居变得非常困难，并且降低了分析的精度。②可扩展性问题。由于产品数量和购买记录数据巨大，在为某一消费者识别最近邻居的过程中，如何处理这些海量数据成了一个非常棘手的问题。在海量数据的约束下，用传统算法识别最近邻居的可扩展性难以开展。③同义性问题。在实际分析过程中，不同的产品名称可能表示相似甚至完全相同的产品，输入数据的消费者-产品矩阵表示方法无法识别不同名称的产品之间的相似性。

(2) 识别邻居。协同过滤方法最关键的过程是消费者之间相似性的计算，通过度量目标消费者与其他消费者之间的相似性，找到与之最相似的 k 个邻居。识别邻居的过程实质上也是基于协同过滤的建模过程。对于一个目标消费者 C，设其曾经购买的产品集合为 I_C，邻居识别过程的目的就是根据消费者-产品矩阵 R 和产品集合 I_C，找到与 C 最相似的 k 个消费者 $I=\{N_1,N_2,\cdots,N_k\}$。在这一过程中，R 中的 n 个消费者和消费者 C 均被看做一个 m 维的产品向量，通过余弦值相似度、皮尔森相似系数或 naive 贝叶斯方法等指标来度量消费者之间的相似性[104]。获得消费者之间的相似性之后，就可以为目标消费者找到最近邻居集合。在寻找最近邻居的过程中，不同的策略可以形成不同形式的邻居。通常使用的策略有基于中心的策略和基于集合邻居的策略[105]。基于中心的策略是一种简单的选择策略，即选择与目标消费者相似性最大的 k 个消费者作为邻居。而基于集合的选择策略则是采用综合相似度的方法。首先确定与目标消费者最相似的一个邻居 N_{closet}，得到集合 I_1，然后计算其他邻居与 I_1 的综合相似度，选择最相似的消费者加入 I_1，并继续选择直到找到最相似的 k 个消费者集合 I。

（3）兴趣发现。协同过滤的最后一步就是根据最相似的 k 个消费者的历史记录分析目标消费者可能感兴趣的产品。兴趣发现可以采用最频繁策略，也可以用关联分析等方法。兴趣发现的最频繁策略是指从 k 个消费者的历史购买记录中找到出现最频繁并且 C 没有购买过的 N 个产品，将其作为消费者感兴趣的产品。产品购买频繁度的计算可以采用产品出现的总次数，也可以采取首先归一化然后再比较的方法。基于关联分析的兴趣发现方法则是首先对最近邻居的历史购买记录进行关联分析，然后利用目标消费者的购买记录进行规则匹配。该策略只是利用 k 个消费者的历史记录，因此，可能只产生少量的强关联规则，导致得到的产品数量小于 N，此时可以将关联分析与最频繁策略相结合来解决产品不足的问题。

2. 基于产品的协同过滤

为了解决基于消费者的协同过滤方法的可测量性问题，Sarwar 教授在 2001 年提出了基于产品的协同过滤算法（item-based collaborative filtering algorithms）[106]。该算法通过分析消费者-产品矩阵来识别不同产品之间的关系，并根据这一关系分析消费者最可能感兴趣的产品。产品之间的关系可以用概率方法也可以用传统的相关关系来度量。由于基于内容的协同过滤不用为目标消费者识别邻居，所以其效率明显优于基于消费者的协同过滤算法。下面以表 5-1 为例说明基于产品的协同过滤方法的基本思想。

表 5-1　消费者评分数据

消费者	产品 1	产品 2	产品 3	产品 4
甲	4	2	4	4
乙	4	5	3	3
丙	3	2	3	2
丁	2	1	5	?

表 5-1 所示的消费者评分数据中,基于产品的协同过滤推荐算法需要预测消费者丁对产品"产品 4"的评分。通过对消费者-产品的分析可以发现,首先,消费者群体对"产品 4"的评分与对"产品 3"的评分非常相似,"产品 3"是"产品 4"的最佳邻居,因此丁对"产品 3"的评分对预测值的影响最大。其次,消费者群体对"产品 1"的评分与消费者对"产品 4"的评分也比较相似,因此丁对"产品 1"的评分对预测值的影响也比较大。而"产品 4"与"产品 2"的相似性较差,因为消费者群体对它们的评分存在冲突,所以丁对"产品 2"的评分对预测值的影响相对小一些。在实际的预测过程中,只搜索目标项相似性最高的前 k 个邻居,然后根据相似性大小预测消费者对目标项的评分。基于产品的协同过滤模型的具体建立过程如下所述。

(1) 为每个产品找到 k 个最相似的项,$I=\{I_1, I_2, \cdots, I_k\}$,以及各自对应的相似度,$w=\{w_1, w_2, \cdots, w_k\}$。产品相似度的计算方法类似于消费者相似度的度量方法。

(2) 根据目标消费者对 k 个最相似产品的评价 (打分),并把相似度 w 作为权重,计算目标消费者对每个产品的评价。

(3) 将目标消费者未购买的产品按照评价降序排列,并选择 N 个评价最高的产品作为消费者感兴趣的产品。

基于协同过滤的分析方法从消费者的角度进行相应分析,系统根据消费者购买模式或浏览行为等自动获得分析结果,不需要消费者提供相应信息,如填写调查表格等。众多研究表明,基于协同过滤的分析方法往往容易产生更优的效果[107]。协同过滤的优点主要有如下四方面:①对分析对象没有特殊的要求,因此,协同过滤方法对许多非结构化的复杂对象,如音乐、电影和图片等的分析更加容易。②共享其他人的经验,避免了分析产品特征过程中可能出现的诸多问题,避免了内容分析的不完全和不精确。③有推荐新产品的能力。可以发现内容上完全不相似的产品,消费者事先预料不到推荐产品的内容。这也是协同过滤和基于内容的分析方法的主要差别,基于内容的分析结果很多都是消费者本来就熟悉的内容,而协同过滤可以发现消费者潜在的但自己尚未发现的兴趣偏好。④能够有效地使用其他相似消费者的反馈信息,减少消费者的反馈量,加快个性化学习的速度。

虽然协同过滤作为一种典型的推荐技术已经得到广泛应用,但是稀疏问题和可扩展问题等诸多问题依然无法得到有效的解决[108],如下所述。①数据的稀疏性问题。协同过滤过分依赖于消费者对产品的购买记录或者显示评价,在实际中,产品数量的巨大使得用户购买或者评价过的产品所占比例很小,这就造成了分析过程中的数据稀疏问题。稀疏数据造成了分析结果的精度和质量严重下降。②系统的可扩展性和效率。协同过滤需要为每个目标消费者计算最近邻居,由于消费者在线购买行为分析面对的是成千上万的网络消费者,造成了数据计算量非常大,为分析算法带来可扩展性和效率方面难以处理等问题。③新产品的推荐问题。由于新加入产品往往缺少足够的购买记录或评价信息，造成协同过滤往往无法对新产品进行分析。

5.1.2　基于内容的消费行为分析

基于内容的消费行为分析（content-based analysis）[109,110]的主要目标是寻找与消费者过去的兴趣和偏好相似的产品，其本质是信息过滤技术的延续与发展。基于内容的分析方法是在产品内容等信息的基础上得到分析结果，而不需要依据消费者对产品的评价意见。因此，这一策略通常使用机器学习的方法从消费者过去感兴趣的产品特征描述中得到兴趣偏好信息。在基于内容的分析方法中，消费者之间相互独立，产品通过相关的特征属性来定义，系统基于产品的特征，为每个消费者分别建立不同的兴趣偏好模型，进而考察消费者的兴趣偏好与相关产品的匹配程度。下面用表 5-2 简要说明基于内容的分析方法的基本思想。

表 5-2　历史购买记录

产品	质地	颜色	价格	是否购买
产品 1	木质	红色	高	是
产品 2	塑料	红色	低	否
产品 3	木质	蓝色	高	是
产品 4	塑料	蓝色	高	否
产品 5	木质	蓝色	低	?

表 5-2 表示的是目标消费者的历史购买记录以及购买产品的特征。基于内容的分析方法利用产品的特征（质地、颜色、价格等）构建目标消费者的兴趣偏好模型，进而判断消费者是否对产品 5 感兴趣。

在基于内容的分析方法中，产品都是用其特征来描述的，如网页、文档等用关键词表示，物品用颜色、质地等表示。产品用特征表示后，便可以用不同的方法学习消费者的兴趣偏好模型，常用的机器学习方法有决策树、神经网络和关联规则等。如 Syskill 和 Webert 用贝叶斯分类方法来预测消费者对页面的偏爱概率[111]；Winnow 算法用来计算产品特征较多时的各特征之间的相关关系[112,113]；Recommender 用基于规则的方法对电影进行分类[109]。基于内容的消费者行为分析需要有消费者的历史数据，消费者行为模型可能随着消费者兴趣偏好的改变而发生变化。

基于内容的分析方法具有以下优点：①可以向消费者推荐符合其特定兴趣偏好的产品。由于消费者的兴趣偏好模型建立在其过去感兴趣产品基础上，所以，由此模型产生的分析结果能够较好地满足消费者的需求，特别是在消费者具有比较特殊的兴趣爱好时，基于内容的网络消费者行为分析往往会取得更好的效果。②可解释性强。基于内容的网络消费者行为分析以产品的特征属性来构建消费者兴趣偏好模型，因此，通过列出产品的特征，可以解释为什么这些产品是消费者感兴趣的，如向某一消费者推荐了红色的外套，其原因就可能是该消费者过去对红色的服饰比较感兴趣。③分析技术相对成熟。基于内容的网络消费者行为分析方法，一般是以传统的机器学习方法为支撑，而这些方法往往都是比较成熟的。关于分类学习方面的技术，如神经网络、决策树等都已经相当成熟。

基于内容的网络消费者行为分析方法的缺点主要有：①基于内容的网络消费者行为分析方法要求产品的内容能容易抽取成有意义的特征。由于图像、照片、音乐等多媒体信息的特征难以抽取，所以，基于内容的网络消费者行为分析方法对多媒体产品的分析往往存在困难。②无法适应消费者兴趣偏好的变化。由于基于内容的网络消费者行为分析策略以消费者过去的兴趣偏好为基础，所以，如果消费者的兴趣偏好发生变化，该策略所得到的结果很难符合消费者的新兴趣。

基于内容的网络消费者行为分析方法只是根据目标消费者的历史购买记录进行推荐，通过历史购买产品的特征来建立模型；而基于协同过滤的推荐系统则是根据相似消费者的历史购买记录来构建模型，通过分析相似消费者的兴趣偏好对目标消费者进行推荐。这两种分析策略都有他们的特点和缺陷，为了取得好的行为分析效果，正确的做法是对基于内容的和基于协同过滤的网络消费者行为分析方法进行综合，用混合策略对消费者的在线购买行为进行分析。

5.2 基于关联分类的消费者购买模式发现

从营销数据库中发现消费者购买模式具有重要的理论意义和实际应用价值。一方面，购买模式的发现有利于发掘消费者的消费兴趣和偏好；另一方面，可以借助诸如协同过滤技术的个性化推荐方法构建支持消费者购买决策的个性化推荐系统。分类是购买模式发现的重要方法，这是因为许多推荐任务都可以用分类问题来描述。例如，某电子商务网站可能拥有高、中、低档三种类型的手机，推荐的任务是要决定应该向某一特定消费者推荐高档还是中档的手机，或者如何向不同类型的消费者推荐不同类型的手机，这些都是典型的分类问题。为了发掘便于个性化推荐服务的消费者购买模式，本节利用关联分类这一有效的分类工具，从营销数据库中挖掘有效的分类规则(推荐规则)。

5.2.1 关联分类

分类是决策分析的重要任务之一。给定一个决策表，分类目标就是根据决策表中的数据构建分类模型，并对新的未分类的数据作出尽可能准确的分类。在过去的几十年中，分类问题受到了广泛的研究，提出了许多经典的方法，如统计学方法、决策树、神经网络等。

关联分类是一种建立在关联规则挖掘基础上的新的分类技术。自 1998 年 Liu 等[114]首次将关联规则挖掘技术用于分类、提出著名的 CBA 算法以来，关联分类的研究受到了广泛的关注，许多关联分类算法，如 MCAR、CMAR、CAEP、CPAR 等也相继被提了出来[115~118]。下面首先介绍关联分类的相关概念。

假设决策表 $I=(O,A\cup C)$，O 是有限的数据集合，A 是有限的条件属性集合，$A=\{A_1,A_2,\cdots,A_n\}$，C 是类别属性，其值域记为 VC，$\mathrm{VC}=\{c_1,c_2,\cdots,c_m\}$。$O$ 中的任一数据，都有 $c_i\in\mathrm{VC}$ 与之对应。关联分类的目的是通过数据集 I 构建模型，并对新的未分类的对象进行准确分类。分类规则一般用下面的方式来描述[119]：

(1) P_i 是一个由条件属性及其相应取值组成的集合，记做 $P_i=(\langle A_1,a_{i1}\rangle,\langle A_2,a_{i2}\rangle,\cdots,\langle A_m,a_{im}\rangle)$；

(2) 规则 r_i 是一个由条件到类别的映射，即$(\langle A_{i1},a_{i1}\rangle,\cdots,\langle A_{im},a_{im}\rangle)\rightarrow c_i$，或简记为 $P_i\rightarrow c_i$，其中 P_i 为规则前件或条件，c_i 为规则后件或结论；

(3) 条件 P_i 实际发生的次数 $\mathrm{Count}(P_i)$为数据集 I 中与 P_i 相匹配的对象数；

(4) 规则 r_i 的支持数 $\mathrm{SupCount}(r_i)$为数据集 I 中既与 P_i 相匹配，又属于 c_i 类别的实例的数量；

(5) 规则 r_i 的支持度可以表示为

$$\sup(r_i)=\mathrm{SupCount}(r_i)/|I|$$

式中，$|I|$表示数据集所包含的实例总数。

(6)规则 r_i 的可信度可以表示为

$$\mathrm{conf}(r_i)=\mathrm{SupCount}(r_i)/\mathrm{Count}(P_i)$$

关联分类的基本过程如下：①扫描所有条件特征，获得满足支持度阈值的所有频繁项；②将频繁项与类别属性相连接，获得所有满足信度和支持度阈值的规则；③对规则按照某一指标进行优劣排序，按照优劣顺序对规则进行剪枝；④利用剪枝后的规则集合构建关联分类器，对潜在实例进行分类。

将关联规则及关联分类的技术和方法应用于网络消费者行为分析，众多学者已经作了有益的尝试。基于关联分类的网络消费者购买行为分析的关键主要有两方面：购买模式的挖掘和购买行为的预测。例如，为了改进协同过滤存在的稀疏性、可测量性和冷开始等问题，Cho 等基于产品分类和关联规则挖掘技术进行行为模式的发现[120]；Changchien 等[121]设计了一种基于销售数据库的关联规则挖掘过程对消费者在线购买行为分析提供支持。经过数据选择、转换以及归一化等预处理操作后，Changchien 等首先利用 SOM 神经网络模型对销售数据库进行聚类，以实现消费者和产品的分割；对于每个聚类，进行特征抽取和关联分析，找出每个类别的特征，进而分析不同类别之间的关系，找到用户类别与产品类别之间的关联，即哪类用户偏好哪类产品。

挖掘消费者的购买模式是基于关联分类的网络消费者行为分析的基础，其目标是通过对营销数据库的分析，找出蕴涵于购买记录中的消费特征与购买决策之间的关系。购买行为的预测实际上是关联分类中分类器的构建过程，其目的是根据已有的购买模式构建合理的分类器，预测消费者的兴趣偏好，进而为消费者推荐其感兴趣的产品。本节首先对营销数据库特征选择方法进行研究，然后对分类规则挖掘进行详细介绍，并提出一种新的基于粗糙划分和关联分类的购买模式发现方法，提高推荐规则挖掘的效率和效果，保留原始数据中的有益信息。

5.2.2 特征的选择与约简

特征选择（属性约简）是数据挖掘的重要的预处理任务，特征选择的好坏不仅影响算法的效率，对数据挖掘算法的效果也有重要的影响。通常情况下，电子商务网站的营销数据库是高维的数据结构，一般是用十几个甚至几十个属性来对产品进行描述。如果用这样的高维数据直接构建推荐模型，推荐算法的效率和效果均难以保证。因此，在不改变原始数据分类能力的基础上，对营销数据库中的高维数据进行特征的选择与约简，降低数据的维数，不仅可以提高分类规则挖掘的效率，对后续的分类任务的准确性也会产生有益的影响。为此，本章提出了一种基于蚁群优化算法的属性约简方法，对营销数据库中的数据进行降维处理[122]。

由于蚁群优化算法在求解复杂组合优化问题中所表现出的优越性，我们将蚁群优化算法应用于属性约简。但是，与 TSP 等组合优化问题不同，属性约简有其自身的特点，主要体现在三个方面。第一，在解的构造过程中，每只蚂蚁无须搜索所有的属性，只要搜索到的属性子集构成了一个约简，蚂蚁就可以结束本次搜索；第二，在属性约简问题的可行解中，属性排列的顺序并不重要，而在 TSP 中，城市的排列顺序对路径的质量是非常关键的；第三，信息系统的约简不唯一，因此蚁群算法可能搜索到多个最优解，也就是说搜索的最后结果可能是一个最优解集。针对属性约简所具有的这些特点，我们利用从信息论角度定义的属性重要度这一启发信息，通过对信息素更新函数的重新定义以及对解的构造过程的改进，来实现蚁群优化算法在属性约简问题上的应用。

1. 特征选择问题的数学模型

为提高属性约简的效果及其可理解性，苗夺谦等给出了属性约简的信息表示[123]，指出属性约简就是要找到条件属性集 C 一个最小的子集 RED(C)，使得 RED(C)相对于决策属性（类别属性）D 的互信息 I(RED(C)；D)与 C 相对于决策属性的互信息 $I(C;D)$相等。其中，互信息 I 的定义如下所述。

设信息系统 $I=(U,C\cup D,V,f)$，论域 $U=\{u_1,u_2,\cdots,u_{|U|}\}$，$f:U(C\cup D)\rightarrow V$，属性子集 $B\subseteq C$ 在 U 上导出的划分为 $U/B=\{X_1,X_2,\cdots,X_{|U/B|}\}$，决策属性 D 在 U 上导出的划分为 $U/D=\{Y_1,Y_2,\cdots,Y_{|U/D|}\}$，则属性子集 B 与决策属性 D 的互信息用 $I(B;D)=H(D)-H(D|B)$ 来表示，$H(D|B)$ 为 D 相对于 B 的条件熵：

$$H(D\mid B)=-\sum_{i=1}^{|U/B|}p(X_i)\sum_{j=1}^{|U/D|}p(Y_j\mid X_i)\log p(Y_j\mid X_i)$$

式中，$p(X_i)=\dfrac{|X_i|}{|U|}$；$p(Y_j|X_i)=\dfrac{|Y_j\cap X_i|}{|X_i|}$。

基于此，属性约简的数学模型可形象化描述为

目标函数为

$$\min z=\sum_{i=1}^{n}x_i \tag{5-1}$$

约束条件：(1) $I(R;D)=I(C;D)$

(2) $x_i=\begin{cases}0 & \text{属性 } c_i\notin R\\ 1 & \text{属性 } c_i\in R\end{cases}$

也就是说，属性约简就是要找到一个二进制序列 $x_1,x_2,\cdots,x_{|C|}$，使得该序列满足约束条件(1)、(2)，并且各数位之和最小。

2. *启发信息 η*

信息论中，信息量的大小由所消除的不确定性的大小来度量。在信息系统属性约简中，条件属性相对决策属性的重要度可以通过添加某个条件属性所引起的互信息的变化大小来衡量[124]，即

$$\mathrm{SGF}(a,R,D)=I(R\cup\{a\};D)-I(R;D)$$

这一结果度量了属性 a 的重要性，也就是说在已知 R 的情况下，$\mathrm{SGF}(a,R,D)$ 的值越大，属性 a 对于决策 D 就越重要。

将此结果引入蚁群优化算法中，将向集合 SP^k 中添加属性 c_{i_j} 所引起的互信息的变化 $\mathrm{SGF}(c_{i_j},\mathrm{SP}^k,D)$ 作为启发信息，得

$$\eta_{i_j}=\mathrm{SGF}(c_{i_j},\mathrm{SP}^k,D)=I(\mathrm{SP}^k\cup\{c_{i_j}\};D)-I(\mathrm{SP}^k;D)$$

式中，$\mathrm{SP}^k=\{c_{i_1},c_{i_2},\cdots,c_{i_s}\}$ 用来记录蚂蚁 k 已经搜索到的部分解集。这样，引起互信息变化大的属性会以较大的概率被选中。

3. *信息素函数 τ*

由于属性之间并无路径可言，所以我们假定蚁群在搜索过程中将信息素聚集到选中的属性上。某一属性上的信息素越多，说明该属性在问题求解过程中的价值就越大。在算法的每一代，当所有蚂蚁均已完成解的构造后，对最优解所包含的属性进行信息素更新。由于属性约简的最后结果是一个最优解集，因此，我们采

取的策略是当所有蚂蚁完成搜索后，对最优解集中所有最优解包含的属性按式(5-2)、式(5-3)更新信息素，得

$$\tau_i(t+1)=\rho\tau_i(t)+\Delta\tau_i \tag{5-2}$$

$$\Delta\tau_i^R=\sum_{k=1}^{m}\Delta\tau_i^R \tag{5-3}$$

式中，$\Delta\tau_i$ 为本次搜索中属性 c_i 上的信息素增量；$\Delta\tau_i^R$ 为属性 c_i 由于对 SG_k 更新信息素所引起的信息素增量，得

$$\Delta\tau_i^k=\begin{cases}Q\times L_{SG_k} & \text{如果 } c_i\in SG_k\\ 0 & \text{否则}\end{cases}$$

式中，SG_k 为最优解集 $SG=\{SG_1,\cdots,SG_k,\cdots,SG_{|SG|}\}$ 中第 k 个最优解；L_{SG_k} 为 SG_k 的质量有关的函数，得

$$L_{SG_k}=\frac{I(C;D)}{|SG_k|}$$

式中，$|SG_k|$ 为最优解 SG_k 所含属性的个数。由于属性核包含于所有约简中，所以属性核上的信息素会以较快的速度增加，在后续搜索中，属性核便会以较大的概率被选中，极大地提高了算法的搜索效率。

4. 解的构造过程

根据属性约简的数学模型，属性约简问题可行解的构造过程就是要寻找一个标识各属性状态的二进制串，即寻找一个使目标函数最小的属性子集。为了适应属性约简问题自身的特性，我们对蚁群优化的 TSP 模型解的构造过程作如下改进。在初始元素的选择方面，TSP 模型中一般采取固定蚂蚁出发城市的策略，而在属性约简中，蚂蚁的出发属性在搜索中可能作为冗余属性被约去，所以固定出发属性的策略不利于属性约简问题的求解。为此，我们采取动态调整出发属性的策略，即每一代开始前将 m 只蚂蚁动态分布于信息素浓度较大的前 m 个属性。在下一属性的选择方面，由于属性约简的可行解并不是一个有序的队列，而是一个属性的集合，所以在可行解的构造过程中，下一个属性的选择并不完全取决于最近加入部分解集的属性。图 5-2 形象化地描述了 TSP 与属性约简问题在选择下一元素方面的差异。

设某时刻第 k 只蚂蚁搜索到的部分解集为 $SP^k=\{y_1,y_2,\cdots,y_s\}$，式中 y_s 为最近加入集合 SP^k 的元素。由图 5-2 可以看到，在求 TSP 问题的求解过程中，下一城市被选择的概率完全依赖于该城市与 y_s 之间的距离及其连接路径上的信息素浓度。而在求解属性约简过程中，下一属性被选择的概率依赖于在 SP^k 中加入该属性后消除不确定性的大小，即取决于该属性与整个部分解集 SP^k 的关系。

5. RSACO 算法描述

综合以上几点，我们提出了一种求解属性约简问题的蚁群优化算法，简称

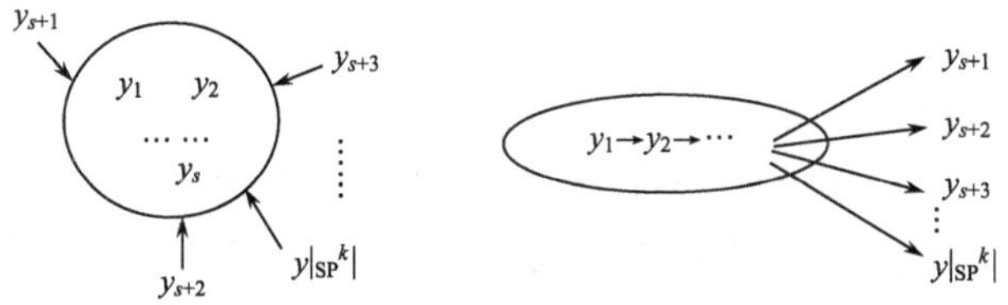

图 5-2　属性约简与 TSP 问题解的构造模型

RSACO 算法，如图 5-3 所示。

算法RSACO：对于信息系统$I=<U, C\cup D, V, f>$，计算条件属性集C的最小约简。

输入：属性集C, D和论域U

输出：条件属性集C的最小约简

step1：初始化。根据C中属性的个数n确定人工蚂蚁的数量m。初始化信息素$\tau(0)$，设置最大进化代数NC，每只蚂蚁的部分解集$SP^k=\phi$，最优解集$SG=\phi$，并计算$I(C;D)$。

step2：将m只蚂蚁分布于信息素浓度较大的前m个属性(第一代时随机分布)。

step3：将每只蚂蚁的起始属性加入部分解集SP^k，并按下式计算转移概率，即

$$p_i^k=\begin{cases}\dfrac{\tau_i^{\alpha}(t)*\eta_i^{\beta}(t)}{\sum\limits_{c_s\in allowed_k}\tau_s^{\alpha}(t)*\eta_s^{\beta}(t)} & c_i\in C\backslash SP^k\\ 0 & else\end{cases}$$

将选中的属性c_i加入SP^k。

step4：当蚂蚁搜索到的部分解集SP^k满足$I(SP^k;D)=I(C;D)$时，结束本次搜索。所有蚂蚁完成本次搜索后，选取所含属性个数最少的部分解集(可能有多个)组成SP_{min}，如果SP_{min}中的可行解包含属性的个数小于SG中的可行解包含属性的个数，则令$SG=\phi$，将SP_{min}中的可行解加入SG中，如果SP_{min}与SG中的可行解包含属性的个数相等，则将包含于SP_{min}但不包含于SG的约简加入SG。

step5：按式 (5-2) 对信息素进行更新。

step6：$NC\leftarrow NC-1$，$SP^k=\phi$，重复step2至step5，直到NC=0为止。

图 5-3　属性约简算法描述

5.2.3　基于 β 强关联分类的分类规则获取方法

特征选择的结果是形成一个与原始数据具有相同分类能力的最小数据集。根据约简后的数据集，我们便可以利用各种知识发现技术，如决策树、神经网络等从营销数据库中挖掘有效的知识，建立个性化推荐模型。本节主要以关联分类为工具，对传统的关联分类方法进行改进，提出一种基于 β 强的关联分类方法[125]。该方法不仅能够缩小频繁项集的规模，提高产品推荐的效率，而且能够获取预测能力更强的分类规则，提高产品推荐的效果。β 强关联分类的主要思路如下：首先，从粗集角度对关联分类的相关定义进行重新描述，从而在规则获取过程中用等价类的交运算代替对数据库的多次扫描；其次，提出了 β 强的规则优劣关系，给出了新的频繁项集剪枝策略及其合理性证明，进而提出基于 β 强的分类规则获取算法；最后，利用规则的不可分辨关系对规则集合进行剪枝。实验表明，所提方法能够提高

分类规则获取的效率和分类能力。

1. 关联分类的粗集描述

模式、盖集、支持度、信度等概念是关联分类方法的基础，也是度量分类规则有效性的主要指标。为了避免分类规则获取过程中对数据集的多次扫描，本章首先从粗集角度对这些概念进行重新描述，以便将相关计算简化为等价类的交运算，提高规则获取的效率。

定义 5.1 模式 信息源 $I=(U,A\cup D)$ 中对象 x 对应的记录是由 n 个特征—值对组成的 n 元组，记为 $T_x(A)$

$$T_x(A)=\{(a_1,a_1(x)),(a_2,a_2(x)),\cdots,(a_n,a_n(x))\},$$

称 $T_x(A)$ 的任一子集 P 为模式即

$$P=\{(a_1^P,a_1^P(x)),(a_2^P,a_2^P(x)),\cdots,((a_{|P|}^P,a_{|P|}^P(x))\}$$

若模式 P 包含的元组个数 $|P|=k$，则称 P 为 k-模式。

定义 5.2 盖集 设类别属性 D 的值域为 $V_D=\{d_1,\cdots,d_j,\cdots,d_m\}$，$r:P\to d_j$ 是 I 上的一个蕴涵式，其中模式 $P\subseteq T(A)$，$d_j\in V_d$，则将 U 上包含 P 的所有对象集合称为模式 P 的盖集，记为 $\text{cov}(P)$。包含 d_j 的所有对象集合称为 d_j 的盖集，记为 $\text{cov}(d_j)$，即类别为 d_j 的等价类；同时包含 P 和 d_j 的所有对象集合称为蕴涵式 r 的盖集，记为 $\text{cov}(r)$，$\text{cov}(r)=\text{cov}(P)\cap\text{cov}(d_j)$。

模式 P 的盖集可由下式得

$$\text{cov}(P)=\bigcap_{i\in\{1,2,\cdots,|P|\}}\text{IND}(a_i^P,a_i^P(x))$$

式中，$\text{IND}(a_i^P,a_i^P(x))$ 为在 a_i^P 特征上具有 $a_i^P(x)$ 特征值的所有对象的集合，即满足条件 $(a_i^P,a_i^P(x))$ 的等价类。由此可见，P 的盖集是多个等价类的交集，其获取操作可以简化为其 $(k-1)$ -子模式的盖集与等价类的交运算，即

$$\text{cov}(P)=\text{cov}(P')\cap\text{IND}(a_{|p|}^P,a_{|p|}^P(x))$$

式中，$P'=\{(a_1^P,a_1^P(x)),(a_2^P,a_2^P(x)),\cdots,((a_{|P|-1}^P,a_{|P|-1}^P(x))\}$，$\text{IND}(a_{|p|}^P,a_{|p|}^P(x))$ 为满足 $(a_{|p|}^P,a_{|p|}^P(x))$ 的等价类。

定义 5.3 支持度和信度 设 r：$P\to d_j$ 是数据集 I 上的一个蕴涵式，则模式 P、蕴涵式 r 的支持度分别定义为

$$\sup(P)=\frac{|\text{cov}(P)|}{|U|}\quad \sup(r)=\frac{|\text{cov}(r)|}{|U|}$$

式中，$|\cdot|$ 表示集合所包含的元素个数。蕴涵式 r 的信度定义为

$$\text{conf}(r)=\frac{|\text{cov}(r)|}{|\text{cov}(P)|}$$

定义 5.4 频繁项 模式 P 是频繁项，当且仅当其支持度不低于给定的最小支持度阈值 ms 为

$$\sup(P)=\frac{|\operatorname{cov}(P)|}{|U|}\geqslant \mathrm{ms}$$

定义 5.5　分类关联规则　设 $r: P\rightarrow d_j$ 是频繁项 P 对应的某一蕴涵式，若 r 的信度不低于给定的最小信度阈值 mf，即

$$\frac{|\operatorname{cov}(r)|}{|\operatorname{cov}(P)|}=\frac{|\operatorname{cov}(P)\cap \operatorname{cov}(d_j)|}{|\operatorname{cov}(P)|}\geqslant \mathrm{mf}$$

则将蕴涵式 r 记为一条分类关联规则。

定义 5.6　子规则　设 $r_i: P_i\rightarrow d_i$ 和 $r_j: P_j\rightarrow d_j$ 是规则集中的任意两条规则。若 $P_i\subset P_j \wedge d_i=d_j$，则称 r_i 是 r_j 的子规则或 r_j 是 r_i 的超规则，记为 $r_i\subset r_j$。显然，得

$$\operatorname{cov}(r_j)\subseteq \operatorname{cov}(r_i)$$

从上述定义可以看出，传统的关联分类方法都是基于严格的集合关系。在分类规则获取过程中，由于受消费者需求不确定性、兴趣偏好的多变性等因素的影响，这种严格的集合关系不仅易于生成大量冗余的候选项，而且会对分类规则的推荐能力产生不利的影响。

为了适应实际应用中不确定的数据环境，我们对这种基于严格集合关系的规则获取方法进行改进。首先给出规则 β-强的定义。

定义 5.7　β 包含　设 P_1 和 P_2 是数据集 I 上不同的两个模式，对于预先给定的小正数 $\beta\in[0,0.5)$，如果满足 $|\operatorname{cov}(P_1)\cap \operatorname{cov}(P_2)|/|\operatorname{cov}(P_1)|\geqslant 1-\beta$，我们称 $\operatorname{cov}(P_1)$ β 包含于 $\operatorname{cov}(P_2)$ 或称 $\operatorname{cov}(P_2)$ β 包含 $\operatorname{cov}(P_1)$，记为 $\operatorname{cov}(P_1)\subseteq_\beta \operatorname{cov}(P_2)$。$\operatorname{cov}(P_1)$是 $\operatorname{cov}(P_2)$的 β 子集，$\operatorname{cov}(P_2)$是 $\operatorname{cov}(P_1)$的 β 超集。

β 包含是一种不精确的集合关系，根据可变精度粗集的思想，如果集合 X β 包含于 Y，我们便认为 X 中的所有对象在容许误差范围内完全支持 Y 所对应的结论。β 包含的概念扩展了集合间的严格关系，使得可变精度粗集模型具有较强的噪声、不精确数据的处理能力。我们将 β 包含关系引入关联分类方法：规则生成过程中，在一定的容许误差内，删除冗余频繁项，以提高推荐规则挖掘的效率，得到推荐能力更强的规则集。

定义 5.8　β 强规则　设 $r_i: P_i\rightarrow d_i$ 和 $r_j: P_j\rightarrow d_j$ 是两条推荐规则，对于预先给定的小正数 $\beta\in[0,0.5)$，若 $r_i\subset r_j$ 且 $\operatorname{conf}(r_j)\geqslant \operatorname{conf}(r_i)+\beta$，则称 r_j β 强于 r_i 或称 r_i 相对于 r_j 是 β 弱规则，简记为 $r_j\succ_\beta r_i$。

实际上，β 强关系所反映的是规则的推荐能力和规则信度之间的矛盾关系，即通过频繁项之间的连接操作，可能生成信度更高的推荐规则，但是规则的推荐能力会降低。例如，对于规则 r_1："摄像头＝好"∪"待机时间＝一般"→"诺基亚 E63"和 r_2："摄像头＝好"∪"待机时间＝一般"∪"美观程度＝一般"→"诺基亚 E63"，假设其信度分别为 0.90 和 0.95。虽然 r_1 的信度比 r_2 低 0.05，但是 r_1 的推

荐能力要强于 r_2。在很多情况下,根据信度为 0.90 的规则进行分类已经足够可信,即当规则的信度达到某一可信的阈值后,再追求更高信度的分类规则是没有意义的。这为分类规则挖掘算法提出了难题:如何在规则的分类能力和分类精度之间寻找一个平衡点。

目前,基于信度框架的关联分类方法仅仅考虑规则信度一个方面:为了得到信度尽可能高的规则而进行大量的频繁项集的连接操作,反而降低了规则的分类能力。

我们基于 β 强关系提出了一种频繁项集剪枝策略,并对剪枝策略的有效性进行证明。该策略主要回答两个问题:①是否应该生成某一频繁项;②频繁项生成后,是否用来生成更为复杂的频繁项。新的剪枝策略不仅能满足产品推荐的精度要求,而且能够获得分类能力更强的规则。在分类能力和分类精度之间找到了一个合理的平衡点。

2. 基于 β 强的频繁项集剪枝定理

定理 5.1 若 $\mathrm{cov}(P)\subseteq_\beta \mathrm{cov}(B)$,则分类规则 $P\cup B\rightarrow d_i$ β 强于 $P\rightarrow d_i$ 一定不成立。

证明:为方便起见,我们记 $P\cup B$ 为 PB。因为 $\mathrm{cov}(P)\subseteq_\beta \mathrm{cov}(B)$,所以,$\mathrm{cov}(P)$可以分成两部分,一部分完全属于 $\mathrm{cov}(B)$,记为 $\mathrm{cov}(P_B)$,另一部分不属于 $\mathrm{cov}(B)$,记为 $\mathrm{cov}(P_{\neg B})$。$\mathrm{cov}(P_B)$和 $\mathrm{cov}(P_{\neg B})$满足如下等式:

$$\frac{|\mathrm{cov}(P_B)|}{|\mathrm{cov}(P)|}\geqslant 1-\beta,\frac{|\mathrm{cov}(P_{\neg B})|}{|\mathrm{cov}(P)|}=1-\frac{|\mathrm{cov}(P_B)|}{|\mathrm{cov}(P)|}<\beta$$

基于规则支持度、信度和盖集的定义,我们可以进行如下推导。式中,$\mathrm{PB}d_i$ 为规则 $\mathrm{PB}\rightarrow d_i$;$\mathrm{PB}\neg d_i$ 为规则 $PB\rightarrow\neg d_i$;$\neg d_i$ 为不同于 d_i 的所有类标签的集合;$\neg d_i=V_d-\{d_i\}$。

$$\mathrm{conf}(\mathrm{PB}d_i)=\frac{\sup(\mathrm{PB}d_i)}{\sup(\mathrm{PB}d_i)+\sup(\mathrm{PB}\neg d_i)}$$

$$=\frac{|\mathrm{cov}(P)\cap\mathrm{cov}(B)\cap\mathrm{cov}(d_i)|}{|\mathrm{cov}(P)\cap\mathrm{cov}(B)\cap\mathrm{cov}(d_i)|+|\mathrm{cov}(P)\cap\mathrm{cov}(B)\cap\mathrm{cov}(\neg d_i)|}$$

$$=\frac{|(\mathrm{cov}(P_B)\cup\mathrm{cov}(P_{\neg B}))\cap\mathrm{cov}(B)\cap\mathrm{cov}(d_i)|}{|(\mathrm{cov}(P_B)\cup\mathrm{cov}(P_{\neg B}))\cap\mathrm{cov}(B)\cap\mathrm{cov}(d_i)|+|(\mathrm{cov}(P_B)\cup\mathrm{cov}(P_{\neg B}))\cap\mathrm{cov}(B)\cap\mathrm{cov}(\neg d_i)|}$$

$$=\frac{|\mathrm{cov}(P_B)\cap\mathrm{cov}(d_i)|}{|\mathrm{cov}(P_B)\cap\mathrm{cov}(d_i)|+|\mathrm{cov}(P_B)\cap\mathrm{cov}(\neg d_i)|}$$

下面对 $\mathrm{conf}(\mathrm{PB}d_i)$的取值情况进行讨论:

(1) 当 $\mathrm{conf}(Pd_i)>1-\beta$ 时,假设 $\mathrm{cov}(P)$中以 $\neg d_i$ 为类别的对象为 $\mathrm{cov}(P_{\neg d})$,$\mathrm{cov}(P)$中以 d_i 为类别的对象为 $\mathrm{cov}(P_d)$,得

$$\frac{|\mathrm{cov}(P_d)|}{|\mathrm{cov}(P)|}=\mathrm{conf}(P_d),\frac{|\mathrm{cov}(P_{\neg d})|}{|\mathrm{cov}(P)|}=\mathrm{conf}(P_{\neg d})=1-\mathrm{conf}(P_d)$$

如果 $\mathrm{cov}(P_{\neg d})$ 中的对象都不在 $\mathrm{cov}(P_B)$ 中，即 $\mathrm{cov}(P_{\neg d})\cap\mathrm{cov}(P_B)=\Phi$，$\mathrm{conf}(\mathrm{PB}d_i)$取得最大值，$\mathrm{conf}(\mathrm{PB}d_i)=1$。此时，各集合的关系如图 5-4 所示。因此，得

$$\mathrm{conf}(\mathrm{PB}d_i)-\mathrm{conf}(P_d)\leqslant 1-\mathrm{conf}(P_d)<1-(1-\beta)=\beta,$$

$\mathrm{PB}\rightarrow d_i\beta$ 强于 $P\rightarrow d_i$ 不成立。

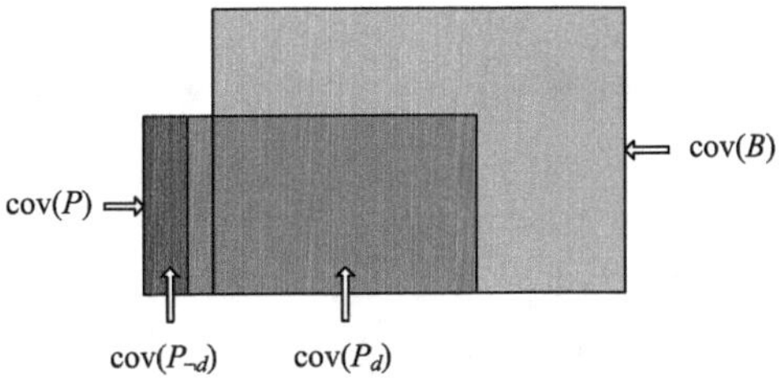

图 5-4　$\mathrm{cov}(P_{\neg d})\cap\mathrm{cov}(\mathrm{PB})=F$ 图示

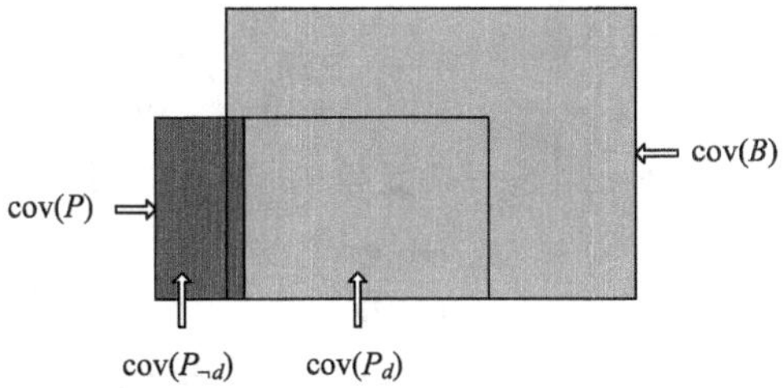

图 5-5　$\mathrm{cov}(P_{\neg B})\subseteq\mathrm{cov}(P_{\neg d})=F$ 图示

(2) 当 $\mathrm{conf}(Pd_i)\leqslant 1-\beta$ 时，如果 $\mathrm{cov}(P_{\neg B})\subseteq\mathrm{cov}(P_{\neg d})$，即 $\mathrm{cov}(P_{\neg B})$中的对象的类别包含于$_\neg d_i$ 时，$\mathrm{conf}(\mathrm{PB}d_i)$最大，最大值为

$$\mathrm{conf}(\mathrm{PB}d_i)=\frac{\mathrm{conf}(Pd_i)}{1-\beta}$$

因为

$$\mathrm{conf}(\mathrm{PB}d_i)-\mathrm{conf}(P_d)\leqslant\frac{\mathrm{conf}(Pd_i)}{1-\beta}-\mathrm{conf}(Pd_i)=\frac{\mathrm{conf}(Pd_i)}{1-\beta}\times\beta<\beta,$$

所以此时 $\mathrm{PB}\rightarrow d_i\beta$ 强于 $P\rightarrow d_i$ 不成立。此时，各集合的关系如图 5-5 所示。

定理 5.1 说明，如果模式 P 的盖集 β 包含于模式 B 的盖集，那么相对于模式 P 产生的分类规则，模式 PB 不会产生 β 强的分类规则，因此，没有必要生成这样的频繁项。该定理不仅避免了大量的冗余频繁项的生成，也避免了规则信度、支持度等信息的运算，提高了分类规则获取的效率。需要说明的是，虽然定理 5.1 不满足传递关系，即模式 PB 的超模式有可能产生 β 强的分类规则，但是实验表明，在 β 取值合理时，不生成 PB 这样的频繁模式，不会对分类规则获取的效果产生影响。

回答完是否需要生成某一频繁项后，定理 5.2 探索是否要对生成的频繁项实施进一步的连接操作，生成更为复杂的频繁项。

定理 5.2　设 conf_i 为规则 $P\rightarrow d_i$ 的信度，则存在实数 M，$0\leqslant M\leqslant 1$，当 $\mathrm{conf}_i>M$ 时，从频繁项集中删除 P，不会对后续 β 强规则的获取产生影响。

证明：设类别集合为 $d=\{d_1,\cdots,d_i,\cdots,d_n\}$，分类规则 $P\rightarrow d_i$ 支持度为 sup_i，最小支持度阈值为 ms，最小信度阈值为 mf。$P\cup B$ 为模式 P 的任一超模式，简记为 PB。

(1) 对于 $PB\rightarrow d_i$ 类分类规则，我们总可以找到实数 M，当 $M=1-\beta$ 时，规则 $PB\rightarrow d_i$ 总是非 β-强于 $P\rightarrow d_i$ 的。因此，删除 P 不会影响该类分类规则的生成。

(2) 对于 $P\rightarrow d_j$ 类分类规则，$d_i\neq d_j$，当 $\mathrm{conf}_i=1-\mathrm{mf}$ 时，有 $\mathrm{conf}_j\leqslant \mathrm{mf}$ 成立，所以取 $M=1-\mathrm{mf}$，不会影响 $P\rightarrow d_j$ 类分类规则的产生。

(3) 对于规则 $PB\rightarrow d_j$ 类分类规则，设其信度和支持度分别为 conf'_j 和 sup'_j，其父规则 $P\rightarrow d_j$ 的信度和支持度分别为 conf_j 和 sup_j，我们有

$$\frac{\mathrm{sup}_i}{\mathrm{sup}_j}=\frac{\mathrm{conf}_i}{\mathrm{conf}_j}\Rightarrow \mathrm{sup}_j=\frac{\mathrm{conf}_j}{\mathrm{conf}_i}\times \mathrm{sup}_i$$

要使 $P\rightarrow d_j$ 是一条无效的规则，必须有

$$\frac{\mathrm{conf}_j}{\mathrm{conf}_i}\times \mathrm{sup}_i\leqslant \mathrm{ms}\Rightarrow \mathrm{ms}\times \mathrm{conf}_i\geqslant \mathrm{sup}_i\times \mathrm{conf}_j$$

由于 $PB\rightarrow d_j$ 的支持度肯定不高于 $P\rightarrow d_j$ 的支持度，即 $\mathrm{sup}'_j\leqslant \mathrm{sup}_j$，此时，$PB\rightarrow d_j$ 也是一条无效规则。由于 $\mathrm{conf}_j\leqslant 1-\mathrm{conf}_i$，所以，当 $\mathrm{ms}\times \mathrm{conf}_i\geqslant \mathrm{sup}_i\times(1-\mathrm{conf}_i)$ 时，上式一定成立。此时，有下式成立，即

$$\mathrm{conf}_i\geqslant \frac{\mathrm{sup}_i}{\mathrm{ms}+\mathrm{sup}_i}$$

故当 $M=\dfrac{\mathrm{sup}_i}{\mathrm{ms}+\mathrm{sup}_i}$ 时，删除 P 不会影响 $PB\rightarrow d_j$ 类分类规则的产生。

由于 $M=\dfrac{\mathrm{sup}_i}{\mathrm{ms}+\mathrm{sup}_i}$ 是增函数，而 $\mathrm{sup}_i\in(0,1]$，所以，M 的最大值为 $M_{\mathrm{sup}=1}=\dfrac{1}{\mathrm{ms}+1}$。因此，当 $M=\max\{1-\beta,1-\mathrm{mf},\dfrac{1}{\mathrm{ms}+1}\}$ 时，删除频繁项 P 不会对后续 β 强规则的获取产生影响。

定理 5.2 说明，在容许的误差范围内，如果分类规则 $P\rightarrow d_i$ 的信度 conf_i 大于某一特定的阈值，在获得规则 $P\rightarrow d_i$ 后，我们将频繁项 P 从频繁项集中删除，不会影响 β 强规则的挖掘。对于 P 的任一超模式 PB，由于无法产生比 $P\rightarrow d_i\beta$ 强的分类规则，也无法产生 $PB\rightarrow d_j$ 类分类规则，所以，可以不对 PB 进行规则生成操作，而直接将 P 从频繁项集中删除。删除这些频繁项不仅减少了不必要的候选项的产生，提高了算法的效率，而且提高了分类规则的泛化程度，得到分类能力更强的规则。实验表明，定理 5.2 在频繁项集剪枝过程中起着主要的作用。

在分类规则获取过程中，规则支持度和信度通常被设为一个较小的常数，如 0.3 和 0.1 等。对多数据集的分析表明，规则的支持度通常小于 0.3。由于 $1-\mathrm{mf}$ 和 $1/(\mathrm{ms}+1)$ 通常小于 $1-\beta$，所以阈值 M 可以用 $1-\beta$ 近似计算。在个性化推荐过程中，可容许误差 β 通常根据实际推荐问题和推荐决策者的偏好确定。例如，将电子产品的推荐阈值设为 70%，而将服装产品的推荐阈值设为 60%。

3. 基于不可分辨关系的分类规则剪枝策略

经过数据预处理、频繁项集挖掘和分类规则生成等操作，我们可以得到一个包含许多冗余规则的个性化分类规则集，因此需要进行规则剪枝操作。

利用覆盖训练数据(database coverage)的方法删除冗余规则是关联分类中常用的规则剪枝方法，其基本思路是：首先将规则按照一定指标进行优劣排序；然后，从最优规则起扫描训练数据集，如果存在与规则匹配的实例，则在规则集合中保留该规则，而将其覆盖的实例从训练集中删除，直至训练集为空。

上述规则剪枝方法虽然可以得到简洁的分类规则集，降低产品分类的难度，但是删除了大量的有效规则，不利于个性化推荐系统的构建。为此，本章首先给出规则的不可分辨关系，然后根据不可分辨关系设计一种新的分类规则剪枝策略。

定义 5.9　不可分辨关系　设 r_i：$P_i \to d_i$ 和 r_j：$P_j \to d_j$ 是规则集合中的任意两条规则，且 $|\mathrm{conf}(r_i)-\mathrm{conf}(r_j)| \leqslant \gamma$，$\gamma \in [0,0.5)$，如果存在某个对象 x 使得 $P_i, P_j \subseteq T_x(A)$，则称规则 r_i 和 r_j 关于对象 x 是 γ-不可分辨的。

规则的不可分辨关系说明，对于对象(消费者)x，如果两条匹配分类规则 r_i 和 r_j 的信度差异在可容许误差范围内，那么可以认为规则 r_i 和 r_j 对 x 具有相似的分类作用。因此，在规则剪枝过程中，应该同时保留这样的分类规则。在实际操作过程中，容许误差 γ 一般取小于 0.1 的实数。为了有效保留具有不可分辨关系的分类规则，我们采取如图 5-6 所示的规则剪枝策略，即基于不可分辨关系的规则剪枝算法。

---

step1：对分类规则依次按照规则信度、支持度和规则前件包含的特征数进行排序[105]。

step2：删除无法提供更加准确信息的超规则。对于分类规则 $P \to d_i$，如果存在规则 $P' \to d_i$，使得 $P' \subset P$，且规则 $P' \to d_i$ 的排序高于 $P \to d_i$，则从规则集中删除规则 $P \to d_i$。

step3：根据不可分辨关系进行剪枝。设排序后的分类规则集为 $R=\{r_1,\cdots,r_i,\cdots,r_{|R|}\}$，最终的分类规则集合TR，训练集 U。具体的剪枝过程为：

对 R 中每一条规则 r_i，$i=1 \to |R|$，对 U 中的每个对象 u，如果规则 r_i 能够对 u 正确分类，则 $\mathrm{TR}=\mathrm{TR} \cup \{r_i\}$；如果 r_j 与 r_i 相对于 u 是不可分辨的($j=i+1 \to |R|$)，则 $\mathrm{TR}=\mathrm{TR} \cup \{r_j\}$。将对象 u 从 U 中删除。

图 5-6　基于不可分辨关系的规则剪枝算法

上述规则剪枝策略不仅保留了能够覆盖训练数据的分类规则，而且可以保留不可分辨的分类规则。这样，在个性化产品推荐过程中，可以综合考虑具有不同结论的分类规则的影响，改进产品推荐的效果。

4. 基于 β 强的分类规则获取算法

利用本章提出的频繁项集剪枝定理和规则剪枝方法，给出基于 β 强的分类规则获取(recommendation rule discovery based on β-strong relationship，β-RRD)方法如图 5-7 所示。

输入：训练数据集U，最小支持度阈值ms，最小信度阈值mf，容许误差β和最大信度M

输出：分类规则集R

算法β-RRD：

step1：利用粗糙划分的方法对各特征进行划分，得到满足最小支持度阈值的等价类集合S，$S=\{S_1,\cdots,S_i,\cdots,S_n,d\}$，其中$S_i$为条件特征$a_i$的划分结果，$d$为决策特征的划分结果；

step2：生成频繁1项集$T^1=\{T_1^1,\cdots,T_i^1,\cdots,T_{|T_1|}^1\}$，生成包含一个条件特征的蕴涵式，将满足最小信度阈值的加入规则集R，对$\forall T_i^1\in T^1$，如果存在$d_j\in V_d$，使得规则$T_i^1\rightarrow d_j$的信度大于M，则$T^1=T^1-\{T_i^1\}$，TD=TD$\cup\{T_i^1\}$；

step3：对所有的$k=2,\cdots,n-1$：

(a)根据定理5.2，由T^{k-1}生成频繁k项集T^k；

(b)对$\forall T_i^k\in T^k$，如果存在$td\in TD$，使得$td\subseteq T_i^k$，则$T^k=T^k-\{T_i^k\}$，TD=TD$\cup\{T_i^k\}$；

(c)根据T^k中的频繁项生成分类规则，将满足最小信度阈值的规则加入分类规则集R；

(d) 对$\forall T_i^k\in T^k$，如果存在$d_j\in V_d$，使得分类规则$T_i^k\rightarrow d_j$的信度大于M，则$T^k=T^k-\{T_i^k\}$，TD=TD$\cup\{T_i^k\}$；

step4：对分类规则集合进行剪枝。

图 5-7 基于β强的分类规则获取算法

5.2.4 实验验证

为了验证本章所提方法的有效性，我们利用 UCI 公用数据库对基于蚁群优化算法的特征选择方法和基于β强的分类规则获取方法进行测试。

1. 数据源描述

UCI 数据库是在数据挖掘领域得到广泛使用的公用数据集。本章实验的数据源包括 UCI 数据库中 hayes-roth（hayes）、balance-scale（balance）、German Credit Database（gcd）、Breast Cancer Wisconsin（breast）、Lymphography (lymph)、Haberman's Survival (haberman)等 13 个数据集，各数据集情况如表 5-3 所示。

表 5-3 UCI 数据源

数据源	hayes	balance	gcd	lenses	breast	iris	
特征数	5	4	20	4	10	4	
对象数	160	625	1000	24	699	150	
数据源	promoter	lymph	weather	yeast	crx	haberman	hepatitis
特征数	58	18	4	8	16	3	19
对象数	106	148	14	1 484	653	306	155

表 5-3 所列数据集具有如下两方面特点。①离散数据和连续数据并存。例如，hayes、balance 等数据集只包括离散属性；iris、yeast 等数据表的条件属性均为连续属性；而 Hepatitis 等数据表则同时包括连续属性和离散属性。②既有结构化数据，也有半结构化数据。例如，hayes、iris 等数据表具有完整的数据结构，而数据表 breast 和 hepatitis 中则存在着大量的缺失数据，使得这些数据表呈现半结构化特点。复杂的数据结构虽然提高了数据分析的难度，但是却能更好地模拟产品推

荐需要处理数据的特点。在产品推荐过程中，既需要分析价格、成本、保留价格等连续数据，也需要分析消费者需求(需要产品的特征)、定制(是否定制某个产品)、评价(对产品满意、一般、不满意等)等离散数据;消费者需求的不确定性和可变性，消费者往往难以提供完整而详细的需求和评价数据，这使得产品推荐通常需要分析大量半结构化数据。因此，用表 5-3 所示数据对所提方法的有效性进行验证可以得到合理的评价结果。

2. 特征选择实验

为了对基于蚁群优化算法的特征选择方法进行验证，本章以 UCI 数据库中的 3 个复杂数据集 (breast, lymph 和 hepatitis) 为实验对象进行测试，并与数据分析工具 WEKA 中 GeneticSearch 和 Bestfirst 两种特征选择算法进行比较，比较结果如表 5-4 所示。如表 5-4 中所示，数字为约简所含特征在原数据表中的序号。

表 5-4　特征选择结果

数据集	GeneticSearch	Bestfirst	我们的方法
breast	{1,2,3,4,5,6,7,8,9}	{1,2,3,4,5,6,7,8,9}	{1,3,6,8}; {1,3,5,6}; {1,5,6,8}
lymph	{1,2,7,8,9,11,13,15,18}	{1,2,7,8,9,10,11,13,15,18}	{2,13,14,15,16,18}
hepatitis	{1,2,5,11,12,13,14,17,18,19}	{1,2,6,11,12,13,14,17,18,19}	{1,13,15,17,18,19};{1,13,15,16,18,19}{1,13,15,16,17,19};{1,4,13,17,18,19}{1,5,13,15,17, 19};{5,13,15,16,18,19}{1,11,15,16,18,19}

由表 5-4 可以看出，我们所提的方法可以从大数据量的数据集中选择简洁的关键特征。对于表 lymph，所提方法可以从 18 个条件属性中得到仅包含 6 个关键特征的约简。该结果既保证了约简对应数据集的推荐能力，又可以提供最简洁的数据，为提高推荐算法的效率奠定基础。当数据集的最小约简不唯一时，我们的方法能够准确地找到多个约简结果。对于 breast 和 hepatitis 数据集，特征选择方法分别可以找到 3 个和 7 个包含不同特征的最小约简。多个约简结果为企业进行有效的个性化推荐提供了柔性:企业可以根据具体问题和各种类型消费者的兴趣偏好，利用不同的特征集合设计产品推荐策略。

图 5-8 是对 hepatitis 数据集进行特征选择的进化曲线，其中特征个数曲线描述的是:在不同的进化代数，所提方法搜索到的约简所包含的特征数目。约简个数曲线描述的是:在进化的不同阶段所提方法找到的约简个数。由图 5-8 可以发现，在算法进化的第 2 代到第 5 代期间，找到包含 7 个特征的约简，虽然并不是数据集

hepatitis 的最小约简,但随着进化的进行,算法找到的约简个数在不断增加。直到进化到第 6 代,算法找到更优的解,即数据集 hepatitis 的一个最小约简,最优解集被替换成最小约简,数目为 1。随着算法继续进行,虽然最小约简中包含的特征数目没有发生变化,但是最小约简的数目在增加,即所提方法找到了多个最小约简。这说明,随着算法寻优的不断进行,约简结果逐步进化为最小约简。而在进化的不同阶段,最优解集中约简的数量逐渐增加,可以获得推荐数据集的多个关键特征集合。

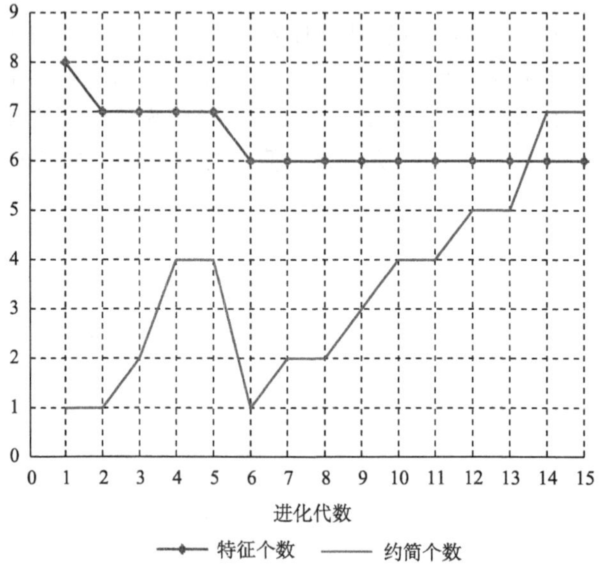

图 5-8 算法收敛与全局寻优曲线

3. 分类规则获取实验

下面利用表 5-3 所示数据从分类规则获取效率、分类能力以及分类准确性等方面对基于 β 强的分类规则获取方法进行验证。实验采用 10-fold 方法进行交叉验证:首先将每一数据集等分为 10 份,然后取每一份作为测试集,其余九份作为训练集,将十次实验的平均值作为最终结果,并与 ID3、C4.5、CBA 和 MCAR 四种经典方法进行比较。C4.5 和 ID3 算法采用 WEKA 数据分析工具进行计算,CBA 算法则采用 CBA 软件进行计算,而 MCAR 方法我们根据文献[119]利用 MATLAB7.0 对算法进行程序实现。实验中,最小支持度和信度阈值分别设置为 0.1 和 0.3,最大信度阈值设为 $M = 1-\beta$。

(1) 频繁项集剪枝和运行效率实验。定理 5.1、定理 5.2 的主要作用是对频繁项集进行有效剪枝,以减少频繁项集的规模,提高算法运行的效率。我们将 β-RRD 算法的剪枝效果以及算法效率与 MCAR 方法进行比较。剪枝效果(β-RRD/MCAR)对比如图 5-9 所示。图 5-9 中 β-RRD 算法的频繁项规模是在预测准确率达到最优时的最少数量。例如，lymph 数据库在 $\beta\in[0.1,0.15]$时预测精度达到最优，则图 5-9 中对比的是 β-RRD 取 $\beta=0.15$ 时获得的的频繁项数量进行比较。由图 5-9 可以看出，剪枝定理对频繁项集规模的简化具有显著作用。13 个数据集的频繁项集规模平均只有 MCAR 方法的 33.9%。对于 balance 数据集，由于其数据的严格一致性，所有频繁项只包含一个特征，所以 β-RRD 和 MCAR 方法获得的频繁项集规模相当。而对于 breast 和 weather 数据集，β-RRD 的频繁项只有 MCAR 的 13.18%和 11.33%。对于 Hepatic 数据集，为了获得高精度的规则，MCAR 方法进行了大量无效的频繁项连接。实验表明，在生成的频繁项集中，少量简洁的频繁项足以生成满足产品推荐需要的规则，在这些频繁项基础上生成的复杂项集都是无效的，β-RRD 算法通过设定 β 强关系避免了这些无效的连接操作。对于大型数据集，随着特征个数的增加，取值的复杂，β-RRD 方法的剪枝效果会更加有效。

β-RRD 与 MCAR 算法的运行效率比较结果如表 5-5 所示。由表 5-5 可以看出，与 MCAR 相比，β-RRD 算法具有较高的运行效率。13 个数据集的平均运行时间只有 MCAR 算法的 41.5%。与频繁项集剪枝实验相对应，β-RRD 算法的运行时间与剪枝效果基本一致。在能够进行大量剪枝的数据集，如 hayes、lymph、weather 等数据集中，β-RRD 算法的运行时间只有 MCAR 算法的 20%左右，而对于 balance 等数据库，由于其数据的内在一致性，β-RRD 算法的剪枝效果并不明显，算法的运行效率也与 MCAR 算法相当。

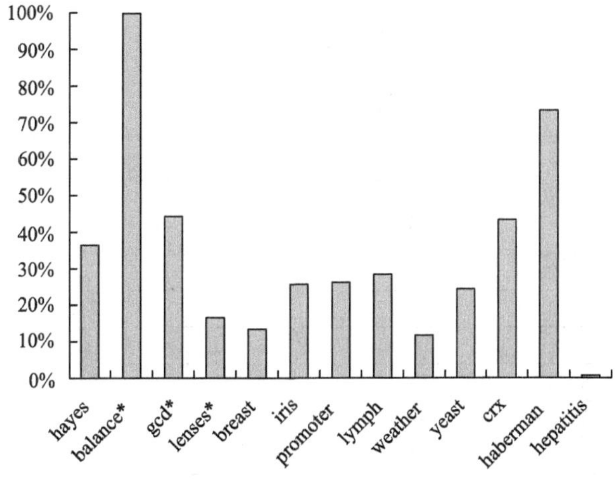

图 5-9　频繁项集剪枝实验

表 5-5 算法效率比较实验 单位：%

数据源	MCAR(s)	β-RRD(s)	β-RRD/MCAR
hayes	3.5	0.589	0.168
balance	1.38	1.28	0.928
gcd	13.2	8.03	0.608
lenses	0.595	0.144	0.242
breast	2.34	0.967	0.413
iris	0.794	0.255	0.321
promoter	0.814	0.297	0.365
lymph	8.08	1.79	0.222
weather	0.659	0.17	0.258
yeast	9.17	4.31	0.47
crx	9.5	5.17	0.544
haberman	0.853	0.72	0.844
hepatitis	18.7	0.167	0.009

在频繁项集剪枝过程中定理 5.2 起主要的作用，最大信度 M 的取值对频繁项集的规模有着重要的影响，M 取值越小，频繁项集的规模越小，此时 β-RRD 算法的运行效率也越高。定理 5.2 不仅可以大量减少频繁项集的数量，提高算法的运行效率，而且有助于挖掘更加简洁的规则，提高规则的决策能力。

(2) 推荐能力实验。表 5-6 和表 5-7 是 β-RRD 算法与其他方法的推荐准确率、覆盖率以及规则简洁性的比较结果。β-RRD 算法采用最先完全匹配原则进行决策：对任一待推荐的对象 x，根据最终得到的规则集自上而下进行匹配，当某一规则前件 P 满足 $P \subseteq T_x(A)$ 时，便利用该规则对 x 进行推荐。

表 5-6 决策准确率比较 单位：%

数据源	ID3	C4.5	CBA	MCAR	β-RRD
hayes	62.12	72.73	80.81	80.0	83.57
balance*	38.24	76.64	66.92	67.14	67.14
gcd*	63.23	70.9	69.49	72.1	70.05
lenses	70.83	83.33	85	74.66	78.33
breast	92.09	93.41	85.91	93.64	95.95
Iris	80.67	81.33	96.67	96.67	96.67
promoter	85.85	84.91	87.9	87.8	90.23
lymph	79.4	77.10	85.16	83.33	85.28
weather	50	50	85	70.88	90
yeast	16.50	25.07	51.15	49.39	51.14
crx	56.36	75.19	77.17	77.94	79.0
haberman	52.29	73.53	73.86	73.84	74.51
hepatitis	90	87.5	95	93.75	96.25

由表 5-6 可以看出，在多数情况下，β-RRD 方法的分类准确性要优于 ID3、C4.5、CBA 和 MCAR 等方法。β-RRD 与四种方法的 win-loss-tied 比较结果分别为：13-0-0、9-3-0、9-2-1 和 9-1-2。这说明，β-RRD 的剪枝策略虽然删除了大量的频繁项集，但是没有对分类规则的质量产生负面影响，β-RRD 所删除的绝大部分是无效的频繁项。对于 balance 和 gcd 等数据库，由于数据集中属于某些类别的对象数量较少，如 balance 数据集中属于“be balanced”类别、glass 数据集中属于“tableware”、“containers”等类别的对象数只有对象总数的 5%左右。在 β-RRD 算法中，针对这些类别的规则往往由于信度、支持度等不够而被删除，影响了分类的准确性。在个性化推荐过程中，由于消费者兴趣偏好的多样性，小概率类别的情况经常存在。如何对包含小概率类别的数据集进行规则获取是 β-RRD 算法改进的方向。

覆盖率和规则的简洁性是规则分类能力的重要指标，理想的分类规则库应该包含尽量简洁的分类规则并且能够根据不同的消费者需求进行推荐，即具有理想的推荐覆盖能力。由表 5-7 可以看出，β-RRD 算法具有较强的覆盖能力，其分类能力要优于 MCAR 和 ID3 算法。而在规则简洁性方面，β-RRD 也明显优于 MCAR 方法。这些都体现了 β 强关系以及不可分辨关系对提高规则分类能力的作用。

表 5-7　规则简洁性和覆盖率比较

数据源	覆盖率比较/%			规则简洁性比较	
	ID3	MCAR	β-RRD	MCAR	β-RRD
hayes	88.64	100	100	2.38	2.21
balance	45.28	99.84	99.84	1	1
gcd	88.38	99.7	100	2.01	1.74
lenses	100	83.33	96.67	2.56	2.15
breast	92.29	99.13	100	1.46	1
iris	98.67	99.33	100	1.7	1.34
promoter	90.57	99.09	99.09	1.8	1.37
lymph	97.67	96.17	100	2.39	2.2
weather	99.63	93.33	100	1.79	1.49
yeast	85.81	100	99.8	1.5	1.15
crx	77.34	100	100	1.89	1.58
haberman	66	100	100	1.16	1.12
hepatitis	97.5	97.5	98.75	2.07	1

(3) 最大信度和容许误差的影响。容许误差 β 和不可分辨系数 γ 对 β-RRD 算法的效果有着重要的影响。我们利用 Promoter 数据库对参数 β 和 γ 在频繁项集规模、分类规则数量以及分类准确性等方面的影响进行实验。实验结果如图 5-10和图 5-11 所示。

由图 5-10 可以看出，与传统方法相比（$\gamma = 0$），β-RRD 的规则剪枝算法可以保留很多不可分辨的规则，为推荐决策者或者决策系统提供不同角度的信息，提高推荐的效果。

图 5-11 中的准确率曲线说明，最大信度 M 值并非越大越好，而是应该取某一适中的值。图 5-11 中，当 $\beta \in [0.18, 0.23]$，即 $M \in [0.77, 0.82]$时，分类精度达到最高。当 M 从 0.82 到 1.0 逐渐增大（β 从 0.18 到 0 逐渐减少）时，分类精度逐渐降低。这说明，更高精度的规则弱化了个性化推荐系统的推荐能力。传统方法中，β 通常设置为 0，即不删除任何超过最小支持度阈值的频繁项。这正是优于传统方法的主要原因。

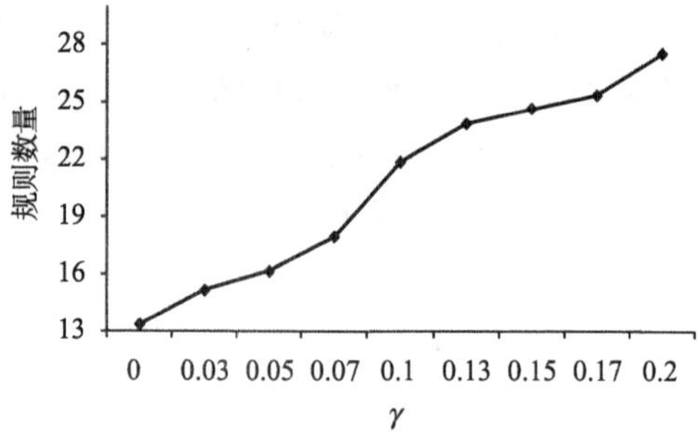

图 5-10　不可分辨系数 γ 实验（β= 0.2）

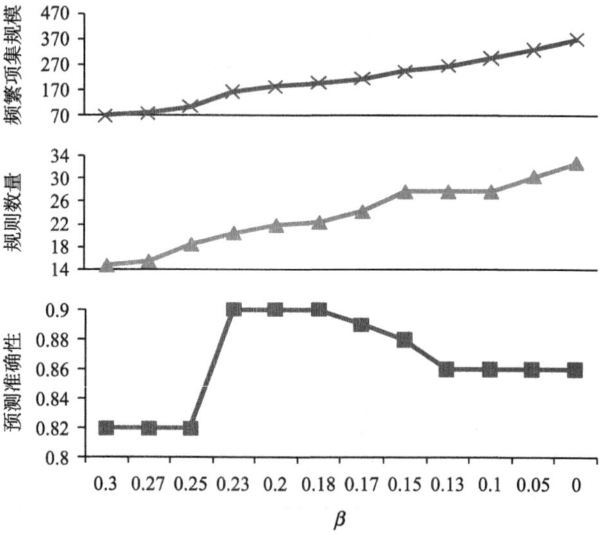

图 5-11　容许误差 β 影响实验（γ= 0.1）

5.3　基于证据理论的个性化产品推荐策略

面向营销数据库的基于关联分类的分类规则挖掘是个性化推荐的基础。合理、有效的分类规则库构建以后，如何设计有效的推荐算法，根据规则库对消费者进行推荐是个性化推荐的关键。

在根据分类规则库进行推荐的过程中，为了取得准确的推荐效果，以下几方面问题必须得到很好的解决：第一，如何充分利用规则库中的规则。准确可靠的推荐应该综合考虑规则库中的规则所提供的推荐信息，规则的综合利用，是充分利用规则挖掘所获得的信息，提高推荐准确性的关键。第二，在推荐过程中如何处理规则库中的冲突情况。由于消费者兴趣的多样性和不确定性，营销数据库中存在冲突记录是不可避免的，这也导致了从营销数据库挖掘到的分类规则必然存在冲突，即根据某些特征可能得出应该向消费者推荐某些产品，而根据另一些特征又得出应该推荐其他的产品。在这种情况下，推荐系统应该如何处理？本节将首先详细介绍传统的基于规则的决策方法，然后提出一种基于证据理论的推荐规则综合利用方法，以实现规则的综合利用和冲突的有效处理等问题。

5.3.1　基于已有分类策略的个性化推荐

通过基于 β 强的关联分类方法挖掘出消费者的购买模式（分类规则库）后，如何利用规则预测潜在消费者的需求和偏好是个性化推荐成功的关键。根据规则进行个性化推荐，主要可以采取两种策略：根据最优规则进行推荐；根据规则子集进行推荐。

1. 基于最优规则的个性化推荐

根据最优规则进行推荐，是指对与目标消费者匹配的规则根据某种评价指标（支持度、信度等）进行优劣排序，然后根据最优规则（排序最高的规则）对目标消费者进行推荐。例如，假设规则库中有 r_1 和 r_2 两条规则与目标消费者相匹配，规则 r_1 的结论是向消费者推荐诺基亚 E63 手机，而规则 r_2 的结论是推荐诺基亚 E75。如果规则 r_2 的信度大于规则 r_1 的信度，那么在支持度—信度框架下，规则 r_2 是最优规则，推荐系统根据 r_2 的结论向消费者推荐诺基亚 E75 手机。我们称这种方法为规则的选择策略，即选择最优规则进行推荐。选择策略是应用最广泛的基于规则的决策方法。

最优规则法是目前最为常用的基于规则的分类方法。然而，实际推荐过程中与目标消费者匹配的推荐规则往往有多条，这些规则从不同角度反映了消费者的兴趣和偏好。因此，合理的推荐方法应该综合考虑这些规则的作用。根据最优规则进行推荐，虽然可以降低推荐决策的操作难度，提高推荐的效率，但是忽略了其他规则的作用，使得规则挖掘过程中发现的知识无法得到有效利用。此外，如何选择指标对规则优劣进行评价也是最优规则方法必须解决的一大难题。

2. 基于规则子集的个性化推荐

根据规则子集进行推荐，就是利用与目标消费者匹配的所有规则进行推荐。

基于规则子集的决策方法将与实例匹配的规则按照规则结论进行分类，具有相同结论的规则分为一类，并以不同的方法计算这些类别的决策强度，选择强度最大的结论作为实例的分类结果。

利用规则子集进行个性化推荐可以充分考虑多条推荐规则的综合作用，一定程度上避免最优规则推荐方法中信息无法有效利用、最优规则难以确定等难题。然而上述方法的实质仍然是根据推荐规则的信度、支持度等频率信息进行决策。这些频率信息虽然反映了规则受原始数据的支持程度，但并不能完全揭示推荐结果对推荐依据(条件特征)的依赖本质。此外，上述方法无法适应个性化产品推荐环境的差异，无法根据不同的推荐问题或不同的推荐决策者设计相应的指导策略。因此，基于上述方法的个性化推荐效果有待进一步改进。

为了解决产品推荐过程中冲突信息的利用以及多源信息的融合等难题，我们利用证据理论设计了一种基于多规则的推荐策略[126、127]，该方法将与目标消费者匹配的规则看做独立的"专家"，计算规则给出的可信度分配及其重要度，进而利用证据理论对不同规则的推荐结果进行合成，得出综合的推荐结果。实验表明，综合推荐方法能够对不同规则的推荐结果进行有效的融合，尤其在推荐规则存在冲突的情况下，该方法具有良好的推荐效果。

5.3.2 规则、专家、信度及证据

将推荐规则转换为证据的目的一方面是为了保留有益的冲突信息，另一方面是为了在后续推荐过程中，对信息进行综合利用。为此，在证据转换过程中，需要解决两个问题。第一，如何对证据进行描述，即如何表示识别框架及基本可信度分配；第二，在个性化产品推荐过程中，每条证据是否同等重要，如果不是，如何计算不同证据的权重。

设与目标消费者 o 匹配的推荐规则集合为 R，即

$$R=\{P_1\rightarrow d_1,\cdots,P_i\rightarrow d_i,\cdots,P_n\rightarrow d_n\}$$

则 $D=\{d_1,d_2,\cdots,d_n\}$ 构成目标消费者 o 的识别框架。如果 R 中至少存在两条规则 $P_i\rightarrow d_i,P_j\rightarrow d_j(i\neq j)$，使得 $d_i\neq d_j$，则称与消费者 o 匹配的规则集合存在冲突。对规则集合 R 的任一子集 R_i 有

$$R_i=\{P_{i_1}\rightarrow d_{i_1},\cdots,P_{i_j}\rightarrow d_{i_j},\cdots,P_{i_m}\rightarrow d_{i_m}\}$$

式中，$1\leqslant i_1,\cdots,i_j,\cdots i_m\leqslant n$。如果 R_i 满足以下条件：

(1) $P_{i_1}=\cdots=P_{i_j}=\cdots=P_{i_m}$；

(2) 对于任意的 $P_j\rightarrow d_j\in R-R_i,P_j\neq P_i$；

(3) $d_{i_1}\neq\cdots\neq d_{i_j}\neq\cdots\neq d_{i_m}$，

即子集 R_i 中的所有规则具有相同的前件，而规则后件各不相同。我们便将 R_i 视

为一名“专家”。

设 R_i 中所有规则对应的信度集合为 $\mathrm{conf}_i=\{\mathrm{conf}_{i_1},\cdots,\mathrm{conf}_{i_j},\cdots,\mathrm{conf}_{i_m}\}$，规则的信度反映的是数据库中满足规则前件的实例能够得出规则后件的比例，从决策的角度，我们可以将其理解为决策者根据其掌握的知识（规则前件）得出相应结论（规则后件）的信任程度。因此，我们将 conf_i 看做 R_i 根据知识经验 P_{i_j}（为方便起见，我们将 $P_{i_1},\cdots,P_{i_j},\cdots,P_{i_m}$ 记为 P_{i_j}）对识别框架 D 的可信度分配，称为一条“证据”。

这样，我们可以得到一个专家集合 $\{R_1,\cdots,R_i,\cdots,R_j,\cdots,R_t\}$ 及其对应的可信度分配，$1\leqslant t\leqslant n$，满足以下条件。

(1) $\bigcup\limits_{i=1}^{t}R_i=R$；

(2) 对于任意的 R_i 和 $R_j(i\neq j)$，都有 $R_i\cap R_j=\phi$。

专家集合说明，我们不仅可以充分利用所有有效的规则，而且可以将 n 条匹配规则转换成 t 条独立的证据，从而可以对 t 条证据（conf_i，$1\leqslant i\leqslant t$）进行有效合成。

因此，从证据推理的视角，我们可以将表征消费者购买模式的分类规则（个性化推荐的依据）转换成如下形式的证据：

针对目标消费者 o，其特征属性集为 P，识别框架为 $D=\{d_1,\cdots,d_j,\cdots,d_n\}$，$d_j$ 为目标消费者的潜在购买产品，第 i 个($i=1,2,\cdots,t$)专家根据 P 的某个子集 R_i 判断：o 购买 d_j 产品的可能性为 conf_{ij}。

5.3.3　基于证据理论的个性化推荐方案获取

1. “专家”的权重

在证据推理中，来自不同专家的证据其价值可能存在差异，这种差异一般使用专家权重加以体现。专家权重与专家的知识、经验以及对问题的熟悉程度密切相关。如果一个专家是相关决策领域的专家，并且对决策问题非常熟悉，那么该专家所作出的决策就应该更加可靠，在决策过程中应该具有更大的权重。对于数据源 $I=\langle U,A\cup D\rangle$ 中的任一非空的条件属性子集 $\mathrm{SA}\subseteq A$，其重要度为

$$\sigma(\mathrm{SA},D)=\frac{\gamma_A(D)-\gamma_{A-\mathrm{SA}}(D)}{\gamma_A(D)}=1-\frac{\gamma_{A-\mathrm{SA}}(D)}{\gamma_A(D)}$$

式中，$\gamma_A(D)$为属性集合 A 相对于类别属性 D 的分类精度。$\sigma(SA,D)$描述的是删除属性子集 SA 对条件属性分类能力的影响，影响越大则说明属性子集越重要。

代表不同专家的规则的前件由不同的条件属性组成，因此不同“专家”的推荐能力必然存在差异，在个性化推荐过程中的权重也应该不同。设“专家”R_i 的规则前件 P_{i_j} 由条件属性子集 SA_i 组成，则从属性重要性的角度可以得出专家 R_i 的权重为

$$\text{impa}_i = \sigma(SA_i, D) = \frac{\gamma_A(D) - \gamma_{A-SA_i}(D)}{\gamma_A(D)} = 1 - \frac{\gamma_{A-SA_i}(D)}{\gamma_A(D)}$$

属性重要性反映的是“专家”(规则前件)的重要程度，根据重要指标作出的推荐，其价值及可信度自然要高。属性重要性可以看做“专家”权重的纵向度量。此外，为了合理的度量“专家”权重，还应该考虑“专家”的横向指标，即“专家”意见所受到的支持程度。如果一个“专家”受到原始数据的普遍支持，那么该“专家”的推荐结果应该更加可靠。支持度是满足规则的实例在原始数据中的比例，反映的是规则受原始数据的支持程度。因此，我们通过规则的支持度来度量“专家”所受到的支持程度。设“专家”R_i 中的规则对应的支持度为

$$\text{sup}_i = \{\text{sup}_{i_1}, \cdots, \text{sup}_{i_j}, \cdots, \text{sup}_{i_m}\}$$

从规则支持度的角度，专家 R_i 的权重为

$$\text{imps}_i = \max \text{sup}_i = \max\{\text{sup}_{i_1}, \cdots, \text{sup}_{i_j}, \cdots, \text{sup}_{i_m}\}$$

由上述分析可知，某一“专家”是重要的，即根据该专家进行的推荐具有较高的可信度，必须满足两个条件：第一，专家意见(证据)根据重要指标得出；第二，专家意见受到原始数据的普遍支持。因此，我们定义专家 R_i 的权重为

$$\omega_i = \frac{\alpha \times \text{impa}_i + \beta \times \text{imps}_i}{\sum_{j=1}^{t}(\alpha \times \text{impa}_j + \beta \times \text{imps}_j)}$$

式中，α 和 β 为常数，反映的是属性重要性和规则支持度在度量专家权重时的相对重要性。

2. 基于证据理论的推荐方案合成

通过数据挖掘、证据转换等过程后，形成了如下的推荐方案证据表示形式，即

$$E_i: \langle \text{o}, R_i, w_i \rangle \rightarrow \langle \{d_1, \text{conf}_{i1}\}, \cdots, \{d_j, \text{conf}_{ij}\}, \cdots, \{d_n, \text{conf}_{in}\} \rangle$$

式中，o 为目标消费者；R_i 为专家；w_i 为 R_i 的权重($i=1,2,\cdots,t$)；d_j 为被推荐的目标产品；conf_{ij} 为专家 R_i 认为 o 购买 d_j 的基本可信度。现在的问题是，t 个专家给出了不同的推荐结论，那么究竟应该向 o 推荐什么商品呢？我们将运用证据理论的合成公式对各证据给出的推荐结果进行合成，形成最终的推荐方案。

在传统的证据理论框架中，D-S 合成法则是最经典和常用的合成方法，具有交换性和结合性等特性[129]。但是，Dempster 合成法则也存在明显的局限性：①它要求被合成的证据是独立的证据，这往往不符合客观实际，当两个证据具有相关性时，应用 Dempster 合成法则进行证据合成，将会导致结果的超估计；②Dempster 合成法则对各信息源提供的证据是平等对待的，在合成时各信息源提供证据的重要性与可靠性无优劣之分，这不符合客观实际，特别当出现证据高度冲突时，其合成结果会出现逆序或有悖常理的现象[128]。这些局限性严重影响了该合成法则在

实际问题中的应用。

将规则视为推荐证据可能存在严重的冲突。例如，假设与目标消费者 o 匹配的推荐专家集合为$\{R_1, R_2\}$，其中$\langle o, R_1, w_1\rangle \rightarrow \langle\{d_1, 0.00\}, \{d_2, 1.00\}\rangle$，$\langle o, R_2, w_2\rangle \rightarrow \langle\{d_1, 0.98\}, \{d_2, 0.02\}\rangle$，在这种情况下，$R_1$ 和 R_2 分别以很高的可信度支持 o 的结论是 d_2 和 d_1，冲突的程度非常显著。此时，如果用 D-S 合成法则对这两个可信度分配进行合成，会得到如下结果，即

$$m_{c1} = \frac{0 \times 0.98}{1-(0 \times 0.02 + 1 \times 0.98)} = 0, m_{c2} = \frac{1 \times 0.02}{1-(0 \times 0.02 + 1 \times 0.98)} = 1$$

也就是说，综合两个专家的意见，向 o 推荐 d_1 可能性为 0，推荐 d_2 的可能性为 1。这样的结果是与直觉完全相悖的。因为专家 R_2 认为应该向消费者 o 推荐 d_1 的可能性达到了 0.98。为此，本书采用 Yang 等所提的方法对规则进行合成[130]。

Yang 等提出的证据合成公式，不仅可以处理证据冲突的情况，而且能够对证据缺失进行有效的处理。在证据获取过程中，为了减少冗余规则，可能根据某些原则，如支持度或信度阈值，删除冗余规则，这可能导致所得到的可信度分配存在缺失。该方法的主要思想是将可信度分配中不可知的部分分成由于权重分配导致的不可知和信息缺乏导致的不可知两部分。通过对这两部分分别处理，从而达到对可信度缺失和冲突证据的有效处理。

对目标消费者 o，设推荐专家集合为 $\mathrm{RS}=\{R_1, \cdots, R_i, \cdots, R_t\}$，识别框架为 $D=\{d_1, d_2, \cdots, d_n\}$，对应的证据和权重分别为 $E=\{D \times \mathrm{conf}_1, D \times \mathrm{conf}_2, \cdots, D \times \mathrm{conf}_t\}$和 $W=\{\omega_1, \omega_2, \cdots, \omega_t\}$，将实例 o 与专家相匹配，可能出现如下四种情形。

(1) 没有专家与 o 相匹配；

(2) 只有一个专家与 o 相匹配；

(3) 有多个专家与 o 相匹配，而且这些专家的意见相统一；

(4) 有多个专家与 o 相匹配，但是专家意见不一致。

对于情形(1)，可以用多种方法求 o 的相似专家，进而根据相似专家的意见对 o 进行推荐。为简单期间，在没有专家与 o 相匹配时，为 o 指定一个最显著类别，即向 o 推荐最普遍受欢迎的产品。在情形(2)中，将最大信度对应的类别作为 o 的分类结果。情形(3)中，虽然有多个专家与 o 相匹配，但是专家意见一致，也就是说，每个专家给出的最大信度对应的类别是相同的。此时，我们也将最大信度对应的类别作为 o 的分类结果。

对于情形(4)，当多个专家意见相矛盾时，采用 Yang 等所提的方法对规则进行合成，具体过程如下：①对 $\omega_1 \times \mathrm{conf}_1$ 和 $\omega_2 \times \mathrm{conf}_2$ 进行合成，设得到的合成结果为 conf'_2；②依此将 conf'_2 与 $\omega_3 \times \mathrm{conf}_3$、……、$\mathrm{conf}'_i$ 与 $w_i \times \mathrm{conf}_{i+1}$进行证据的两两合成，直到 conf'_{t-1}与 $\omega_t \times \mathrm{conf}_t$ 合成得到 t 个证据的合成结果 conf'_t。

根据 conf'_t，我们便可以得到所有“专家”的综合意见，作为我们最终推荐的依

据。如果个性化推荐的目标是向消费者推荐 N 种产品，我们可以选取信度最大的 N 种产品作为推荐结果。如果预先规定一个信度阈值，即认为信度大于某一阈值的产品目标消费者均可能感兴趣，那么可以把这些产品都推荐给目标消费者。

3. 算例

表 5-8 为某网站销售记录，ID 代表消费者，经数据挖掘后获得消费者的购买模式，如表 5-9 所示。按照本书 5.3.2 中描述的方法，将其转换成专家和证据，如表 5-10 所示、表 5-9、表 5-10 均可以作为个性化推荐的依据。

表 5-8 消费者购买数据库

ID	*A*1	*A*2	*A*3	*B*
*C*1	Movie1	CD1	Book1	Music1
*C*2	Movie1	CD2	Book2	Music2
*C*3	Movie2	CD1	Book3	Music2
*C*4	Movie1	CD3	Book3	Music3
*C*5	Movie2	CD1	Book3	Music3
*C*6	Movie3	CD2	Book3	Music1
*C*7	Movie2	CD3	Book3	Music3
…	…	…	…	…

表 5-9 关联分类挖掘结果（购买模式/分类规则）

RuleID	*A*1	*A*2	*A*3	*B*	Sup.	Conf.
*R*1	Movie1	CD1	*	Music1	16%	57%
*R*2	Movie1	CD1	*	Music2	14%	40%
*R*4	*	CD1	Book3	Music2	20%	55%
*R*5	*	CD1	Book3	Music3	12%	45%
*R*6	Movie2	*	*	Music1	20%	80%
…	…	…	…	…	…	…

表 5-10 由表 5-9 转换获得的专家及证据

Exp. ID	*A*1	*A*2	*A*3	*B*
*E*1	Movie1	CD1	*	{(Music1, 0.57), (Music2, 0.4), (θ, 0.03)}
*E*2	*	CD1	Book3	{(Music2, 0.55), (Music3, 0.45)}
*E*3	Movie2	*	*	{(Music1, 0.80), (θ, 0.20)}

设某一目标消费者 NewC，其购买历史记录为{Movie1, CD1, Book3}，那么为他推荐什么 Music？按照一般的协同过滤推荐策略，根据表 5-9 的 *R*1 可知，应该

推荐 Music1，而其他规则（$R2$，$R4$，$R5$）的信度均因低于 $R1$ 而无效。但若采用基于证据理论的个性化推荐策略，我们可以将表 5-9 转换成表 5-10，并应用 Yang 等所提的方法对推荐结果进行合成[130]。具体过程如下：

（1）确定参与合成的推荐策略。根据 NewC 的特征，$E1$ 和 $E2$ 的前件是 NewC 特征的子集，故 $E1$、$E2$ 均与 NewC 匹配；但 E3 与 NewC 不匹配；参与合成的证据（专家）为 $E1$ 和 $E2$；

（2）计算专家权重。从规则支持度分析，$E1$ 的权重为 0.16，$E2$ 的权重为 0.20；设从属性重要性角度得到 $E1$、$E2$ 专家的权重分别为 0.42 和 0.67。且不失一般性，取 $\alpha=\beta=1$。则专家的综合权重为 Weight($E1$)＝0.4，Weight($E2$)＝0.6。

（3）借助文献[130]的证据合成方法，得到如下推荐策略：（Music1，0.16），（Music2，0.55），（Music3，0.28），（θ，0.01）。

结论：应该向消费者 NewC 推荐 Music2。

5.4　基于在线评论的推荐方案优化

5.4.1　推荐方案优化问题描述

与传统方法相似，前述方法以构建消费者兴趣偏好模型、引导消费者购买企业产品为目标。然而，吸引消费者购买产品是否为产品推荐任务的终点？我们首先分析如下案例。

某消费者需要一台笔记本电脑进行日常文档的处理工作。经过在多家电子商务网站搜集信息、比较价格等决策过程，确定了两种候选型号：Dell Inspiron 1525 和 Acer Aspire 5735。为了作出最后的决策，该消费者求助于推荐系统，并根据推荐系统的建议购买了 Dell Inspiron 1525 笔记本电脑。这种情况下，传统的营销策略便认为进行了一次有效的推荐：消费者购买了推荐的产品。然而，使用一周以后，该消费者写下了这样的评论：“……很好的产品，但不是我真正想要的。”显然，消费者对此次购买决策并不满意。

该案例说明，消费者可能根据推荐系统的建议进行购买决策。但是，由于网络购物是非接触性过程，推荐产品在实际使用过程中并不一定能够取悦消费者，所以消费者购买行为本身并不一定代表消费者满意。个性化服务必须能够经得起时间的考验：只有消费者实际使用后的满意程度才是个性化推荐是否成功的标准。那么，如何确定消费者对推荐产品的满意程度？电子商务的快速发展，尤其是在线评论系统的不断涌现，为我们预测消费者满意程度提供了依据。

在线评论（online reviews）是消费者关于特定产品、服务或销售商的特性、使用方法和使用满意度的非正式信息交流。通过在线评论，消费者不仅可以发表对企业、产品的评价，还可以通过一定形式表达自己的满意程度。例如，消费者通过亚马逊网站的在线评论系统以一星到五星的形式表达自己对产品和服务的满意度(一星最不满意，五星最满意)。与传统通过朋友进行口碑传播不同，互联网的普遍存在扩展了在线评论的规模和范围，短暂的、以一两个朋友为目标的口碑转变为持久的整个世界都可以看见的在线评论信息，对后续消费者的购买决策有着重要影响。

由于在线评论的巨大作用，电子商务企业纷纷允许消费者在其网站上发表相关的评论信息，2010 年 5 月对 Amazon. com 销售量最好的 100 本图书的在线评论统计则表明，每本图书平均拥有约 400 条的在线评论。大量的在线评论为企业的营销策略、消费者的购买决策提供了重要依据。如何利用在线评论的影响，优化企业营销策略、为消费者提供高质量的服务成为目前在线评论研究的主要内容[132]。

本节利用在线评论数据构建满意度预测模型，对潜在消费者的满意度水平进行预测。对任一待推荐的产品，我们基于该产品的在线评论信息获得具有不同需求的消费者对产品的满意程度。然后，利用关联分类方法，挖掘消费者需求与消费者满意度之间的关联模式，构建需求—满意度规则库。最后，根据目标消费者表达的需求，预测消费者对产品的满意程度，推荐消费者最满意的产品，对个性化产品推荐方案进行优化。所提方法与传统方法的区别如图 5-12 所示。

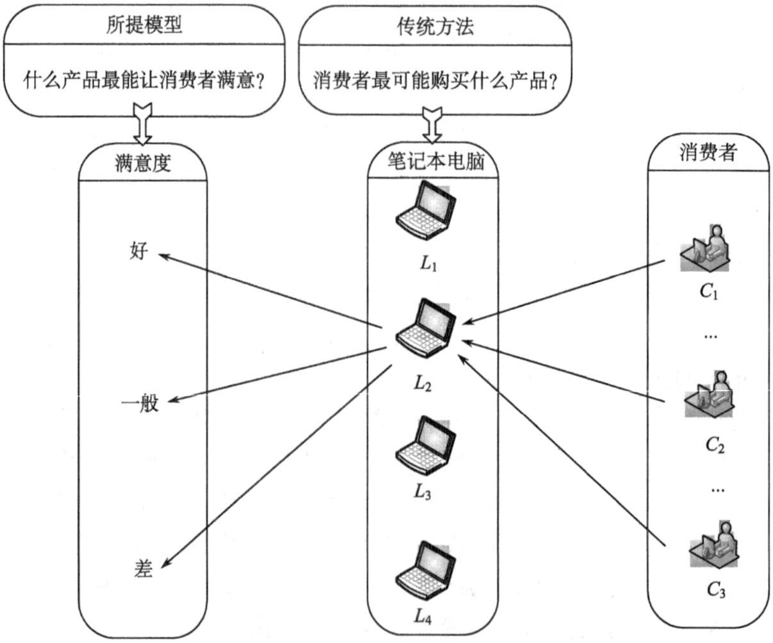

图 5-12　所提方法与传统方法的区别

5.4.2 推荐方案的优化过程

为了构建有效的满意度预测模型，我们采取如图 5-13 所示三阶段分析过程进行问题求解。第一阶段挖掘需求-满意度预测规则。由于消费者需求的多样性和不确定性，消费者在线评论中的信息冲突情况通常非常严重。因此，如何保留多类别分类信息是这一阶段的主要任务，我们提出了一种新的规则剪枝方法，尽量保留冲突数据反映的信息。第二阶段计算需求-满意度规则的重要性。规则重要性是预测规则在决策过程中所起作用的度量，本章设计了一种基于神经网络的规则权重计算方法。该方法在保证准确度的基础上，能够快速得到规则的权重，提高了在线评论分析的效率。第三阶段构建满意度预测模型，推荐消费者满意的产品。本阶段综合考虑与潜在消费者相关的因素，利用所有与消费者匹配的规则进行满意度预测。所得结果不仅能够预测消费者对推荐产品是否满意，而且能够给出其满意和不满意的概率，提高了个性化产品推荐的柔性。

1. 挖掘需求-满意度预测规则

设信息源 $I=(U, A\cup D)$ 表示消费者在线评论数据，其中 U 为消费者集合，$|U|$ 为信息源 I 中消费者的数量。A 是属性集合，$A=\{a_1,\cdots,a_i,\cdots,a_{|A|}\}$，$|A|$ 是集合 A 中属性的个数，集合中的每一个属性 a_i，$i=1,2,\cdots,|A|$，表示消费者特征或关心的产品特征。D 表示消费者满意度集合，$D=\{d_1,\cdots,d_j,\cdots,d_{|D|}\}$，任意 d_j，$j=1,2,\cdots,|D|$，表示消费者的某一满意度水平，如“满意”、“一般”、“不满意”等。信息源 I 中的消费者用其自身特征、需求和对产品的满意度来表示。例如，如果一个中年消费者需要一台 CPU 速度一般、电池时间长的笔记本电脑，而其对 Acer Inspiron 1525 的评价为“好”，那么该消费者可以表示为：(“年龄＝中年” ∧ “CPU＝一般” ∧“电池＝好”) ∧“满意度＝好”。

规则发现是构建消费者满意度预测模型的首要步骤。我们利用本书 5.2.3 中提出的基于 β 强的关联分类方法对在线评论数据进行分析。为了适应在线评论数据的特点，对该方法进行适当改进，保留所有信度大于一定阈值的规则，从而保留在线评论数据中有益的冲突信息。例如，规则 $P_1\rightarrow d_1$，$P_1\rightarrow d_2$ 和 $P_1\rightarrow d_3$ 是三条冲突规则：他们具有相同的规则条件，却得出不同的结论。假设三条规则的信度分别为 49%、43%和 8%，如果最小信度阈值为 40%，那么规则 $P_1\rightarrow d_1$ 和 $P_1\rightarrow d_2$ 将被保留下来，而规则 $P_1\rightarrow d_3$ 由于缺乏足够的数据支持将被删除。这种规则获取策略的优点是既可以保留有益的冲突规则，而且可以克服噪音等小概率因素的影响。

由于在线评论中存在许多冲突信息，为了尽量保留这些信息，我们的数据挖掘策略从 5.2～5.3 节描述的“规则获取→规则剪枝→专家转换”变为“规则获取→专家转换→专家剪枝”，获得简洁的专家及证据库，如图 5-13 所示。

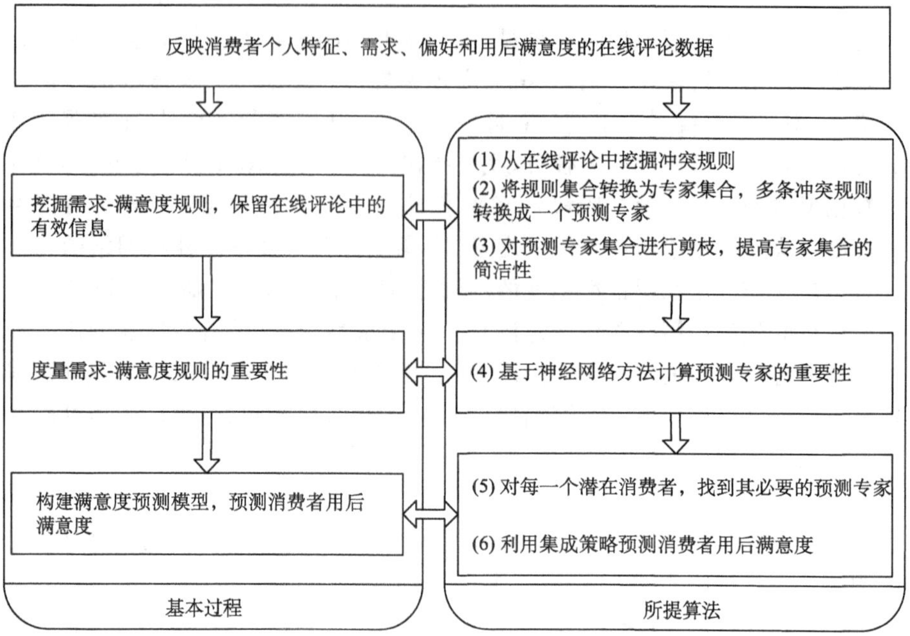

图 5-13　所提算法的基本框架

2. 专家剪枝算法

专家剪枝的目标是在能够覆盖 I 中所有消费者的前提下，得到尽可能小的预测专家库。在介绍剪枝算法前，我们首先对预测专家的优劣顺序进行定义。

专家 R_i 和 R_j 如果满足如下条件，我们说专家 R_i 优于专家 R_j，记为 $R_i \succ R_j$。

(1) $P_i \subset P_j$

(2) $\forall\ (c_{j,n},\ \mathrm{conf}_{j,n}) \in E_j$，$\exists\ (c_{i,m},\ \mathrm{conf}_{i,m}) \in E_i$，满意度 $c_{i,m}$ 与 $c_{j,n}$ 相同，而且 $\mathrm{conf}_{j,n} = \mathrm{conf}_{i,m}$。

定义中 P_i 和 P_j 分别是专家 R_i 和 R_j 的条件，而 E_i 和 E_j 分别是专家 R_i 和 R_j 给出的推荐证据。关系 $R_i \succ R_j$ 说明，与专家 R_j 相比，专家 R_i 提供相同的预测信息，但是具有更加简洁的条件。这种情况下，虽然专家 R_j 更加严格和详细，但是其预测能力必然低于专家 R_i。因此，专家 R_j 是冗余的，应该从专家库中删除。图 5-14 列出了专家剪枝算法。

图 5-14 所示的专家剪枝主要包括如下两个阶段：

(1) 删除次优专家。当专家集合中存在专家 R_i 优于 R_j，则将 R_j 从专家集合中删除。该方法可以降低专家集合的规模，改善专家条件的简洁性和专家的预测能力。

(2) 基于覆盖训练集的方法删除不必要的预测专家。对于信息源 I 中的任意消费者 o,我们首先找到与其匹配的专家集合,对于集合中的任一预测专家 R_j,如果存在专家 R_i,其条件满足 $P_i \supset P_j$,即专家 R_i 与消费者的匹配程度更高,则对于消费者 o 而言,专家 R_j 是非必要的。

输入：分类专家集合(R)和在线评论数据表(I)
输出：简洁专家集合(CES)
算法描述：
CES←R
step1：对CES中的每个专家R_j，如果$\exists R_i \in$CES，$R_i > R_j$，则将R_j从专家集合中删除，CES=CES\\R_j
step2：对信息源I中任一消费者o
matchExpert← ϕ
对CES中的任一预测专家R_t，如果R_t对于消费者o是一匹配且必要的专家
matchExpert←matchExpert $\cup R_t$
从CES和matchExper中删除所有相对于消费者o和专家R_t不必要的专家

图 5-14　专家剪枝算法

专家剪枝策略保证了所得专家集合包括所有简洁而必要的预测专家。步骤 1 表明,预测专家必须尽可能简洁以构建高效的满意度预测模型;步骤 2 则删除了所有不必要的预测专家,我们可以利用高匹配的专家对消费者满意度进行预测。

3. 专家权重

得到预测专家集合后,需要为每一预测专家确定权重,重要的专家对消费者满意度的预测具有更大的决定作用。在本节方法中,预测专家根据不同的消费者需求和人口学特征给出消费者满意度的预测,消费者需求和人口学特征是预测专家决策的依据。利用神经网络方法计算相关属性的重要性,并与专家支持度相结合,作为满意度预测专家的权重[133]如图 5-14 所示。

基于在线评论信息源 I,我们利用 RBF 网络确定相关属性的重要性[137],基本思想如下:首先,用 $A = \{a_1, \cdots, a_i, \cdots, a_{|A|}\}$ 作为网络的输入向量,以所有消费者实际的评价 $\mathrm{RC} = \{\mathrm{rc}_1, \cdots, \mathrm{rc}_k, \cdots, \mathrm{rc}_{|O|}\}$ 作为目标向量,对 RBF 网络进行训练,得到一个训练好的 RBF 网络,根据此时网络的实际输出 $NC = \{\mathrm{nc}_1, \cdots, \mathrm{nc}_k, \cdots, \mathrm{nc}_{|O|}\}$,计算网络的逼近精度。逼近精度的计算采用欧氏距离方法,得

$$d_0 = \sum_{k=1}^{|O|} v_k, \qquad v_k = \begin{cases} 1 & \text{如果 } \mathrm{nc}_k \text{ 与 } \mathrm{rc}_k \text{ 相同} \\ 0 & \text{否则} \end{cases}$$

对每一个专家 R_j，假设其条件由属性集合 SA_j 组成，$SA_j=\{a_{j,1},a_{j,2},\cdots a_{j,|SA_j|}\}$，我们计算删除 SA_j 后神经网络的预测结果：即将属性$\{a_{j,1},a_{j,2},\cdots a_{j,|SAj|}\}$的连接权重设置为 0，计算此时神经网络的逼近精度 d_j。逼近精度 d_j 与 d_0 的差异可以看做属性集合 SA_j 对分类结果的影响程度。属性集合 SA_j 的影响越大，说明其对分类的作用就越大，在满意度预测中的作用就应该越大。基于 RBF 网络的属性权重确定方法的具体步骤如图 5-15 所示。

step 1：假设$A=\{a_1,\cdots,a_i,\cdots,a_{|A|}\}$是数据集$I$中的所有属性，RC是所有消费者实际的满意度水平。

step 2：以A作为输入属性，RC作为输出结果，训练神经网络N使得神经网络的精度d_0尽可能大。

step 3：对于$j=1,2,\cdots,|CES|$，假设N_j是一个具有如下连接权重的神经网络：

(a) 对除$\{a_{j,1},a_{j,2},\cdots a_{j,|SAj|}\}$外的所有输入属性，设置其连接权重与网络$N$相同。

(b) 设置属性$\{a_{j,1},a_{j,2},\cdots a_{j,|SAj|}\}$的连接权重为0。

计算网络N_j的输出，记为$NC_j=\{nc_{j,1},\cdots,nc_{j,k},\cdots,nc_{j,|O|}\}$，网络$N_j$的精度记为$d_j$。

step 4：计算属性子集SA_j对预测精度的影响：$w_i=d_0\ \ d_j$。

step 5：如果$j=|CES|$，转step 6，否则设置$j=j+1$，转step 3。

step 6：所得到的集合$\{w_1,\cdots,w_j,\cdots,w_{|CES|}\}$是预测专家集合中所有专家的权重，其中$w_j$是预测专家$R_j$的权重。

图 5-15　基于神经网络的专家权重确定方法

5.4.3　实验验证

1. 数据收集

基于亚马孙、戴尔和 BestBuy. com 等电子商务网站的在线评论信息，我们收集消费者对产品的评价等级、消费者的人口学特征以及消费者对其兴趣偏好的描述。基于在线评论的知识发现过程中，虚假评论是一个无法回避的问题[134,135]。通常情况下，虚假评论以完全正向或完全负向的形式给出。为了尽量避免虚假评论对预测准确性的影响，我们对完全正向和完全负向的评论进行识别，删除所有可能的虚假评论。我们用消费者年龄、专家程度（对电脑知识的熟悉程度）描述消费者特征，用 CPU 速度、电池寿命、声卡、显卡等特征描述消费者的兴趣偏好。各属性及其取值情况如表 5-11 所示。

表 5-11　属性描述

特征	消费者特征		消费者偏好				满意度
	年龄	专家程度	CPU	电池	声卡	显卡	
特征值	=24（Y），24-34（M），=35（O）	一般（A），好（G）	一般，好	一般，好	一般，好	一般，好	差（P），一般，好

基于收集的数据，我们利用反推法得到消费者需求。例如，如果某消费者抱怨 Acer Inspiron 1525 电池的待机时间不够长或者在评论中阐述需要待机时间更长的电池，那我们推测该消费者需求一台电池寿命长的笔记本电脑。如果消费者没有产生任何与电池相关的评论或者阐述可以接受该电脑的待机时间，我们则推测待机时间一般的笔记本电脑即可满足该消费者的需求。评价等级是对消费者用后满意度的描述，在多数电子商务网站上均可以直接获得。本次实验中，我们收集了 507 条需求-满意度数据，其中，405 条记录作为训练数据，102 条记录作为测试数据。需求-满意度数据示如表 5-12 所示。

表 5-12　需求-满意度数据示例

消费者	年龄	专家程度	CPU	电池	声卡	显卡	满意度
c_1	Y	G	A	G	A	A	G
c_2	O	A	A	A	A	G	P
c_3	M	G	A	A	G	A	A
c_4	M	G	A	A	G	A	G
…	…	…	…	…	…	…	…
c_{505}	O	A	G	A	A	G	G
c_{506}	Y	A	A	A	A	G	P
c_{507}	M	G	A	G	G	A	G

2. 挖掘需求-满意度规则

为了从在线评论数据中获取需求-满意度规则，本次实验将规则支持度和信度阈值分别设置为 0.05 和 0.1。利用本书 5.4.2 中所述方法，我们得到 377 条需求-满意度规则，其中 87.3%的规则与其他规则存在冲突。如果直接利用这些规则进行满意度预测，难以得到准确的预测结果。我们利用表 5-13 列出的需求-满意度规则阐述推荐专家转换与合成的基本过程。

与传统方法致力于挖掘高信度的规则并以此为依据进行预测不同，所提方法保留所有冲突的满意度预测规则并将其转换为预测专家。如表 5-13 所示，规则 r_{12}、r_{13}和 r_{14}反映了相同的消费者需求，却得出不同的满意度结论，是三条冲突的满意度预测规则。

“专家程度＝G” ∧ “CPU＝A” ∧ “电池＝G” → “满意度＝G”；

“专家程度＝G” ∧ “CPU＝A” ∧“电池＝G” → “满意度＝P”；

“专家程度＝G” ∧ “CPU＝A” ∧ “电池＝G” →“满意度＝A”。

表 5-13 需求-满意度规则

规则	年龄	专家程度	CPU	电池	声卡	显卡	满意度	信度
r_1	*	A	*	*	*	*	G	0.56
r_2	*	A	*	*	*	*	P	0.16
r_3	*	A	*	*	*	*	A	0.28
r_4	Y	A	*	*	*	*	P	0.31
r_5	Y	A	*	*	*	*	A	0.50
r_6	O	*	G	*	*	*	G	0.93
r_7	M	*	A	*	*	*	P	0.31
r_8	M	*	A	*	*	*	A	0.56
r_9	O	A	G	*	*	*	G	0.93
r_{10}	M	G	A	*	*	*	P	0.31
r_{11}	M	G	A	*	*	*	A	0.56
r_{12}	*	G	A	G	*	*	G	0.24
r_{13}	*	G	A	G	*	*	P	0.28
r_{14}	*	G	A	G	*	*	A	0.48
r_{15}	*	G	A	G	*	A	G	0.24
r_{16}	*	G	A	G	*	A	P	0.28
r_{17}	*	G	A	G	*	A	A	0.48
r_{18}	M	*	A	G	*	*	P	0.31
r_{19}	M	*	A	G	*	*	A	0.54
r_{20}	*	*	A	*	A	G	G	0.44
r_{21}	*	*	A	*	A	G	A	0.37
r_{22}	Y	*	*	G	*	*	G	1.00

传统方法中，由于规则 r_{14} 具有最高的信度，所以只有规则 r_{14} 会被保留并用作满意度预测的依据，规则 r_{12} 和 r_{13} 将被删除。我们将综合利用三条规则得出的结论进行满意度预测，具体过程如下。

(1) 将冲突规则转换为预测专家，得到专家给出的预测证据。基于 377 条预测规则，得到 174 条预测专家。例如，利用规则 r_{12}、r_{13} 和 r_{14}，我们可以得到预测专家 R_7；基于表 5-13 我们可以得到如表 5-14 所示的 11 位满意度预测专家，其中，Θ 表示需求-满意度数据构成的识别框架，“预测证据”列表示满意度预测专家对各满意度水平的可信度分配。例如，专家 R_1 表示，专家程度一般的消费者对 Inspiron 1525 电脑不满意的可能性为 16%，满意的可能性为 56%，认为其性能一般的可能性为 28%。

表 5-14 满意度预测专家示例

预测专家	条件						预测证据			
	年龄	专家程度	CPU	电池	声卡	显卡	P	A	G	Θ
R_1	*	A	*	*	*	*	0.16	0.28	0.56	0
R_2	Y	A	*	*	*	*	0.31	0.5	0	0.19
R_3	O	*	G	*	*	*	0	0	0.93	0.07
R_4	M	*	A	*	*	*	0.31	0.56	0	0.13
R_5	O	A	G	*	*	*	0	0	0.93	0.07
R_6	M	G	A	*	*	*	0.31	0.56	0	0.13
R_7	*	G	A	G	*	*	0.28	0.48	0.24	0
R_8	*	G	A	G	*	A	0.28	0.48	0.24	0
R_9	M	*	A	G	*	*	0.31	0.54	0	0.15
R_{10}	*	*	A	*	A	G	0	0.37	0.44	0.19
R_{11}	Y	*	*	G	*	*	0	0	1.00	0

通过预测证据显示的可信度分配可发现，表 5-14 主要包括两类预测专家：第一类专家将大部分可信度分配给某一特定的满意度水平。例如，专家 R_3 认为年龄大于 35、对 CPU 速度要求较高的消费者对 Inspiron 1525 电脑满意的可能性为 93%。第二类专家将可信度分配给多个满意度水平。如专家 R_8 将可信度几乎平均地分配给满意、一般和不满意三个满意度水平。这类专家可以为满意度预测提供可靠的知识，对满意度预测的准确性有着重要的影响。

(2) 删除非优的满意度预测专家。表 5-14 中，相对于预测专家 R_6，专家 R_4 可以基于更为简洁的条件给出与 R_6 相同的预测结论，对满意度预测任务而言，专家 R_4 优于 R_6。我们从满意度预测专家集合中删除专家 R_6。同样，由于存在 R_3 和 R_7 两位更优的预测专家，我们也将专家 R_5 和 R_8 从预测专家集合中删除。

(3) 利用覆盖训练数据的方法删除冗余专家。覆盖训练数据方法是最为常用的冗余规则简化方法。这种方法虽然可以得到极为简洁的规则集合，但是删除了大量有益的信息。Thabtah 等对该方法进行了改进：设定规则覆盖阈值，当实例被规则覆盖的次数达到该阈值时，才将该实例从训练数据中删除[136]。为了保留尽可能多的满意度预测信息，我们借鉴覆盖训练数据的改进方法，设定专家覆盖阈值为 4，即在专家剪枝过程中，与某一实例相匹配的专家达到四位时，才将该实例从需求-满意度数据中删除。

经过上述三个阶段，我们对 174 位满意度预测专家进行简化，得到 45 位预测专家作为本次实验的专家集合。表 5-14 中专家的简化结果如表 5-15 所示。

表 5-15 预测专家集合

预测专家	条件						预测证据			
	年龄	专家程度	CPU	电池	声卡	显卡	P	A	G	Θ
R_2	Y	A	*	*	*	*	0.31	0.5	0	0.19
R_3	O	*	G	*	*	*	0	0	0.93	0.07
R_4	M	*	A	*	*	*	0.31	0.56	0	0.13
R_7	*	G	A	G	*	*	0.28	0.48	0.24	0
R_9	M	*	A	G	*	*	0.31	0.54	0	0.15
R_{10}	*	*	A	*	A	G	0	0.37	0.44	0.19
R_{11}	Y	*	*	G	*	*	0	0	1.00	0

3. 预测专家权重

得到满意度预测专家后，我们可以计算每位预测专家的权重。利用 MATLAB 7.0 中的神经网络工具集，我们设计了包含一个隐含层的神经网络结构。利用 5.4.2 节阐述的方法，对得到的 45 条专家证据的权重进行评估。表 5-15 中 8 条专家证据的权重值如表 5-16 所示，E_i 表示专家 R_i 给出的预测证据，$i \in \{2, 3, 4, 7, 9, 10, 11\}$。

表 5-16 预测专家权重

预测证据	E_2	E_3	E_4	E_7	E_9	E_{10}	E_{11}
权重	37	82	82	61	91	20	53

与基于全部特征的预测结果相比，如果我们从需求-满意度数据中删除特征 CPU，声卡和显卡，基于神经网络的权重评估模型会多得到 20 个错误的预测结果。这意味着特征集合{CPU，声卡，显卡}对预测精度只有较弱的影响，因此，专家 R_{10} 的权重设置为 20。另一方面，特征集合{年龄，CPU，电池}对预测结果有着较强的影响。如果将其对应的数据从需求—满意度数据中删除，我们会多得到 91 个错误的预测结果。因此，专家 R_9 具有较大的权重，其权重值设置为 91。

4. 构建满意度预测模型

得到预测专家、专家给出的可信度分配和专家权重后，我们利用专家集合对潜在消费者的满意度进行预测。下面用一个案例说明消费者满意度预测的基本过程。

表 5-17 消费者 o 的需求

消费者	年龄	专家程度	CPU	电池	声卡	显卡
o	中年	好	一般	好	一般	好

设表 5-17 是消费者 o 的实际需求。首先我们基于必要专家的定义确定哪些专家是分类过程中所必需的。例如，假设专家 R_i 和 R_j 是消费者 o 的两个匹配专家，专家 R_i 的条件是"年龄＝中年" ∧ "CPU＝一般" ∧ "电池＝好"，专家 R_j 的条件是"年龄＝ 中年" ∧ "CPU＝一般" 。与消费者在线评论数据相关联可以得出，专家 R_j 是从满足"年龄＝中年" ∧ "CPU＝一般" ∧ "电池＝好" 或者"年龄＝ 中年" ∧ "CPU ＝ 一般" ∧ "电池＝好"的消费者数据中抽取而来，而专家 R_i 来自于满足条件"年龄 ＝ 中年" ∧ "CPU ＝ 一般" ∧ "电池 ＝ 好"的消费者数据。比较两位专家的条件可以发现，专家 R_i 蕴涵着更加精确的信息，在预测消费者 o 的满意度时更有针对性。因此，对于消费者 o，专家 R_j 相对于专家 R_i 是非必要的。假设表 5-18 中 E_1、E_2 和 E_3 是与消费者 o 匹配的必要专家给出的证据体及其权重，利用证据理论合成方法，我们可以得到消费者 o 的满意度预测结果。预测结果表明，如果将产品推荐给 o，消费者评价为差的概率为 26%，一般的概率为 53%，得到好评的可能性只有 10%。在这种情况下，一个慎重的决策者不会进行如此的推荐。

表 5-18　推荐证据及其权重

	差	一般	好	Θ	权重
E_1	0.28	0.48	0.24	0	0.35
E_2	0.31	0.54	0	0.15	0.53
E_3	0	0.37	0.44	0.19	0.12
预测结果	0.26	0.53	0.10	0.11	

第6章 基于Web使用挖掘的智能自适应站点

6.1 引言

近年来，随着互联网技术的迅速发展和应用的巨大推动，Web已经成为信息制造、发布、加工和处理的主要平台，它为用户提供了数量巨大而丰富的各种信息。WWW浏览则成为人们最主要的日常生活内容之一，浏览中的两个常见问题是：难于搜寻与获取有益信息及信息搜寻行为效率低下。问题出现的根源在于随着互联网的发展，传统的以网站开发人员预先制定站点信息的链接体系结构并进行信息发布，用户则被动地遵循这些超链接进行信息浏览为主要特征的“简单”Web站点，在如何为用户提供有效的信息获取服务方面存在以下几个方面的问题：

(1) 有限的个人信息处理能力与海量的产品或服务信息带来的“信息过载”问题[138]。过载问题给用户的信息选择带来了沉重的负担，严重影响用户的信息获取效率，甚至会引起访问行为的中断。

(2) Web超链体系结构的复杂性与零乱性带来的WWW“信息迷航”问题[139,140]。表现为用户在Web站点信息空间的类“盲人式”行为：不知道当前所处网页节点的具体位置；不知道怎样才能到达其想要去的兴趣目标页面；不知道遵循Web站点现有的超链结构进行访问能到达哪些目标。

(3) 已有的站点超链导航体系与用户实际访问模式的差异性问题[141]。用户往往需要通过一条花费更多访问代价的路径才到达其兴趣目标页面。另外通常会有一些文档并不是由于它们的内容而是因为它们所处的位置而被访问的，这些文档虽然没有包含用户当前所需的信息，但是由于它们位于特定的路径上，用户为了从浏览起点到达特定的位置不得不经过它们，从而浪费了用户的时间和精力。

(4) 个性化的用户信息需求问题[142]。不同的用户对产品或服务有不同的需求、兴趣和偏好；同一用户在不同时间的需求、兴趣和偏好也是不同的。因此，传统的“一刀切(one-sizes-fits-all)[143]”形式的简单网站不能适应用户的个性化需求。

上述问题的存在，成为Web站点信息服务向更深层次发展的巨大障碍。在这样的问题背景和实际应用的需求下，出现了自适应站点技术。自适应站点(adaptive web site)是指 Web 站点通过学习用户的访问模式,具有自动或半自动地优化自身的设计、组织结构和表现形式的智能的站点,可以满足这两方面的需求。自适应站点的概念最早是由华盛顿大学的 Mike Perkowitz 和 Oren Etzioni 在 1997 年的第十一届国际人工智能联合会议(International Joint Conferences on Artificial Intelligence,IJCAI)上提出的。自适应 Web 站点研究的基本目标有两个:面向群体用户的性能最优化(optimization)和面向个体用户的服务个性化(customization)。

性能最优化是指 Web 站点提高对所有用户的整体服务性能。为实现性能最优化目标,Web 站点需要学习所有用户的访问模式,并据此作出调整,使 Web 站点访问起来更容易。因此,即使是以前一无所知的新用户,也能够从这种改进中获益。如果我们把所有可能的 Web 站点设计看做一个设计空间,那么改进一个 Web 站点就相当于在该空间中寻找更好的点。假设有一种评价尺度能够评价 Web 站点的“好坏”程度,这就成为人工智能领域中的搜索问题。例如,我们可以采用“爬山法”来搜索上述设计空间,即不断调整 Web 站点,且保证每一步调整都能够改进 Web 站点的整体质量。问题的难点在于量化一个点的“优秀”程度。一种方式是将设计的优秀程度定义为用户的易用程度:用户访问目标页的平均代价越低,设计就越发优秀,另外,如何组织庞大的搜索空间以及如何选取合适的搜索策略等都是有待研究的问题。优化,有时又被称为离线修改(off-line reconfiguration),含义是基于用户行为数据评估站点设计(主要是结构设计)中存在的问题,然后修改站点设计。

服务个性化是指 Web 站点为适应用户的需要而实时地调整数据的组织与显示。个性化有两种基本途径:一种实现服务个性化的方法是允许用户对 Web 站点的显示选项进行手工定制(manual customization),系统将记住每个用户的定制,并在该用户再次进入时进行相应的调整,这种技术已被相当多的站点使用。例如,微软的 MSN 站点允许用户只看到自己所选择的栏目,以及各类的 Blog 允许个人用户定制个人页面的链接和外观。另一种叫做路径预测(path prediction),是指系统自动地尝试猜测用户接下来想要访问的网页,以便让用户更快地到达目标。路径预测的方式既可以是预测用户想要到达的下一个网页,也可以是预测用户的最终目标;既可以基于单个用户的行为,也可以通过概括多个用户的行为提高效率,预测结果的展现方式也是相当多样化的。利用路径预测实施个性化,有时又被称为在线推荐(on-line recommendation),含义是根据当前用户的访问行为实时地预测和推荐他可能需要的超链接。

自适应站点研究仍处于起步阶段,Web 环境的复杂性、用户的多样性等给自适应站点的研究、设计和实现带来了许多难题,自适应站点的研究是人工智能和电子商务研究领域的一个新的挑战[144,145]。基于上面的背景和讨论,本章研究的主题是针对如何改善 WWW 浏览与信息获取的质量、提高 Web 服务满意度的问题，采用 Web 使用挖掘为核心技术，以自适应站点为研究对象，研究探索基于 Web 使用挖掘的自适应站点理论、模型、算法和原型系统框架。基于 Web 使用挖掘的智能自适应站点研究是一种对象式研究，它利用 Web 日志、文档、数据库及站点结构等可以获得的数据，采用数据挖掘技术，从中获取用户访问模式，研究发现 Web 站点被用户访问的规律；另外它是一种参与式研究，这主要体现在它拟通过两种方式对 Web 站点进行控制改造和设计，即离线修改和在线动态推荐。其中离线修改方式针对站点性能最优化方面，利用对象式研究获取的 Web 站点被用户使用的模式规律，寻找站点设计的不合理之处，对站点结构进行修正、优化，改善网站信息系统知识网络的可用性和可理解性，方便群体用户的访问；在线动态推荐方式则面向站点个体用户的服务个性化方面，通过对象式研究获取的用户访问模式和当前用户的访问情况，实时地推荐用户可能感兴趣的内容。

这里需要说明的一点是，本章研究的智能自适应站点技术是基于 Web 使用挖掘技术的，但是，并非只有通过 Web 使用挖掘技术才能实现智能自适应站点，本章只是利用 Web 使用挖掘技术作为一个突破口研究智能自适应站点。

自适应站点研究的主要目的就是要创建一个可以根据用户过去对网站的使用情况自我提升网站的组织结构和性能的站点，基于 Web 使用挖掘的自适应站点研究主要面临以下一些问题：

(1) 从用户访问模式中能够得到何种类型的泛化(generalizations)或概括，根据泛化结果可以对网站结构进行什么样的修改，才能方便网站群体用户的访问？或者说根据可以获取到的网站使用数据等信息，如何挖掘才能得到指导站点结构离线修改的规则库？

(2) 从用户访问模式中能够得到何种类型的泛化或概括，根据泛化结果可以对网站个体用户进行什么样的导航推荐，才能方便个体用户的浏览？以何种方式才能实现基于泛化结果的用户智能导航推荐？

(3) 增量学习问题，即怎样不断学习持续新增的用户访问数据，并根据以前的学习信息不断提高系统的学习性能。由于网站的使用数据(日志或应用数据)不断增加，系统经过一段时间的运行可能会收集大量的数据。系统的自适应学习调整显然不是一次性行为(one-shot behavior)，应该有效地使用这些丰富的历史数据，通过不断的学习来提高系统的自适应性能。

(4) 怎样设计一个具有自适应性的站点。自适应站点是一个涉及多个方面的复杂自适应系统，这其中包括基础数据的采集、数据的预处理、模式发现的方法、模式分析应用(模式的应用很复杂，有的甚至需要对发现的模式进行实时应用，如在线推荐)，以及站点自适应调整结果的成功与否的后评估等多个复杂的过程。因此，如何构建一个智能自适应站点是一项复杂的系统工程。

本章主要通过对以上问题(1)、(2)、(4)的研究，取得了如下三方面的研究成果。

首先，在自适应站点系统面向群体用户访问性能的最优化方面，在 Web 日志中包含的网站用户在网站信息空间进行信息搜索的两种搜索行为模式假设的基础上，引入信息搜索理论，建立了两种新的站点结构优化模型：针对单目标信息搜索假设，建立的基于单目标信息搜索树的站点结构离线优化模型；针对多目标信息搜索假设，建立的基于多目标信息搜索图的站点结构离线优化模型。

其次，在自适应站点系统面向个体用户的智能导航推荐方面，在经典的 Markov 链用户浏览模型的基础上，提出了两种改进的模型——可变多阶 Markov 链模型和混合隐 Markov 链模型。可变多阶 Markov 链模型能较好地解决使用阶数固定的 Markov 链浏览推荐模型不能同时获得较理想的准确率与覆盖率性能的问题。而混合隐 Markov 链模型则改进了传统的 Markov 链模型不能有效地表征长串访问序列所包含的丰富的用户行为特性的缺点，改善了自适应站点系统用于长串访问序列时的推荐效果。

最后，在上述支撑关键技术研究的基础上，设计了一个基于 Web 使用挖掘的智能自适应站点系统框架——IAWeb-WUMbase。IAWeb-WUMbase 系统包括数据采集模块、数据预处理模块、模式挖掘模块、在线推荐模块及离线修改模块等五个模块。IAWeb-WUMbase 系统实现了完整的站点智能自适应功能，可以集成到现有的 Web 站点中，使站点具备智能自适应性。

6.2　站点结构离线优化模型

6.2.1　问题提出及解决思路

离线修改方法通过评估站点结构中存在的问题对已有的站点结构进行改进优化，是自适应站点实现面向群体用户访问性能最优化目标的有效手段。离线修改方法面向网站的全体用户，能在一段时期内方便群体用户的访问，因此可以在一段时间内保持稳定。本节将在 Web 日志中包含的网站用户在网站信息空间进行信息搜索的两种搜索行为模式假设的基础上，引入信息搜索理论，提出两种新的站点结构优化模型，对自适应站点的离线修改方法展开研究。

目前，定量化研究站点结构离线优化的文献还不是很多，主要有基于页面访问频度动态调整网页链接结构的方法，基于网页可达性和知名度的网站结构调整方法，基于网页对互访频度的网站结构 0-1 整数规划模型，通过发现网站设计者与用户访问行为之间差异来对网站结构进行优化设计的方法，利用 Web 日志中挖掘出的正负关联规则对网站的超链接进行评估，进而根据评估的结果采取增加新超链接或删除已有超链接的方式对网站结构进行优化的方法，基于页面聚类模式的

Web 站点结构优化等[141,146~150]。

现有的离线修改方法都是仅仅简单地以 WUM 抽取的兴趣模式作为离线修改的依据，没有考虑到信息搜索与获取是 WWW 浏览行为的根本目的，存在以下几个方面的问题需要改进：

(1) 缺乏一组能有效量化评估站点结构合理化程度的指标，修改后的站点结构能在局部的区域形成比较合理的结构，但并不能使整个网站的结构达到全局最优化。

(2) 有一些修改方法甚至改变了现有网站的逻辑结构，给用户的重新访问带来了困惑。

(3) 新增超链接所带来的信息过载问题，现有的研究没有考虑页面上过多的链接带来的信息选择困难问题。这种问题的重要性在于：用户一旦选择了错误的链接路径，则更不利于到达兴趣目标页面。

我们通过在传统的离线优化问题中引入信息搜寻的行为学理论，设计以群体用户访问行为效率最优为目标的站点结构优化模型，在此基础上利用离线修改方法优化站点的结构。此方法的优点是考虑到了信息搜索与获取是 WWW 浏览的根本目的，在此基础上设计的离线修改优化方法能更贴近自适应站点改善用户信息搜索效率的应用目标。另外，在我们的优化方法中，采用只增加新超链接的方法，能保证原有网站结构的完整性，对新增超链接所带来的信息过载问题，采用增益罚函数进行评价或是把每个页面的最大新增超链接数目限定在一定的阈值以下。

1. 相关概念的定义

1) 搜索空间与状态

离线修改的目标就是实现对站点的自动调整，我们可以把 Web 站点自动调整视做在可能的站点结构中(搜索空间)寻找一种较优的结构。根据不同方法创建的站点对应着在空间中用不同的方法搜索到的较优解。

状态可以看做是 Web 站点的某种具体结构，那么自适应站点的状态可以看做是以下几个对象的函数：

(1) 用户模型；

(2) 在访问到当前页面之前已经访问的页面；

(3) 在访问到当前页面时已点击的链接的顺序。

一个静态的站点可以看做我们上述定义的特殊情况：下一个将会显示哪个页面将由前面已经访问的页面序列和最后点击的链接决定。在这种情况下，一个 Web 站点就简单地等价于一个图状结构。其中节点表示页面，边表示页面之间的链接。

2）质量评价

站点结构质量的好坏可以用含以下几个变量的函数进行评估：

(1) 访问成功率：用户发现它们所需要信息的比率；

(2) 尝试努力率：用户为找到他需要的信息，作了多少努力。例如，他们寻找所需要的信息时花了多少时间、点击了多少链接。

一个组织结构不够好的站点需要用户花更多的时间来寻找所需的信息。例如，假设一个用户想看一下价格最低的福特牌轿车。一种简单的站点设计就是设计一个页面，该页面的标题为轿车，这个页面包括对每一种型号和生产商的链接，按照型号名字的字母顺序排列。访问者需要首先找到指向福特牌轿车的所有链接，然后顺次点击这些链接查看轿车的价格，来决定那一款价格最低。相反地，另外一个站点可能为每个汽车制造商制定一个页面。其中包含福特牌轿车信息的页面标题为福特，这些福特牌轿车按照价格顺序排列。访问者只需要看一下这个页面中排在第一条的记录。很显然，第二个站点的结构组织更适合用户的这种个性化需求。

3）初始状态与目标状态

可以将初始状态看做是原始的 Web 站点，则目标状态就是能够使 Web 站点的性能最优化的 Web 页面组织形式。一个站点的设计需要考虑到多种方面：不同用户的需要，站点使用和维护的方便性，提供复杂的多种信息和避免混乱。例如，增加一个链接可能能够使用户有更多的选择，也会增加用户决定下一个点击哪个页面的思考所占用的时间。从应用的角度来看，寻找一个最优的站点是不太现实的。大部分自适应的离线优化方法试图关注从初始状态到其他状态的局部最优解。

4）状态转移

搜索空间中，一个状态就是一个 Web 站点。一个状态转换也就是创建一个有些不同的新的站点的过程。许多状态转换都是可能的。局部的转换可以包括添加和删除超链接、重新安排超链接在页面的排列方式、显示形式或者重新组织站点的某部分的组织形式等。大规模的转换可能会破坏整个页面。有些站点的状态转换可能对不同的访问者有着不同的显示形式。

当我们评价站点转化是否有用时，可以考虑两个方面：①好处。我们为用户做了多少工作。②影响。这些工作对用户产生多大效益。例如，一种转换可能对于大部分用户来说提供的好处并不明显。而另外一种转换可能不是对所有的用户都有影响，但是，它的确对一部分用户提供的好处是巨大的。那么，我们将会采纳后面一种方法。

2. 引入信息搜索理论的网站结构优化方法

信息搜寻理论(information foraging theory)是一种用于解释人类信息寻找

(information seeking)和理解(sense-making)行为的理论[151]，此理论的研究主要是从下面三个方向展开：第一类是从信息经济学的角度入手，认为信息搜寻的目的是为了通过比较预期收益和搜寻成本，从而使自己获益最大化；第二类主要是从搜寻者的心理入手，研究搜寻者的心理和动机；第三类重点则在于搜寻者认知和记忆的信息处理理论。

从信息经济学的角度来看，信息搜寻理论假设人总是倾向于最大化搜寻活动的获取率，即单位费用上获得的信息量。此费用可以是时间、机会或者其他资源费用。从经济学的信息搜寻理论出发，已有相当一部分的研究表明，网络信息搜寻行为更依赖于网络使用技能和信息的易获得性(skill 和 access)[152, 153]。Web 站点是包含了大量 Web 页面(以下简称页面)的信息源，用户需要一些费用把含有他们所需要的信息的内容页面寻找出来并作相应的处理。用户搜寻效率取决于站点结构和中间数据的质量(超链接上的提示文字，图片和摘要等非完整信息)。站点结构决定了整个搜索空间，而中间数据则提供了路径选择的信息提示(在信息搜寻理论中称为 information scent)[154]。我们主要考虑的是站点结构的离线修改优化问题，通过 Web 使用挖掘技术改善网站信息系统知识网络的可用性和可理解性，提高 Web 站点信息内容的易获得性。

从信息搜寻理论的角度来看，站点结构离线修改的目的是提供一个优化的站点结构设计，使得网站能够在较长时期内提供较高的信息获取率。本节主要针对自适应站点面向群体用户的性能最优化方面展开研究：在考虑 Web 日志中所包含的行为信息的基础上，引入信息搜寻理论来指导站点结构的离线优化问题，我们首先把 Web 站点看做是一个包含有用户所需要的信息内容的信息空间，并假设用户在 Web 站点信息空间的浏览点击行为是一种信息搜寻行为，然后分别从两种不同的信息搜寻行为(单目标信息搜索，即用户目标可以通过访问 Web 信息空间的单个节点获得；多目标信息搜索，即用户必须通过访问 Web 信息空间的多个节点才能获得其所需要的信息)的角度出发，以群体用户搜寻活动的平均信息获取费用作为衡量站点结构合理化程度的指标，建立了两种不同形式的站点结构离线优化模型(基于单目标信息搜索树假设的站点结构离线优化模型和基于多目标信息搜索图假设的站点结构离线优化模型)，用以指导站点结构的优化。

6.2.2 基于单目标信息搜索树的站点结构离线优化模型

1. 假设与定义

针对自适应站点面向群体用户的性能最优化方面，通过引入信息搜索理论，提出一种基于单目标信息搜索树假设的站点结构离线优化模型：首先将 Web 站点抽象成树结构模型(对站点结构的描述建模问题，通常有树、图、超图等几种描述方式。本节考虑的站点结构优化模型主要刻画的是群体用户从主页出发，以一种自顶向下点击超链接的形式来搜索到达各自访问目标页面的行为，因此相比较而言，能刻画站点层次化语义结构的树描述方式更适于对这种用户带有访问目标的站点结构优化问题进行建模），通过分析模型中网页节点的出度特征与访问频度特征，采用仿真的方法分别模拟了 Web 站点超链体系结构，以及 Web 页面的访问频度，并通过量化新增超链接的影响因素设计了相应的站点结构优化方法。

假设 6.1　网页分类假设　Web 站点的网页通常可以分为两类：提供快速进入站点其他部分的入口的网页称为导航页（navigation page）；提供给浏览者需要查找的信息、娱乐等内容的网页称为目标页（target page）。

假设 6.2　兴趣目标页面假设　用户在 Web 站点信息空间的游历行为，是一种遵循站点的超链接结构搜索其兴趣信息内容的浏览点击行为，并且用户总能在站点的内容页面集合中搜索到与其兴趣信息相匹配的页面（称为用户的兴趣目标页面）。

定义 6.1　Web 站点树结构模型　Web 站点可以表示为一棵树 $T=(V,E)$，其中 V 为站点页面集合，E 为页面之间的超链接集合。根节点 r 表示站点首页，对于任意的节点 $v\in V$，其所代表的页面所包含的超链接数目称为节点 v 的出度，记为 δ_v。称出度为 0 的节点为叶子节点，代表网站的内容节点；称出度大于 0 的节点为非叶子节点，非叶子节点有两种情况：①在网站中只起导航作用而不包含可访问内容的纯导航节点；②起导航作用并包含可访问内容的复合节点，视复合节点为一纯导航节点和一个与其所包含的可访问内容相对应的内容节点的复合体，记包括复合节点复合体中的内容节点在内的所有内容节点的集合为 V_C。

假设 6.3　单目标信息搜索树假设　将 Web 站点抽象为一棵树，并假设用户每次的浏览点击行为只有一个兴趣目标页面，那么从信息搜索理论的角度来看，用户在站点信息空间中的浏览点击行为可以看做是在一棵树结构上的单目标信息搜索行为，我们称之为单目标信息搜索树。

定义 6.2　节点访问频度　指节点所代表的页面所包含的可访问内容部分被访问的频繁程度。考虑一个足够长的时段，设群体用户对节点 v 所包含的可访问内容部分的访问次数为 $click(v)$，则节点 v 的访问频度可以定义为

$$p_v = click(v)/\sum_{v\in V_C} click(v)$$

定义 6.3　访问代价　用户从根节点 r 出发，到达其访问目标节点 v 的最少点击次数为节点 v 的访问代价，记为 $c(r,v)$，或简记为 $c(v)$。

定义 6.4　Web 站点平均访问代价　从信息搜寻理论来的角度来看，可以用群体用户到达各自访问目标节点的访问代价均值作为衡量站点结构合理化程度的指标，称为 Web 站点平均访问代价，表示为

$$C(T) = \sum_{v \in V_C} p_v c(r, v)$$

定义了 Web 站点平均访问代价的概念,我们考虑降低 Web 站点平均访问代价的站点结构优化方法,以及对 Web 站点树结构模型和网页节点的访问频度进行仿真建模。

2. 优化求解方法

对应于网站开发人员设计的初始站点结构,根据定义 6.4,我们可以求得初始的 Web 站点平均访问代价,一般来说这个代价值会比较大,我们考虑对该 Web 站点的超链体系结构进行优化。

对 Web 站点超链体系结构的优化主要有以下几种手段:增加新链接、删除已有链接、调整链接的位置或是调整网页节点的位置。考虑到站点原有的超链导航体系结构对站点老用户的重要性,在进行优化变换降低 Web 站点平均访问代价同时,我们希望能够避免破坏站点原有的超链导航体系。因此我们只考虑在原有站点超链体系结构上增加一组合适的超链接来优化站点结构。给定一个初始的站点结构及网页节点的访问频度值分布,我们的问题是如何增加一组合适的新超链接以期获得最低的 Web 站点平均访问代价。

一般来说增加超链接能减少相应一部分内容节点的访问代价,因此直观的做法是在站点首页上添加指向所有内容节点的超链接,使站点结构尽可能的扁平化,将能获得最小的网站平均访问代价。但是这种在首页等导航页面中增加过多超链接的做法,将会导致一些导航页面上的超链接数目太多,使用户在该导航页上正确选中能到达其目标页面的超链接的选择困难度增加,也容易导致用户选择一些不能到达其目标页面的超链接,从而给用户的浏览造成更大的不便。下面通过数学公式量化这两个因素,并给出相应的优化方法。

定义 6.5 超链接 超链接 h 为二元组 $h=\langle s,t\rangle$,式中,s,t 为网站页面,称 s 为超链接 h 的源,称 t 为超链接 h 的目的。

定义 6.6 超链接 h 的增益 设超链接 h 在原有网站 T 的超链体系结构中不存在,在 T 中增加新超链接 h 后 Web 站点平均访问代价 $C(T^h)$ 与增加超链接 h 前 Web 站点平均访问代价的差值称为超链接 h 的增益,记为

$$gain(h) = C(T) - C(T^h)$$

设 $h=\langle s,t\rangle$,则 $gain(h)$ 主要由两部分组成:①增加 $h=\langle s,t\rangle$ 后,减小所有 t 的内容子节点 $children(t)$(若 t 为复合节点,则 $children(t)$ 也包括复合节点复合体中的内容节点;若 t 为内容节点,则 $children(t)=t$)的访问代价所带来的正增益。②增加 $h=\langle s,t\rangle$ 后,若页面 s 的出度值大于预定的选择困难度阈值,所产生的负增益,对该负增益值的衡量用超链接 h 的增益罚函数 $penalty(h)$ 量化为

$$penalty(h)=\begin{cases}\sum_{v\in children(s)}\frac{1}{\delta_0 p_v}, & \delta_s>\delta_0\\ 0, & \delta_s\leqslant\delta_0\end{cases}$$

式中，δ_0 为预定的选择困难度阈值；$children(s)$为节点 s 的所有内容子节点集合（与 $children(t)$不同，若 s 为复合节点，则 $children(s)$不包括复合节点复合体中的内容节点；若 s 为内容节点，则 $children(s)=null$）。

由此可以得到超链接 h 的增益计算式为

$$gain(h)=\sum_{v\in children(t)}p_v(c(t)-c(s)-1)-penalty(h)$$

在添加超链接的实际优化工作中，通常我们忽略增益值低的超链接，以保证用尽量少的超链接获取尽可能多的增益或是对站点增加的超链接总数做限制，为此我们采取两种优化策略，优化策略之一是设置最小增益值 min_gain，添加所有候选超链接集合中增益值大于 min_gain 的超链接，优化策略之二是设置增加的最大超链接总数 max_number，依次添加增益值最大的前 max_number 个超链接。设采用上述优化策略后在原有的 Web 站点超链接体系结构上增加了一组新的超链接集合 H，则超链接集合 H 的增益值可以计算为

$$gain(H)=\sum_{\langle s,t\rangle\in H}\sum_{v\in children(t)}p_v(c(t)-c(s)-1)-penalty(H)$$

式中，

$$penalty(H)=\sum_{h\in H}penalty(h)$$

由此可以得到优化后的 Web 站点平均访问代价 $C(T^H)$为

$$C(T^H)=C(T)-gain(H)$$

3. 仿真建模

对上述 Web 站点结构优化问题进行仿真建模，我们首先需要知道的是实际 Web 站点的超链体系结构规律，以及用户对真实站点的访问规律，由此建立站点超链体系结构数据的仿真算法和站点网页节点访问频度数据的仿真算法①，在此基础上考虑优化约束条件，对站点结构进行优化。

1) Web 站点结构仿真

将 Web 站点抽象成树结构，直观地可以用随机树产生算法来生成站点的超链体系结构。尽管着眼于局部环节，Internet 呈现出明显的随机性（任意一个主体都可以在 Internet 上创建包含有任意个页面、任意个超链的站点），但近年来的研究表明，Internet 整体却呈现出一定的大范围模式规律，这些规律包括[155~158]：站点

① 刘业政，林文龙，焦宁等．WEB站点结构优化仿真．系统仿真学报，2007,19(20):4685-4688

中的网页数量、用户数量遵守幂律分布；网站中网页被请求和传送的次数服从 Zipf 分布；用户的访问步长遵守幂律分布；Web 页面的大小显示出重尾分布，以及关于 Web 结构的幂律模式、小世界模式等。Web 结构的小世界模式表现为 Internet 的拓扑结构不是均匀的，而是呈现出一个个“小世界”网络，“小世界”网络内部高度聚集，而且整个网络中任意两个节点间的最短距离都很短。Faloutsos 则指出，Internet 拓扑结构显示出极强的幂律性，Faloutsos 将获取的三个 Internet 快照镜像与幂律关系进行了对比，显示出它们的相关系数在 96%以上，最高能达到 99%[159]。Web 幂律规律的一个典型模式是网页节点出度与其节点等级的幂成比例，即设节点的等级 r_v 是按出度降序排列序列中的索引值，则有

$$\delta_v = \alpha r_v^R$$

式中，α 为比例系数；R 为等级指数，Faloutsos 的实验结果表明等级指数 R 在 $-0.82 \sim -0.74$[159]。

尽管 Internet 呈现出的大范围模式规律提供了进行比随机图更精确仿真 Web 站点结构的可能，但据我们所知，这些大范围模式基本上是从整个 Web 拓扑结构方面来研究的，对于单个 Web 站点的超链体系结构，目前并没有一种能完全确切的模拟方法。考虑到我们的研究目的及模型的需要，这里我们主要考虑利用 Faloutsos 的节点出度的幂律模式来仿真站点结构。设站点包含的页面数目 $|V|$，非叶子节点中复合节点所占的比例为 β，给定一个初始的站点页面，通过给其分配一个出度值与相应的子节点页面，再对子节点页面重复同样的过程，直到获得所需要大小的网站时算法终止生成站点结构并从中按比例系数 β 随机抽取一部分非叶子节点为复合节点，该仿真过程可以用图 6-1 所示的算法 6.1 描述。

2）节点访问频度仿真

大量用户对 Web 站点的访问是一种群体的人类行为，Zipf 指出指导人类行为的一条根本性原则是以最小的代价换取最大的收益，即 Zipf 省力原则[160]。信息搜寻理论将 Zipf 省力原则扩展到分析 Web 用户的访问行为，假设用户在 Web 站点的访问行为是一种带有访问目的的信息搜寻行为，并且总是倾向于最大化搜寻活动的获取率，即单位费用上获得的信息量，由此可以推测 Web 页面的访问频度也遵循 Zipf 分布。Glassman 通过分析 300 个不同用户对 40 000 个 Web 页面的 100 000 次访问请求，从实验上证明了 Web 页面访问频度的 Zipf 分布定律[161]。根据 Zipf 定律，给定一个 Zipf 分布，在不考虑纯导航节点的情况下，访问频级为 i 的网页节点 v 的访问频度为

$$p_v = \frac{1}{iK_m} \tag{6-1}$$

式中，K_m 为单调调和级数，$K_m = \sum_{j=1}^{m} \frac{1}{j}$。

算法6.1：Web站点结构仿真算法

输入：网站网页节点数$|V|$，比例系数α，β；

输出：仿真的站点结构；

过程：

setp 1：初始化网站节点集合$V=NULL$，边集合$E=NULL$；

setp 2：初始化网页节点队列$Q=NULL$；

setp 3：新建网页节点$v=new\ web\ page$，将v加入队列Q中；

setp 4：*while*队列Q不空

(a) If V的大小已达到$|V|$，return $T=(V, E)$；

(b) 从队列Q中取出一个新节点v；

(c) 给节点v分配出度值δ_v；

(d) For i=1 to δ_v

i. 新建网页节点$w=new\ web\ page$；

ii. $V=V\cup w$, $E=E\cup (v, w)$；

iii. 将w加入队列Q中；

iv. If V的大小已达到$|V|$，return$T=(V, E)$；

setp 5：按比例系数β随机抽取一部分非叶子节点为复合节点。

图 6-1　Web 站点结构仿真算法

假设 Web 站点具有 m 个可访问的内容部分(分别分布在站点的叶子节点与复合节点中)，通过式(6-1)，我们可以生成一个有 m 个访问频度值的排序表，利用图 6-2 所示的算法可以仿真得到站点每个页面的访问频度。

算法6.2：节点访问频度仿真算法

输入：仿真的站点结构；

输出：节点访问频度；

过程：

step 1：统计仿真的站点结构数据中的内容节点数目m；

step 2：计算单调调和级数$K_m=\sum_{j=1}^{m}\frac{1}{j}$；

step 3：按照式(6-1)的规律给包括复合节点复合体中的内容节点在内的m个内容节点分配访问频度值；

step 4：叶子节点的访问频度为其所代表的内容节点的访问频度；

step 5：非叶子节点中复合节点的访问频度值取为复合体中内容节点的访问频度值。

图 6-2　节点访问频度仿真算法

4. 实验分析

我们在 Windows 2000 平台上用 MATLAB7.0 实现了上述的仿真工程，对节点数目 $|V|=10\ 000$ 的网站做了仿真实验。实验分两步：首先通过 Web 站点结构仿真算法（算法中 α 取 20，β 取 80%，等级指数 R 取 -0.82）与节点访问频度仿真算法产生模拟的 Web 站点结构与网页节点访问频度值，仿真的网站具有 1575 个非叶子节点与 8425 个叶子节点，我们按比例系数 β 随机的选取了 1260 个非叶子节点作为复合节点，则包括复合节点复合体中的内容节点在内，仿真的网站结构共有 9685 个内容节点，其中访问频度最大的为 0.1025，最小的为 1.0583e-005，求得初始的 Web 站点平均访问代价为 3.917；然后分别采用优化策略一与优化策略二对站点结构进行优化，图 6-3 是优化策略一的实验结果，图 6-4 是优化策略二的实验结果，实验中选择困难度阈值 δ_0 取当前站点最大的节点出度值。

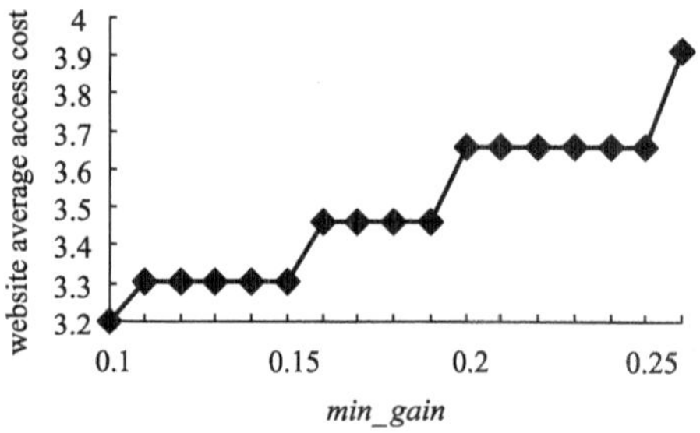

图 6-3 优化策略一的实验结果

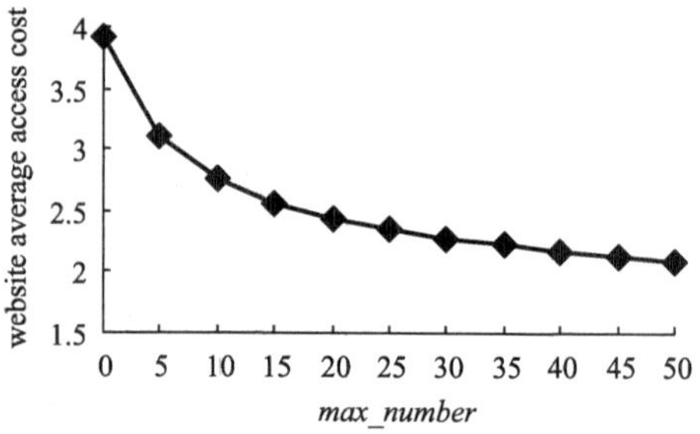

图 6-4 优化策略二的实验结果

从图 6-3 和图 6-4 可以看出，增加 *max_number* 与减小 *min_gain* 都能降低站点的平均访问代价，另外还可以看出初始添加的超链接的增益比较显著，站点管理员可以据此权衡设定 *min_gain* 与 *max_number* 的值。

6.2.3 基于多目标信息搜索图的站点结构离线优化模型

信息获取是 WWW 用户的基本活动，浏览是获取 WWW 信息的基本手段。用户在 Web 站点信息空间的信息获取行为通常表现为以下两种情况：①用户在站点的一个内容页面中进行浏览即可以获取到其所需要的信息（单目标信息搜索）；②用户需要通过对站点一组特定的内容页面集合进行浏览才能获取到其所需要的信息（多目标信息搜索）。由于用户通常具有多个兴趣，或者用户的单个兴趣可能会分散分布在站点的多个内容页面，所以网站用户的信息搜索行为更多地表现为后面一种情况，即在 WWW 信息获取活动中，用户通过点击超链接获取其所需要的信息时，通常需要通过点击一组与其信息需求相关的内容文档集合才能获取到其所需要的信息。上一节对单目标信息搜索情况下的离线修改优化问题进行了研究，本节将对在多目标信息搜索情况下的站点结构离线修改优化问题展开研究。

1. 假设与定义

首先将 Web 站点抽象成图结构模型（对站点结构的描述建模问题，通常有树、图、超图等几种描述方式。本节的站点结构优化模型主要刻画的是站点用户在搜索到一个兴趣内容页面后，通过点击超链接的形式来搜索其他相关兴趣内容页面的信息搜索行为。因此相比较而言，图描述方式更适于对这种用户带有多个访问目标的站点结构优化问题进行建模），通过页组支持度与页组拓扑平均距离量化评估与挖掘站点中访问效率较低的内容文档集合为结构优化的兴趣页组，据此提出能综合评价站点访问效率的指标——Web 拓扑兴趣度，并通过分析新增超链接的影响因素设计了相应的站点结构优化方法，优化算法中采用遗传算法寻找最优组合的新增超链接组。

假设 6.4　网页分类假设　Web 站点的网页通常可以分为两类：提供快速进入站点其他部分的入口的网页称为导航页（navigation page）；提供给浏览者需要查找的信息、娱乐等内容的网页称为目标页（target page），有的文献也称之为索引页（index pages）和内容页（content pages）。

假设 6.5　兴趣目标页面假设　用户在 Web 站点信息空间的游历行为，是一种遵循站点的超链接结构搜索其兴趣信息内容的浏览点击行为，并且用户总能在站点的内容页面集合中搜索到与其兴趣信息相匹配的页面（称为用户的兴趣目标页面）。

定义 6.7　Web 站点图结构模型　Web 站点可以表示为无权有向图 $WS=(P,E)$，其中，P 为站点页面集合；E 为页面之间的超链接集合。对于任意的节点 $p_i \in P$，其意义通常有以下三种情况：p_i 代表网站内包含可访问内容的内容页面，称 p_i 为内容节点；p_i 代表网站内只起导航作用的纯导航页面，称 p_i 为导航节点；p_i 代表网站内既包含可访问内容又起导航作用的复合页面，则称 p_i 为复合节点。视复合节点为一导航节点和一个与其所包含的可访问内容相对应的内容节点的复合体，记包括复合节点复合体中的内容节点在内的所有内容节点的集合为 P_C。

假设 6.6　多目标信息搜索图假设　将 Web 站点抽象为一个图，并假设用户每次的浏览点击行为有多个兴趣目标页面，那么从信息搜索理论的角度来看，用户在站点信息空间中的浏览点击行为可以看做是在一个图结构上的多目标信息搜索行为，我们称之为多目标信息搜索图。

定义 6.8　访问代价　设有节点 $p_i, p_j \in P(i \neq j)$，则用户通过节点 p_i 访问 p_j 的访问代价定义为有向图 WS 上 p_i, p_j 间的最短路径长度，记为 $d(p_i, p_j)$。若有向图 WS 上不存在节点 p_i, p_j 间的路径，则定义 $d(p_i, p_j)=\tau$，τ 为一个较大的常数，表示用户通过 p_i 访问 p_j 需要通过除点击超链接外的其他途径（如在浏览器中输入 p_j 的 URL 地址）的访问代价当量。

拓扑平均距离的概念来源于图论的思想，它是有机化学中定量研究有机化合物构造关系的一个十分成功的工具，在复杂网络的分析和设计中也有广泛的应用，可将其引入到 Web 站点有向图中[163]，用以量化评估站点超链体系结构，并指导兴趣页组的挖掘算法。

定义 6.9 页组拓扑平均距离　设页组 $PG \subseteq P_C$ 是用户特定信息需求下的相关内容文档的集合，定义其拓扑平均距离（访问代价）为

$$\mu(PG)=\begin{cases}\dfrac{\sum_{p_i,p_j \in PG} f(p_i,p_j)\cdot d(p_i,p_j)}{|PG|(|PG|-1)} & |PG|>1 \\ 0 & |PG|=1\end{cases}$$

式中，$|PG|$ 为页组 PG 所包含的页面数，$f(p_i,p_j)$ 为群体用户通过节点 p_i 访问 p_j $(i\neq j)$ 的频度。

页组拓扑平均距离刻画了用户从页组内的一个兴趣页面访问另一个兴趣页面平均访问代价，因此可以作为站点结构合理化程度的指标。若用户经常同时访问的兴趣内容页面集合的页组拓扑平均距离较大，则表明现有的站点超链体系结构不能很好地适应用户的访问模式，站点结构有待优化；反之则表明现有的站点结构可以方便用户在频繁访问页组的页面之间进行游历，这样的页组就没有必要出现在挖掘结果中。

定义 6.10 页组拓扑兴趣度　页组 PG 的拓扑兴趣度定义为

$$Interest(PG) = 1 - \frac{1}{\mu(PG)}$$

定义 6.11 兴趣页组　设页组 $PG \subseteq P_C$ 是用户特定信息需求下的相关内容文档的集合，若 $Interest(PG) \geqslant min\_interest$，则称 PG 为兴趣页组，其中 $min\_interest$ 为用户预定的最小拓扑兴趣度阈值。

兴趣页组代表了 Web 站点中访问效率比较低的重要用户访问模式，因此可以用它作为站点结构优化的依据，使调整后的站点结构更适应站点用户的实际访问模式。

定义 6.12 最大兴趣页组　设有兴趣页组 PG，如果不存在页组 PG'，满足：(1)对于任意的 $p_i \in PG(i=1,2,\cdots,|PG|)$，都有 $p_i \in PG'$；(2)PG' 亦为兴趣页组，则称 PG 为最大兴趣页组。

定义 6.13 Web 拓扑兴趣度　设 $\{PG_1, PG_2, \cdots, PG_k\}$ 为从 WS 中抽取的 k 个最大兴趣页组，则定义 WS 的拓扑兴趣度为

$$Interest(WS) = \frac{\sum_{i=1}^{k} Interest(PG_i)}{k}$$

Web 站点的拓扑兴趣度值综合评价了站点的访问效率，倘若 $Interest(WS)$ 较

大，则表明现有的站点超链体系结构不能很好地适应用户的访问模式，站点结构有待优化。另外，如果站点结构的优化仅仅考虑采用 Web 拓扑兴趣度作为优化指标，则优化的结构往往不能在各个不同用户组访问行为的便利性之间取得均衡。为此，引入如下的 Web 拓扑兴趣标准差概念。如果优化后的站点拓扑兴趣标准差小于可接受的最大拓扑兴趣标准差阈值 max_tstd，则认为优化的结构对于各个不同的用户组来说，都是可以接受的。

定义 6.14 Web 拓扑兴趣标准差 设 $\{PG_1, PG_2, \cdots, PG_k\}$ 为从 WS 中抽取的 k 个最大兴趣页组，定义 WS 的拓扑兴趣标准差为

$$TStd(WS) = \sqrt{\frac{\sum_{i=1}^{k}(Interest(PG_i) - Interest(WS))^2}{k}}$$

2. 用页组拓扑平均距离改善兴趣页组的挖掘算法

改进算法主要从以下两个方面对传统的页面聚类算法进行改进[164]：①传统的页面聚类算法挖掘的对象是网站的所有页面，改进算法预先通过启发式规则将站点的页面分成内容页和导航页，缩减了挖掘对象的规模；②在传统的页面聚类算法中，只采用支持度对候选兴趣页组集进行剪枝，改进算法则采用了支持度、拓扑兴趣度二组阈值对候选集进行剪枝。因此，改进算法可尽早地过滤掉兴趣性低的页组，使得后面迭代过程中的数据量提前减小，快速收敛；另外引入的拓扑兴趣度阈值，使改进算法抽取的兴趣页组具有较好的可理解性与可用性。由于引入拓扑兴趣度，改进算法的计算量要比传统算法大，但是对于页面间的距离计算可以预先完成，且可保留直到下一次站点结构的更新，在一定程度上减少了改进算法的计算量。

挖掘兴趣页组的改进算法是一个递归的过程，假设 FG_k 是包含 k 个页面的页组的集合，其中每个页组的支持度、拓扑兴趣度都大于预先设定的阈值，首先将 PG_1 初始化为支持度大于 $min\_support$ 的页面，PG_2 是在 PG_1 的基础上产生，PG_3 又是在 PG_2 的基础上产生，依此类推。该过程可以用图 6-5 所示算法描述。

3. 结构优化算法的改进

1) 集成兴趣页组挖掘改进的优先分配算法

由于兴趣页组的抽取与站点结构密切相关，我们将兴趣页组挖掘算法集成到结构优化算法中，同时为了避免破坏站点原有的超链导航体系，我们只考虑在原有的站点结构上增加一组合适的超链接对站点结构进行优化，集成兴趣页组挖掘算法的站点结构优化算法如图 6-6 所示，算法终止准则采用的判断条件是新增超链接个数超过网站管理员预定的最大新增超链接数 max_number 或从已有的站点结构中抽取的兴趣页组为空或搜索迭代次数超过预定阈值。

算法6.3：PG_Generation

输入：站点拓扑结构，访问会话

输出：兴趣页组

过程：

step 1：classify the web pages of *WS* into P_C or not based on a heuristic rule

step 2：initialize PG_1 as the top requested single content page groups with *Support*>=*min_support*;

step 3：for (i=2; i<=k; i++) {

step 4： Sort the pages of groups in PG_{i-1} in lexicographical order;

step 5： for each group $\{x_1, \ ,x_{i-1}\}$ in PG_{i-1} {

step 6：   for each group $\{y_1, \ ,y_{i-1}\}$ in PG_{i-1} {

step 7：   if (x_2=y_1 and and x_{i-1}=y_{i-2}) {

step 8：   construct a new group $G=\{x_1, \ ,x_{i-1},y_{i-1}\}$;

step 9：   if (*G* not already in CG_i) {

step 10：   test all other combinations of subgroups of *G* with size (i−1);

step 11：   if (all such subgroups are in PG_{i-1}) {

step 12：   if (*Support(G)*>= *min_support* and *Interest(G)* >= *min_interest*){

step 13：   add *G* into PG_i;

step 14：}}}}}}}

图 6-5 挖掘兴趣页组的改进算法

算法6.4：结构优化的优先分配算法WS_Optimization

输入：初始的站点拓扑结构*WS*，访问会话*max_number*，最大迭代代数

输出：优化后的站点拓扑结构

过程：

step 1：Set current optimal Website topology *O(WS)* = *WS*;

step 2：Call PG_Generate and output the interest web pages groups;

step 3：If the output interest web pages groups is empty, go to step10, else, go to step4;

step 4：Sort the interest web pages groups by their interest degree;

step 5：Add a group of new hyperlinks in the most interesting web pages group;

step 6：Update the parameter of *max_number*;

step 7：If *max_number*>0, go to Step 8. Otherwise, go to Step 10;

step 8：Replace current optimal Website topology $O(WS) = WS^*$;

step 9：Iterate the optimizing process. If no better result appears after repeating specified iteration time, go to Step 10,otherwise, go to step 2;

step 10：Stop and output the current optimal Website topology.

图 6-6 结构优化的优先分配算法

2）基于遗传算法的结构优化算法

由兴趣页组挖掘算法可以得到当前站点结构下的兴趣页组，通过约简得到最大兴趣页组后可求得初始站点的拓扑兴趣度值，一般来说，这个值会比较大，表明当前站点的拓扑结构并不能很好地适应用户的访问模式，我们考虑对站点的超链接体系结构进行优化。

与优先分配算法类似，在基于遗传算法的结构优化方法中，我们也只考虑在原有站点超链体系结构上增加一组合适的超链接来优化站点结构，即约束新增超链接的个数不大于 *max_number*。

一般来说增加新超链接能方便用户游历其兴趣文档集合，因此直观的做法是

在用户的兴趣文档集合内添加尽可能多的超链接，使兴趣文档集合成为每一对不同的顶点之间均有超链接相互连接的完全图，将能最大化的便利用户游历其兴趣文档集合。但是这种做法将会导致一些页面上的超链接数目太多，使用户在该页面上正确选中能到达其兴趣文档集合的其他页面的超链接的选择困难度增加，也容易导致用户选择一些不能到达其目标页面的超链接，从而给用户的浏览造成更大的不便。为此，我们约束同一页面最多只能新增 *max_perpage* 条超链接。

另外还需考虑 *max_tstd* 值的约束，因此我们的问题是在约束值 *max_number*、*max_perpage*、*max_tstd* 下如何增加一组合适的新超链接使得群体用户都能较方便的游历其兴趣文档集合。由于新增超链接组内的各个超链接是相互影响的，寻找最好组合的超链接组很困难，我们设计了一种基于遗传算法的超链接的挑选算法，其基本流程如图 6-7 所示。

算法中的优化准则采用的判断条件是进化代数超过预先设定值(*max_gen*)，或最大适应度值针对不同随机初始种群在达到一定进化代数后趋于稳定，没有明显变化。

下面给出遗传算法采用的编码方法、适应度函数和三种遗传算子的运算方法。

(1) 个体编码。将新增加超链接组 $H^{(r)}=\{h_1^{(r)},h_2^{(r)},\cdots,h_{max_number}^{(r)}\}(r=1,\cdots,pop_size)$作为遗传个体，其中基因 $h_i^r(i=1,\cdots,max_number)$的意义为某一条新增超链接，采用 *max_number* 条超链接级联真值的编码方法。该个体可表示为

h_1^r	…	h_i^r	…	$h_{max\_number}^r$

算法 6.5：基于遗传算法的结构优化算法

输入：最大兴趣页组，站点拓扑结构，*max_number, max_perpage,max_tstd*

输出：优化的站点拓扑结构

过程：

step 1：随机产生满足约束条件的初始种群 $\{H^{(r)}\}_{r=1}^{pop\_size}$，每个个体 $H^{(r)}=\{h_1^{(r)},\cdots,h_{max\_number}^{(r)}\}$ 表示为染色体的基因编码，代表一组可能的新增超链接组；

step 2：计算个体的适应度*fitness*$(H^{(r)})$，并判断是否符合优化准则，若符合，输出最佳个体$H^{(*)}$及其代表的最优解*fitness*$(H^{(*)})$，并结束计算，否则转向步骤3；

step 3：选择运算，依据适应度选择再生个体，适应度高的个体被选中的概率高，适应度低的个体可能被淘汰；

step 4：交叉运算，按照一定的交叉概率和交叉方法，生成新的个体；

step 5：变异运算，按照一定的变异概率和变异方法，生成新的个体；

step 6：由交叉和变异运算产生新一代的种群，判断新一代的种群的每个个体是否满足约束值 *max_number,max_perpage,max_tstd*，如果满足，返回到步骤2，否则返回步骤3，重新进行遗传运算。

图 6-7　基于遗传算法的结构优化算法

(2) 适应度函数。个体的适应度函数可以定义为在 WS 中增加新超链接组 $H^{(r)}$ 后 WS 的拓扑兴趣度与增加超链接组 $H^{(r)}$ 前 WS 的拓扑兴趣度的差值，即

$$fitness(H^{(r)}) = Interest(WS) - Interest(WS^{H^{(r)}})$$

(3) 选择算子。选择运算建立在对个体的适应度进行评价的基础上。本算法中选择算子采用轮盘赌选择法。首先计算一代种群中每个染色体的累积概率 $q_r(r=1,2,\cdots,pop\_size)$，然后每次产生一个[0,1]的随机数 $rand$，如果 $q_{r-1}<rand\leqslant q_r$，则选择第 r 条染色体，共需要进行 pop_size 次选择．累积概率的计算方法如下：

$$q_r = \sum_{j=1}^{r} fitness(H^{(j)}) \Big/ \sum_{j=1}^{pop\_size} fitness(H^{(j)})$$

(4) 交叉算子。交叉运算采用单点交叉。为了避免新增超链接组内产生重复一致的超链接，我们采用动态交叉点。具体的操作过程是首先在个体编码串中按交叉概率 $cross\_rate$ 设置一个使得新生个体中没有重复基因的动态交叉点 k，k 的取值范围为[1，max_number]，max_number 为染色体长度，然后在该点相互交换两个配对个体的部分染色体。

(5) 变异算子。变异运算采用均匀变异。具体的操作过程是首先依次指定个体编码串中的每个基因座为变异点；然后对每一个变异点，以变异概率 $mutation\_rate$ 随机取一条异于其他基因且在现有站点结构不存在的超链接来替换原有基因值所代表的超链接。

4. 基于 Markov 链浏览行为模型会话仿真算法

1) 会话步长的逆 Gauss 分布模型

尽管 WWW 个体用户的浏览行为表现出很强的随机性，但是 WWW 群体用户的浏览行为作为一个整体却呈现出一定的模式规律。对于用户浏览步长问题的研究，Huberman 等把用户的浏览行为看做是一个决策过程，并建立了一个如下的用户浏览决策模型[157]。

(1) 用户访问的每一个网页都存在一个价值 V，这里 V 综合考虑了各种相关因素，如页面信息的使用价值、存取网页付出的流量代价以及网络拥塞带来的损失等；

(2) 用户访问时，通过评估网页的价值决定继续访问或是中断访问，倘若下一页的用户期望的价值大于 0，访问将继续；否则，当用户意识到继续浏览所获得的价值比付出的代价还高时，访问就停止；

(3) 当前页面的价值 V_L 等于前一页的价值 V_{L-1} 加减一个随机项，即

$$V_L = V_{L-1} + \varepsilon_L$$

式中，价值增量 ε_L 是独立的相同分布的 Gauss 随机变量。由这个模型推出的用户浏览深度(访问的网页数目，即访问会话步长)是有两个参数的逆 Gauss 分布，设 L

=1,2,3,…为会话步长，则会话步长的逆 Gauss 分布可以用密度函数表示如下：

$$P(L)=\sqrt{\frac{\lambda}{2\pi L^3}}\exp\left[\frac{-\lambda(L-\mu)^2}{2\mu^2 L}\right]$$

式中，$\mu>0$ 为逆 Gauss 分布的均值；λ 为比例系数，表示逆 Gauss 分布的方差与 λ 成反比，方差值为$\frac{\mu^3}{\lambda}$。

逆 Gauss 分布的特征是拖着长长的尾巴，伸展的长度远远超过同均值和方差的正态分布，它还呈现不对称特性，均值比典型值(概率最大处)要稍稍偏大，所以会存在比较大的方差。Huberman 等获取了 5 份美国在线(america online, AOL)用户对 WWW 的实际访问记录，发现用户的实际访问会话步长与逆 Gauss 分布模型吻合得非常好[157]。

2）基于 Markov 链浏览行为模型的会话仿真算法

已有多种方法可以用于对 WWW 用户的浏览行为进行建模，如 Markov 链、决策树、贝叶斯网、熵、聚类等。Markov 是一种非常经典的概率模型，是描述随机性事件的重要工具，适合于无记忆情形(下一步状态仅仅依赖前一步)。在 WWW 浏览行为中，实际上相当多的时候用户会浏览他们刚浏览过的网页甚至重复整个浏览历史；另外，相当一部分的 WWW 页面设计对用户访问行为的影响也符合 Markov 性假设，如通过提供带醒目标示的超链接或带精美图片的广告来对用户的下一步浏览行为进行提示。已有众多的研究表明 Markov 链模型是一种适合对 WWW 用户的浏览行为进行建模的工具，我们选择它作为仿真会话生成算法的原模型。

首先利用页面重要度对 Markov 链浏览行为模型的状态转移参数进行学习，该学习策略主要基于以下两点假设。

假设 6.7　访问首页选择假设　用户总是倾向于选择从重要度比较大的页面如站点首页开始对网站进行访问。

假设 6.8　链接选择假设　在浏览完当前网页后，用户总是倾向于选择页面重要度较大的页面继续浏览(如果不是选择退出)。

设 $A=(p_{ij})_{n\times n}$，$(i,j\in\{1,2,\cdots,n\})$为 Markov 链模型的转移概率矩阵，网站页面的编号为 $1,2,3,\cdots,n$，$PR(i)$为页面 i 的重要度，$G(i)$表示页面 i 所指向的网页集合，则基于页面重要度的 Markov 链浏览行为模型中的转移概率可以由下式给出。

$$p_{ij}=\begin{cases}0, & j\notin G(i)\\ PR(j)/\sum\limits_{j\in G(i)}PR(j), & j\in G(i)\end{cases}$$

$$p_i = \frac{PR(i)}{\sum_{i=1}^{n} PR(i)}$$

由于用户的访问行为可以看做是一个离散齐次 Markov 链，所以我们可以利用该 Markov 链浏览行为模型模拟用户在 WWW 站点上的访问行为仿真生成用户访问会话数据。对于每一条仿真会话数据，其生成过程如下：首先根据会话步长的逆 Gauss 分布模型生成当前待仿真会话的长度；然后用 Markov 链模型的初始状态分布生成用户访问会话的初始页面；最后用 Markov 链模型的转移概率矩阵生成完整的用户访问会话；为了模拟用户访问过程中的兴趣变化，我们还设置了兴趣迁移参数 η，对于用户的每一步点击行为，产生一个随机数 *intchange*－*rand*，若 *intchange*－*rand*$>\eta$，则表明当前用户的兴趣发生了变化，算法从网站页面中重新选择一个起点，继续用户会话的产生过程，直至生成会话的长度达到预定长度时，算法终止。仿真会话的生成过程可以用如图 6-8 所示的算法描述。

算法 6.6：Web 会话仿真算法
输入：Markov 链浏览行为模型，参数 λ, μ, η；
输出：仿真的 Web 会话数据；
过程：
step1：Generate the length of session using formula(4.8)；
step2：Choose start state to be *s*0 according to the initial probability distribution of Markov chain navigation model；
step3：Mark start state s0 as already visited and let $s'=s0$；
step4：While the length of session not reached (Exit Criteria) do through step10；
step5：Generate a random number *intchange*－*rand*；
step6：If *intchange*-*rand*$>\eta$ restart session generation procedure from step2，else
step7：　For all unvisited states *s*；
step8：　Compute $P(s'\rightarrow s)$ using the Markov chain navigation model；
step9：　Choose the $Max(P(s'\rightarrow s))$ and let the corresponding set of states to be *CS*；
step10：　　If $|CS|>1$ then pick the state s'' from *CS* according to $P(s'\rightarrow s)$；
step11：　　If $|CS|=0$ then restart session generation procedure from step2；
step12：　　Let $s'=s''$；
step13：End of session generation procedure.

图 6-8　Web 会话仿真算法

在仿真会话的生成过程中，有两个问题需要解决。第一，Markov 链会生成重复循环的状态序列的问题。第二，从当前状态到所有出度状态的转移概率都小于可选阈值，而当前会话的长度又未达到逆 Gauss 分布所生成的长度时，下一状态的选择问题。我们在算法中加入以下两个策略对这两个问题加以控制：对于问题一，我们通过将状态标记为已访问和未访问两类状态，在仿真会话的生成过程中，当前用户访问会话的下一状态只在其未访问状态集合中依 Markov 链转移概率进行选取，从而避免了重复循环状态的生成问题；对于问题二，我们采用“重生成”机制，即重新用 Markov 链模型的初始状态分布为该用户选择一个继续访问的起始状态，然后再进行会话生成过程，直至会话长度达到预定值终止。

5. 实验分析

1）实验 1——兴趣页组挖掘算法的改进

我们在 Windows2000 平台上用 MATLAB7.0 实现了本节的算法和文献[150,165,166]中的算法，并对其进行了对比，为了便于比较，文献[150]中的页面聚类算法的具体实现方法采用本节的算法 6.3 框架，而不采用原文的从图中挖掘子图的方法。

我们利用站点结构仿真算法[167]与本节的 Web 日志仿真算法生成了一个有 100 网页节点的网站及其相应的访问会话作为实验的数据集，利用 PageRank 算法迭代生成所有页面的 PageRank 值并对 Markov 链浏览模型的参数进行学习。在运行 Web 日志仿真算法时，取参数 $\lambda=2$，$\mu=10$，$\eta=0.3$，运行仿真算法 1500 次，产生的仿真会话数据经去除长度大于 20 的过长会话与长度小于 3 的过短会话后，共得到 1356 条有效会话，平均访问步长为 9.3 步，我们从这 1356 条会话中随机抽取了 1156 条会话作为兴趣页组抽取算法与结构优化算法的学习数据集，余下的 200 条会话作为测试数据集，实验中算法中判断某一页面 p_i 是否属于 P_C 的启发式规则为参考页面链接数目法，链接数阈值取为 5，访问代价当量 τ 取为 5，实验分以下两个步骤。

第一步，首先对兴趣页组挖掘算法的收敛性作了比较，改进算法的拓扑兴趣度阈值取为 0.7，实验结果如表 6-1 所示，表中 $|PG_i|$ 表示 PG_i 包含页组的个数。通过分析迭代过程中 $|PG_i|$ 数目的变化可以看出，文献[165]中的 SpeedTracer 算法收敛性最差，文献[150]中的 PageGather 次之，而改进算法迭代收敛的速度最快，提高了计算过程的效率，其原因在于 SpeedTracer 只使用页组支持度对候选兴趣页组集合进行剪枝，PageGather 则只抽取页面间没有链接的频繁访问页组作为兴趣页组，文献[166]的改进算法则通过引入组内链接度参数改进支持度的计算公式(由于我们没有对网页大小进行仿真，此处以及下面的实验二我们忽略该文献中的范化内容链接比参数)，从而提高了算法的收敛性，而我们的算法的快速收敛性则主要得益于挖掘对象规模的缩减以及同时采用了支持度、拓扑兴趣度二组阈值对候选兴趣页组集合进行剪枝。

第二步，比较了测试会话在优化前后的网站结构上的访问代价差的平均值，其中测试会话在当前网站结构下的访问代价取为用户从该会话的起点出发，逐一到达该会话所包含的目标内容页面的访问代价总和，并假设用户访问其目标页面的过程符合以下两点假设。

表 6-1 兴趣页组挖掘算法的实验结果比较

Algorithm used	*min_suppport*	$\|PG_1\|$	$\|PG_2\|$	$\|PG_3\|$	$\|PG_4\|$	$\|PG_5\|$	$\|PG_6\|$	$\|PG_7\|$	$\|PG_8\|$
SpeedTracer①	30	76	240	314	224	99	28	4	0
PageGather②	30	76	240	51	4	0	0	0	0
	20	94	434	383	204	60	8	0	0
	10	95	513	503	231	60	8	0	0
Enhanced③	30	76	240	8	0	0	0	0	0
	20	94	434	15	0	0	0	0	0
	10	95	513	91	4	0	0	0	0
Enhanced④	30	47	16	12	4	0	0	0	0
	20	65	59	37	10	0	0	0	0
	10	66	76	44	12	0	0	0	0

①文献[165]的算法；②文献[150]的算法；③文献[166]的改进算法表；④我们的改进算法

假设 6.9 信息充分假设 新的超链接上的描述信息足够充分，用户能够从中准确地预测到他指向页面的页面。

假设 6.10 就近访问假设 用户在搜寻其目标页面时，如果发现通过某个超链接到达目标页面的路径较短，则会立即点击此超链接。

结构优化的方法采用非集成的优先分配方法：先由各种兴趣页组挖掘算法挖掘出兴趣页组，然后按兴趣度从高到低依次在兴趣页组内添加新超链接，当新增超链接的条数达到 *max_number* 时优化算法终止，文献[165]页组的兴趣度取为页组的支持度，我们的算法的页组兴趣度取为页组的拓扑兴趣度值，实验结果如表 6-2 所示。从表中可以看出，我们的算法在结构优化中的显著效果，其原因在于改进的兴趣页组抽取算法抽取的是群体用户访问代价比较高的内容页面的集合，而这类的兴趣页组对站点结构的优化具有很强的针对性，而文献[166]的改进算法的效果是不甚理想的，其原因可能在于我们忽略了该文献中的范化内容链接比参数，使得挖掘的兴趣页组中包含了太多的导航页面的缘故。另外我们从表中可以观察到几个有趣的结果：第一，我们原以为 PageGather 方法的优化效果应该要比 SpeedTracer 好，可是实验结果却恰恰相反；第二，PageGather 方法当 *max_number* 为 20 和 *max_number* 为 30 的优化效果都是 0.31。为了分析其中的原因，我们着重分析并对比了这两种方法的新增超链接组，结果发现 PageGather 方法的很多新增超链接是添加在已有站点中不存在链接的导航页面之间。因此，我们认为其原因可能是 PageGather 方法挖掘的对象是所有的页面。而把用户经常同时访问的导航页面作为兴趣度很高的兴趣页组。而实际上这类在导航页面之间新增的超链接是无益于用户从他感兴趣的一个内容页面访问其他兴趣内容页面的。这也是 PageGather 方法当 *max_number*=10 时效果很差(仅为 0.09),当 *max_number* 为 20 和 *max_number* 为 30 时的优化效果没有变化的真正原因。

表 6-2　不同兴趣页组挖掘算法下的站点结构优化效果比较

Algorithm used \ *max_number*	10	20	30	40	50	60	70	80	90	100
SpeedTracer①	0.24	0.40	0.51	0.71	0.92	1.14	1.30	1.40	1.50	1.60
PageGather②	0.09	0.31	0.31	0.46	0.51	0.64	0.87	1.00	1.18	1.32
Enhanced③	0.30	0.40	0.57	0.61	0.67	0.73	0.80	0.97	1.10	1.36
Enhanced④	0.34	0.54	1.00	1.23	1.44	1.66	1.84	1.98	2.14	2.57

①文献[165]的算法;②文献[150]的算法;③文献[166]的改进算法表;④我们的改进算法

2) 实验 2——结构优化方法的改进

本节实验采用的实验数据集同实验 1 部分,实验包含以下两个步骤。

第一步,对集成兴趣页组挖掘改进的优先分配算法与非集成的优先分配算法的优化效果作了比较,实验中采用的兴趣页组挖掘算法为我们改进的兴趣页组挖掘算法,最大迭代代数取为 200 代,实验结果如表 6-3 所示,从表中可以看出,集成的优化方法对优化效果有一定的改善,其原因在于集成的优化方法在优化过程中挖掘的兴趣页组能更实时地反映出当前站点结构的不合理处。

表 6-3　集成优化与非集成优化的效果比较

Algorithm used \ *max_number*	10	20	30	40	50	60	70	80	90	100
Without Combined①	0.34	0.54	1.00	1.23	1.44	1.66	1.84	1.98	2.14	2.57
Combined②	0.38	0.60	1.12	1.43	1.56	1.78	1.99	2.23	2.41	2.66

①非集成的优化算法;②集成的优化算法

第二步,测试了基于遗传算法的结构优化算法的优化效果(最大新增超链接数变化时 Web 站点的拓扑兴趣度值的变化情况,以及测试会话在优化前后的网站结构上的访问代价差的平均值),并与传统的优先分配算法的优化效果作了比较。实验参数设置如表 6-4 所示,结果如表 6-5、表 6-6 所示。从表 6-5 中可以看出,优化方法通过在原有站点结构上合理增加一组超链接在降低站点的拓扑兴趣度值的同时,使得用户都能以比较小的访问代价访问其兴趣文档的集合,表明降低站点拓扑兴趣度值对降低用户的访问代价确实能起到较好的作用。另外通过表 6-6 可以看出,基于遗传算法的结构优化算法比优先分配算法的优化效果要好,其原因可能在于遗传算法通过对一定的解空间进行搜索,摒弃对降低群体用户访问代价效果不高的新增超链接,从而能得到比优先分配算法较优的解。

表 6-4 基于遗传算法的结构优化算法的运行参数

访问代价当量(τ)	5
最小支持度阈值(*min_support*)	10
最小页组拓扑兴趣度阈值(*min_interest*)	0.6
最小拓扑兴趣度标准差(*min_tstd*)	0.1
同一页面最大新增超链接数(n)	5
种群大小(*pop_size*)	30
最大进化代数(*max_gen*)	200
交叉概率(*cross_rate*)	0.9
变异概率(*mutation_rate*)	0.01

表 6-5 基于遗传算法的结构优化算法的实验效果

max_number / Algorithm used	10	20	30	40	50	60	70	80	90	100
Interest(*WS*)	0.764	0.724	0.679	0.641	0.612	0.524	0.497	0.451	0.448	0.436
平均访问代价差	0.44	0.76	1.23	1.61	1.72	1.84	2.06	2.31	2.59	2.72

表 6-6 基于遗传算法的结构优化算法与传统的优先分配算法的优化效果比较

max_number / Algorithm used	10	20	30	40	50	60	70	80	90	100
Priority-Assigned①	0.34	0.54	1.00	1.23	1.44	1.66	1.84	1.98	2.14	2.57
GA-Based②	0.44	0.76	1.23	1.61	1.72	1.84	2.06	2.31	2.59	2.72

①非集成的优先分配算法;②基于遗传算法的结构优化算法

6.3 站点结构在线动态优化模型

6.3.1 传统的 Markov 链浏览预测模型及其不足

自适应站点的离线修改方式面向全部用户,能在一段较长的时期内方便群体用户的访问,动态推荐方式则主要面向单个或某部分的用户(取决用户建模的方式)自适应地调整站点的结构,以方便当前用户的访问,不对站点设计产生持久的影响,动态推荐方式实际上属于个性化服务范畴。动态推荐方式根据当前用户的访问行为实时地预测和推荐他可能需要的超链接，即关注如何根据用户的浏览行为信息，为用户提供实时个性化服务。动态推荐方式的基础是 Web 浏览预测。由于 Web 站点信息空间的复杂性、实时性、动态性，访问行为的有序性、异质性，访问数据的海量性，如何建立一个准确有效的用户浏览预测方法是众多 Web 挖掘研究人员的重要研究课题。Markov 链浏览预测模型是其中应用较多的一种模型，但是用 Markov 链模型进行 Web 浏览预测时存在一些不足。

定义 6.15　访问序列　用户在 Web 站点信息空间上游历时，同一会话期间内的 *URL* 请求序列称为用户的访问序列。

定义 6.16　访问序列事务数据库 *SDB*　群体用户的访问序列构成 Web 站点的访问序列事务数据库。即 $SDB=<s_1,s_2,\cdots,s_m>$，其中，$s_i(i\in[1,2,\cdots,m])$表示用户的访问序列。

假设 6.11　浏览行为的 Markov 性假设　假设所有用户的访问序列是一个时齐的离散 Markov 链，则访问序列可以看做是一离散随机变量 X 的取值序列，该序列满足 Markov 性。

定义 6.17　基本 Markov 浏览行为模型　Web 用户浏览行为可以表示为一个齐次离散 Markov 链 $M=<X,A>$，其中，X 是一个离散随机变量，值域为$\{x_1,x_2,\cdots,x_n\}$，每个 x_i 对应一个网页，称为模型的一个状态；A 为转移概率矩阵，$A=(p_{ij})=P(X_t=x_j\mid X_{t-1}=x_i)$表示由状态 x_i 转移到状态 x_j 的转移概率。即 $A=(p_{ij})_{n\times n},(i,j\in\{1,\cdots,n\})$。

$$A=(p_{ij})=\begin{bmatrix} p_{11} & p_{12} & \cdots & p_{1j}\cdots p_{1n} \\ p_{21} & p_{22} & \cdots & p_{2j}\cdots p_{2n} \\ \vdots & \vdots & & \vdots \\ p_{n1} & p_{n2} & \cdots & p_{nj}\cdots p_{nn} \end{bmatrix}$$

转移概率矩阵 A 满足以下两个条件：

$$p_{ij}\geqslant 0 \text{ for all } i,j\in\{1,\cdots,n\}, \tag{6-2}$$

$$\sum_{j=1}^{n}p_{ij}=1 \text{ for all } i\in\{1,\cdots,n\} \tag{6-3}$$

模型的训练主要是通过 *SDB*，对转移矩阵 A 做参数估计。一般地，可以采用极大似然估计法或 Bayes 参数估计法。设转移矩阵 A 中的待估参数集为 p，采用极大似然估计法，首先定义似然函数，即

$$l(p)=P(SDB\mid p)=\prod_{i=1}^{m}P(s_i\mid p)$$

令 S_{ij} 表示在 *SDB* 中状态对(x_i,x_j)的出现次数，考虑到式(6-2)、式(6-3)，可以得到 p 的极大似然估计值为

$$p_{ij}^{ML}=\frac{S_{ij}}{\sum_{j=1}^{n}S_{ij}}$$

采用极大似然估计法存在的问题是在 SDB 数据库中，有相当一部分 S_{ij} 值为 0，另外当模型的学习数据不充分时，无法对参数作出准确的估值，此时可以采用 Bayes 参数估计法，考虑转移矩阵第 i 行的参数集 $\{p_{i1},\cdots,p_{in}\}$，给定其先验分布为 Dirichlet 分布，即

$$P(\{p_{i1},\cdots,p_{in}\})=C\prod_{j=1}^{n}p_{ij}^{\alpha(q_{ij}-1)}$$

式中，$\alpha,q_{ij}>0$，$\sum_{j=1}^{n}q_{ij}=1$，C 是标准常量。可以求得参数的后验估计值为

$$p_{ij}^{MAP}=\frac{S_{ij}+\alpha q_{ij}}{\sum_{j=1}^{n}S_{ij}+\alpha}$$

传统的 Markov 链模型是一种简单有效的浏览推荐模型，但它存在以下两方面的不足。

(1) 由于用户访问序列串长是动态时变的，所以采用固定阶数的传统 Markov 链模型并不能准确地对用户的访问行为建模；同时由于在 WWW 浏览推荐问题中，低阶 Markov 链模型的推荐准确率较低，覆盖率则相对较高，而高阶的 Markov 模型则具有较高的推荐准确率，而覆盖率则较低，所以使用阶数固定的 Markov 链浏览推荐模型并不能同时获得较理想的准确率与覆盖率性能。

(2) 没有考虑到用户的早期访问行为与近期访问行为对用户未来的访问行为的影响程度不同。与用户的早期访问行为相比，用户的最新访问行为对用户的下一步访问行为影响程度更深。

据此，本节提出可变多阶 Markov 链模型（variable multiple order markov chain，VMOMC），即采用阶数可变的多阶 Markov 链并行组合推荐的方法来对 WWW 浏览的个性化推荐问题进行建模[168]，具有更好的可理解性和可解释性，在真实 WWW 站点访问日志数据上的实验结果表明，VMOMC 与传统的 Markov 链浏览推荐模型相比，具有较理想的推荐性能。

6.3.2 基于可变多阶 Markov 链模型的在线动态推荐

1. 可变多阶 Markov 链模型

1) VMOMC 模型定义

首先定义 VMOMC 的基本变量及其含义如下：

r——VMOMC 的阶数（$r\in[1,R]$）；

i——第 i 个推荐目标页面,共有 m 个推荐目标网页($i=1,2,\cdots,m$);

MC_j——第 j 阶 Markov 链模型,共有 r 阶 Markov 链模型($j=1,2,\cdots,r$);

p_{ij}——对于一个输入的用户访问序列,第 j 阶 Markov 链模型对第 i 个推荐目标网页的概率度量值,取值区间为[0,1]且有 $\sum_{i=1}^{m} p_{ij} = 1$;

o_i——对于一个输入的用户访问序列,VMOMC 模型得到的第 i 个推荐目标页面的组合加权概率度量值;

ω_j^r——第 j 阶 Markov 链模型的推荐权重,代表第 j 阶 Markov 链模型在组合模型中的重要程度,取值区间为[0,1]且有 $\sum_{j=1}^{n}\omega_j^r=1$。

设用 VMOMC-r 来表示 r 阶 VMOMC 模型,则 VMOMC-r 是由 r 个不同阶的单阶 Markov 链模型并行加以组合得到的多重 Markov 链组合推荐模型,显然 VMOMC-1 等价于一阶 Markov 链模型。VMOMC-r 的学习与推荐过程:首先每一个单阶 Markov 链模型根据训练样本学习生成各自的推荐模型 MC_j ($j=1,2,\cdots,r$),每一个 MC_j 模型的推荐结果用推荐目标网页标记的概率分布 p_{ij} 表示,然后由每一个 MC_j 模型的推荐结果作为组合模型的输入,经过组合算法的处理,产生组合模型的推荐结果。VMOMC-r 中组合算法的输入节点数为 $m\times r$ 个,输出节点数为 m 个,组合模型的输出 o_i 可由下式得

$$o_i = \sum_{j=1}^{r}\omega_j^r p_{ij} \quad (i = 1,2,\cdots,m)$$

组合预测的方式主要有两种:序列组合方法和并行组合方法。序列组合方法串联各个预测器,前一个预测器的结果作为下一个预测器的输入;并行组合方法将各个预测器并联,在给定输入的条件下,每个预测器得出各自预测结果,再通过组合算法得出最后的预测结果。VMOMC 模型采用的组合方法是多阶 Markov 链模型并行组合预测的方法。VMOMC 模型的组合预测原理可用图 6-9 形象地表示。

VMOMC-r 模型的主要参数包括模型阶数 r、各单阶 Markov 链模型 MC_j ($j=1,2,\cdots,r$)的转移概率矩阵,以及各单阶 Markov 链模型的权重 ω_j^r($j=1,2,\cdots,r$)。给定学习数据集,MC_j($j=1,2,\cdots,r$)的转移概率矩阵可以由不同的参数估计法得到,如极大似然估计法、贝叶斯估计等。设有用户访问序列实例 s^k($k=1,2,\cdots,S$),VMOMC-r 的阶数 r 可由式

$$r = \max(|s^k|,R)$$

确定。式中,$|s^k|$为访问序列 s^k 的串长,注意$|s^k|$是个动态增长的变量。

下面重点介绍 VMOMC-r 模型中各单阶 Markov 链模型的权重学习方法。为了方便描述,我们用 r 维向量 W 表示 ω_j^r($j=1,2,\cdots,r$),VMOMC-r 对用户实例 s^k 采用的推荐结果函数为

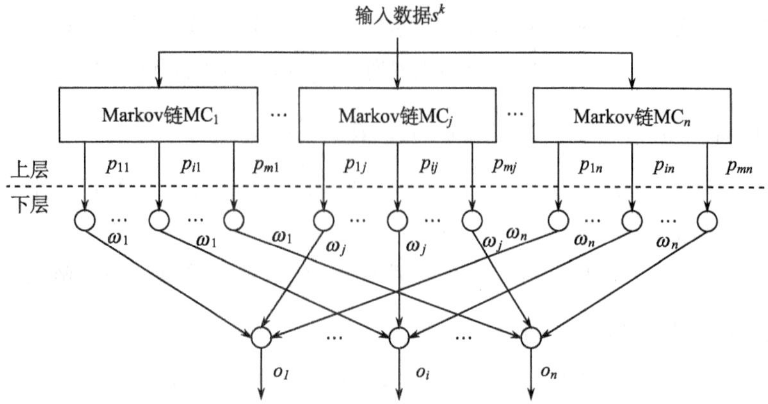

图 6-9 VMOMC 模型原理示意图

$$\mathrm{OP}(W_{s^k}) = \{i \mid o_i \geqslant \tau, i \in I\}$$

式中,τ 为最小推荐结果概率阈值;I 为目标网页标号集合 $I=\{1,2,\cdots,m\}$。

为了评价 VMOMC-r 推荐准确率,设置成功推荐函数为

$$\mathrm{RP}(W_{s^k}) = \begin{cases} 1, & s^k_{|s^k|+1} \in \mathrm{OP}(W_{s^k}) \\ 0, & s^k_{|s^k|+1} \notin \mathrm{OP}(W_{s^k}) \end{cases}$$

式中,$s^k_{|s^k|+1}$为用户 s^k 实际的下一个访问页面。

如果推荐结果与用户实际访问的页面相符即为成功推荐,则组合模型的推荐准确率为

$$F(W) = \frac{\sum_{k=1}^{S} \mathrm{RP}(W_{s^k})}{S}$$

由此建立学习 VMOMC-r 中各单阶 Markov 链模型权重的优化模型为

$$\max F(W) \tag{6-4}$$

$$\text{s. t. } \omega_j^r \geqslant 0, \sum_{j=1}^{r} \omega_j^r = 1 \tag{6-5}$$

2) 基于遗传算法的权重学习方法

并行组合预测方法对预测准确率的改善在很大程度上依赖于组合算法的性能。VMOMC 模型采用基于遗传算法的并行组合预测方法以提高预测准确率。遗传算法的基本步骤如下:

(1) 个体编码。采用长度为 l 的二进制编码,把权重 $\omega_j^r(j=1,2,\cdots,r)$的初始变化区间[0,1]等分成 2^l 个子区间,于是权重变化空间$[0,1]^r$ 被离散成$(2^l)^r$ 个网

格点，称每个网格点为个体，它与 r 个 l 位二进制数相对应，其中第 j 个 l 位二进制数对应第 j 个权重的取值，可见个体表示 r 个单阶 Markov 链模型的某种组合状态。

(2) 随机产生初始种群。设种群大小为 pop_size，从上述 $(2^l)^r$ 个网格点中随机选取 pop_size 个个体作为初始父代。

(3) 计算个体的适应度。把当前父代个体对应的权重 $\omega_j^r(j=1,2,\cdots,r)$ 进行归一化处理：

$$\omega_j^r = \frac{\omega_j^r}{\sum_{j=1}^{r}\omega_j^r} \tag{6-6}$$

根据式(6-6)处理后的权重满足式(6-5)的条件，于是把第 k 代个体代入式(6-4)得到相应的目标函数值 $F_k(W)$，$F_k(W)$ 越大表示该个体越优秀。判断是否符合优化准则，若符合，输出最佳个体及其代表的最优解并结束计算，否则转向步骤(4)。

(4) 选择运算。采用轮盘赌选择法，定义第 i 个个体 $W_i(i=1,\cdots,pop\_size)$ 入选种群的概率为

$$p_k(W_i) = \frac{F_k(W_i)}{\sum_{i=1}^{pop\_size} F_k(W_i)}$$

共选择两组，各 pop_size 个个体。

(5) 杂交运算。由步骤(4)得到的两组个体随机两两配对成为 pop_size 对双亲，将每对双亲个体的二进制数的任意一段值互换，得到两组子代个体。

(6) 变异运算。取步骤(5)中的两组 pop_size 个子代个体中较优的一组，以变异概率 $mutation\_rate$ 使得染色体的一个基因发生变异，即将它们的二进制数的随机两位值进行翻转(原值为 0 的变为 1，原值为 1 的则变为 0)。

(7) 进化迭代。由步骤(6)得到的 pop_size 个子代个体作为新的父代，算法转入步骤(3)，重新计算个体的适应度并对新一代种群的个体进行选择、杂交和变异运算。

算法中的优化准则采用的判断条件是：进化代数超过预先设定值(max_gen)，或目标函数值 $F_k(W)$ 针对不同随机初始种群在达到一定进化代数后趋于稳定，没有明显变化。

2. VMOMC 模型的算法实现

1) 构建浏览模式树

算法的第一步就是要将访问序列事务数据库转化为模式树存储，以便进行后面的挖掘，为此，首先定义浏览模式树(navigational pattern tree，NP-Tree)的概念

如下。

定义 6.18 NP-Tree　浏览模式树 NP-Tree 是一种满足以下条件的前缀树：①NP-Tree 由一个根节点(用 *root* 表示)，作为根节点的孩子的项前缀子树(item prefix subtrees)集合，以及项集头表(简称头表)组成。②头表(header linked list)是一个 Hash 表，头表队列(header queue)是一个队列，同一队列链接 NP-Tree 中具有相同事件名称的所有节点。头表中的每一项包含四个域：*item_name*、*next_object_link*、*head_node_link*、*tail_node_link*。其中，*item_name* 记录头表项的名称；*next_object_link* 为指向头表(header linked list)中的下一头表对象的指针，*head_node_link* 为指向 NP-Tree 中具有相同的 *item_name* 值的首节点的指针(即头表队列头节点指针)；*tail_node_link* 为指向 NP-Tree 中具有相同的 *item_name* 值的尾节点的指针(即头表队列尾节点指针)。③树的根节点包含 3 个域：*item_name*、*totoal_count*、*child_node_link*。其中，*item_name* 为树根节点的名称，标记为"*null*"；*totoal_count* 记录了访问序列事务数据库的所包含的会话总数；*child_node_link* 指向根节点的孩子节点的集合，代表从根节点开始的每条会话的起始项。④项前缀子树中的每个节点包括 4 个域：*item_name*、*count*、*child_node_link*、*node_link*。其中，*item_name* 记录事件名称；*count* 为计数值，记录能到达该节点的路径所表示的数据对象的数目；*child_node_link* 为指向当前节点的孩子节点的集合，代表访问事件序列的下一项，从根节点开始，不断沿着 *child_node_link* 引用到达叶子节点所形成的分支，是一个会话；*node_link* 为指向头表队列的下一节点(即下一个具有相同 *item_name* 值的节点)的指针，当下一个节点不存在时，*node_link* 为 *null*。

NP-Tree 是一种改进的频繁模式树(frequent pattern tree，FP-Tree)，是访问序列事务数据库的压缩表示，它通过逐个读入访问会话事务，并把每条访问会话序列映射到 NP-Tree 树中的一条路径来构造，由于不同的访问会话序列事务可能会有若干个相同的项，所以它们的路径可能部分重叠。路径相互重叠越多，使用 NP-Tree 树结构获得的压缩效果越好。总的来说，NP-Tree 有以下几点好处。

(1) 在 NP-Tree 树结构中，具有同样前缀的访问记录会从根目录开始共享前面一部分路径。从统计的角度来讲，从前缀共享的因素来分析，NP-Tree 树的大小比原来的用户浏览事务数据库的大小要大大减少，NP-Tree 树高度压缩存储了原有的会话数据库，但不会丢失任何信息。NP-Tree 的高等于用户浏览事务数据库中的最大事务的长度加 1，宽小于等于用户事务数据库中事务的个数，因此，NP-Tree 树不会产生爆炸性的节点数目。

(2) NP-Tree 保留了访问序列事务数据库中所有用户的访问信息，因此后续的挖掘算法可以在 NP-Tree 树上进行，如果 NP-Tree 足够小，能够存放到内存中，就可以直接从这个内存中的结构进行后续的挖掘算法，而不必重复地读取存放在硬盘上的数据。

(3) Web 站点的访问会话事务是时刻增量更新的，对于新增加的用户访问会话数据，NP-Tree 可以方便地进行增量更新，而不用重新运行整个算法。

图 6-10 是一个构建好的 NP-Tree 树示例。

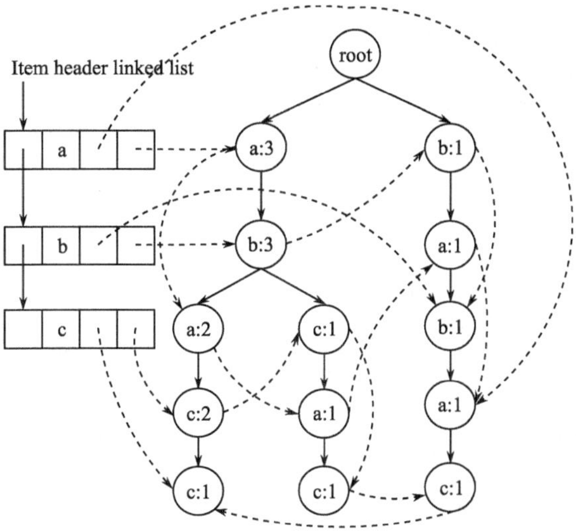

图 6-10　浏览模式树示例

由 NP-Tree 树的定义，我们开发设计了 NP-Tree 树的构建算法。整个构建算法的过程由一个主函数(*NP-TreeConstruction*)和两个被主函数调用的子过程(*NextPrefixRoot*，*ConnectHeaderLinks*)组成。整个 NP-Tree 树的构建算法(图 6-11)大致可以分为三个部分：step1～step3 对参数 *T*、*Headers*、*Sub_T* 进行初始化，step4～step11 读入访问序列事务数据库中的每条用户的会话，并对每条会话中的每个访问事件进行处理，最后返回构建的 NP-Tree 树 *T* 和头表队列 *Headers*。对于每条读入的访问会话，构建算法的处理过程如下：首先对 NP-Tree 树 *T* 根节点的节点计数值 *totoal_count*，以及临时根树 *Sub_T* 进行动态更新，然后调用子过程 *NextPrefixRoot* 构建对应该条会话的前缀子树，最后返回更新后的临时根树 *Sub_T*。

对于每条用户会话中的每个用户访问事件，构建算法重复调用子过程(图 6-12)*NextPrefixRoot* 构建对应该条会话的前缀子树。对于每个输入的用户访问事件项 *e*，*NextPrefixRoot* 首先通过遍历子树 *Sub_T* 检验其是否存在，如果存在，*NextPrefixRoot* 则对该节点的计数值进行更新并返回更新后的节点(算法 6.8 step1～step4)；否则，*NextPrefixRoot* 则在子树 *Sub_T* 后面增加一个新节点 *new_node*(算法 6.8 step5～step8)，其中 *new_node* 的 *item_name* 取为 *e*，计数值

算法 6.7：*NP-TreeConstruction*（*SDB*）
输入：访问序列事务数据库 *SDB*
输出：浏览模式树 *T*，头表 *Headers*
过程：
step1： let *T* be the root of the Navigational Pattern Tree；
step2： let *Headers* be the link points to the first object of item header linked list；
step3： let *Sub_T* be the root of item prefix subtree；
step4： for each sequential transaction $S \subseteq SDB$ do
step5： *T. total_count* ← *T. total_count* + 1；
step6： *Sub_T* ← *T*；
step7： for each item $e \in S$ do
step8： *Sub_T* ← *NextPrefixRoot*(*Sub_T*, *Headers*, *e*)；
step9： end for each item
step10： *Sub_T* ← *T*；
step11： end for each sequential transaction
step12： return *T*, and *Headers*

图 6-11 NP-Tree 树构建算法

count 取为 1，并调用子过程 *ConnectHeaderLinks* 对头表和树节点之间的链接进行调整更新（算法 6.8 step9）。

算法 6.8：*NextPrefixRoot*(*Sub_T*, *Headers*, *e*)
输入：项前缀子树 *Sub_T*，*Headers*，项 *e*
输出：更新后的项前缀子树
过程：
step1： for each *child_node* ∈ *Sub_T. child_node_link* do
step2： if *child_node. item_name* = *e* then
step3： *child_node. count* = *child_node. count* + 1
step4： return *child_node*
step5： create a new node *new_node*
step6： *new_node. item_name* = *e*
step7： *new_node. count* ← 1
step8： *Sub_T. child_node_link* point to *new_node*
step9： *ConnectHeaderLinks*(*Headers*, *new_node*)
step10： return *new_node*

图 6-12 NP-Tree 树构建算法 *NextPrefixRoot* 子过程

子过程（图 6-13）*ConnectHeaderLinks* 包含两个部分，对于项前缀子树中每一个新插入的节点 *new_node*，*ConnectHeaderLinks* 首先对已有的头表 *Headers* 进行扫描，若 *new_node* 已经包含在头表 *new_node* 中，则对相应头表项的尾节点指针 *tail_node_link* 进行更新和并在头表队列的尾项中加入 *new_node*（算法 6.9 step1～step4）；否则，*ConnectHeaderLinks* 将在头表 *Headers* 中新增一个头表项 *new_head_object*，*new_head_object* 的 *item_name* 初始化为 *new_node*，*item_name*，*new_* *head_object* 的头节点指针 *head_node_link* 和尾节点指针 *tail_node_link* 均初始化为 *new_node*，最后对头表 *Headers* 进行更新并返回更新后的 *Headers*。

```
算法 6.9：ConnectHeaderLinks(Headers,new_node)
输入：头表 Headers,NP-Tree 中的一个新的节点 new_node
输出：无
过程：
step1:  for each header_object∈ Headers do
step2:    if header_object.item_name = new_node.item_name then
step3:    header_object.tail_node_link.node_link←new_node;
step4:    header_object.tail_node_link←new_node;
step5:    return
step6:  create a new header object new_head_object
step7:    new_head_object.item_name←new_node.item_name;
step8:    new_head_object.head_node_link←new_node;
step9:    new_head_object.tail_node_link←new_node;
step10:  let tail_header_object be the last object in Headers
step11:  tail_header_object.next_object_link←new_head_object;
step12:  return
```

图 6-13 NP-Tree 树构建算法 *ConnectHeaderLinks* 子过程

2) 逐阶增量更新算法

A. 总体描述

构造好浏览模式树 NP-Tree 后，逐阶增量更新算法 OOIU(order-by-order incremental updating approach)用于建立混合阶 Markov 模型。OOIU 算法首先建立一阶 Markov 模型，然后每次构造高一阶的 Markov 模型，直到阶数到达最大阶数阈值 *maxOrder* 或某阶的 Markov 模型为空时，算法终止。OOIU 算法如图 6-14所示。

B. k 阶模型的构建

定义 6.19 沿着浏览模式树 T 的分支，由从节点 e 到其子孙节点 p 的分支，称为 e-p 分支。

定义 6.20 若 e-p 分支上有 L 条边，则称 e-p 分支的长度为 L。

定义 6.21 e-p 分支上的节点去除 e 节点所组成的节点序列(设序列长度为 k)，称为 e 前缀的 k 序列。

定义 6.22 e 前缀的 0 序列表示 e 节点。

在某一阶 $k(k\geqslant 1)$构建 k 阶 Markov 模型时，由于头表队列连接了所有事件 e 的节点，所以扫描头表队列就可得到所有 e 前缀的 $k-1$ 序列。*KCombination*$(e, k-1)$方法返回一个节点队列，这些节点都是 e 前缀的 $k-1$ 序列的最后一个节点。因此，若 $cp_1p_2\cdots p_k$ 为用户当前访问序列，则所有 p_k 节点都是存储在 *KCombination* 方法返回的队列中，p_k 节点的孩子节点 p_{k+1} 就是用户下一个访问的节点。*KCombination* 方法如图 6-15 所示。

```
算法 6.10:OOIU 算法
输入:浏览模式树 T,头表 Headers,最大阶 maxOrder,最小支持度 minSupp,最小置信度 minConf;
输出:预测模式树(PP-Tree, Predictive Pattern Tree) PP-Tree;
过程:
step1:  PP-Tree=InitRecommendationTree(); /* 初始化预测模式树 */
step2:  roundEmpty←false; /* 标志在该阶下是否存在模式 */
step3:  For (k=1;! roundEmpty&&k≤ maxOrder;k++){
step4:    roundEmpty←true;
step5:    For each object in Headers { /* 扫描头表 */
step6:      CrossLink link=new CrossLink(); /* 创建十字链表 */
step7:      For each (node e in the header queue){ /* 扫描头表队列 */
step8:        Queue q=KCombination(e,k-1);
step9:        if (q.Count>0)
step10:         roundEmpty←false; /* 该阶具有模式 */
step11:       while (q.Count>0){
step12:         MergeNodeToLink(e,q.Dequeue(), link);} /* 将返回的节点序列加入十字链
                表 */
step13:     }/* end for each {(node e)} */
step14:     PP-Tree.Add(link); /* 将十字链表解析并加入到预测模式树中 */
step15:   }/* end for each {(object)} */
step16:  }//end for
step17:  返回预测模式树 PP-Tree
```

图 6-14 逐阶增量更新算法 OOIU

```
算法 6.11:KCombination(e,l)
输入:节点 e,序列长度 l
输出:一个节点队列,这些节点都是 e 前缀的 l 序列的最后一个节点
过程:
step1:  Queue q=new Queue();
step2:  q.Enqueue((e, l));
step3:  while (q.Count>0){
step4:    item=(Queue Item) q.Dequeue();
step5:    if (item.Count==0){
step6:      q.Enqueue(item);
step7:      break; /* 如果头节点的长度计数为 0,则重新将 item 入队列,返回 */
step8:    }else{
step9:      for each (node in item. Node. Children)
step10:       q.Enqueue(node,item.Count-1); /* 将孩子放入队列 */
step11:   }/* end if */
step12:  }/* end while */
step13:  Return q
```

图 6-15 k 阶模型构建算法

队列中每项都注册着两个信息:节点引用 *RTN*(reference to the node),长度计数 *LC* (length counter),用_*node*:_*counter* 表示。算法一开始 $e:k-1$ 入队列。当队列不为空的时候,从队列中取出一项_*node*:_*counter*。设_*child-of-node* 是_

node 的孩子，然后让所有 _child-of-node：_counter-1 入队列。循环直至队列头节点的 *LC* 为 0 结束。

引理 6.1 *KCombination*(*e*,*k*－1)方法中，若 *k*>1，当队列中包含项 _node：0 的时候，节点 _node 是 *e* 的子孙且 *e-node* 分支的长度为 *k*－1；若 *k*＝1，当队列中包含项 _node：0 的时候，节点 _node 就是 *e*。

证明：

(1) 若 *k*>1，由 *KCombination* 算法的过程，每次插入项的节点都是原有队列项的节点的孩子，而一开始插入的是 _node 节点项，所以所有插入项的节点都是 _node 自已或其子孙节点，即节点 _node 是 *e* 的子孙或 *e* 本身。由 *KCombination* 算法可知，同一节点不会插入两次，一开始插入的 *e* 节点项的 *LC* 为 *k*－1>0，而队列包含的项是 _node：0，所以 _node 不为 *e*，则 _node 是 *e* 的子孙。

当项 _node：0 在队列，则(_node：0 的父节点)：1 曾在队列。依次类推，由于 *e* 是 _node 的祖先，所以 *e*：*L* 在队列，因为一开始插入的是 *e*：*k*－1，所以 *L* 为 *k*－1。由于 *e-node* 分支共有 *L*＋1 个节点，所以 *e-node* 分支的长度为 *k*－1。

(2) 若 *k*＝1，则一开始插入的是 *e*：0，而队列中的节点或者是 *e* 或者是 *e* 的子孙，若 _node 是 *e* 的子孙，则 _node 的 *LC* 必定比 *e* 的 *LC* 小。而队列包含 _node：0，所以 _node：0 必定为 *e*。

引理 6.2 当队列头节点的 *LC* 为 0 时，*KCombination* 方法返回的所有项的 *LC* 都为 0。

证明：

因为模式树是一个树结构，当一个项 _node：_counter 入队列时，设 _node 的所有孩子为 _child-of-node，则所有的 _child-of-node _counter－1 入队列。可见插入队列是一种广度策略。包含一个节点的项不可能和包含这个节点的孩子的项同时在队列中。所以，当 _node：_counter 出队列时，队列中所有项的节点要么是 _node 的兄弟，要么是 _node 的孩子。此时队列中的节点的 *LC* 为 _counter 或 _counter－1。所以，当有一个 *LC* 为 0 的节点出队列时，队列中所有项的 *LC* 为 0 或－1。

下面证明 *LC* 为－1 的项不在返回队列中。(反证法)如果有一项 _node 在返回队列中且 _node.*LC* 为－1，那么 _node 的父节点必定已经出队列，而 _node.*LC* 为 0。而 *KCombination* 方法返回时的头节点的 *LC* 为 0。因此，当头项的 *LC* 为 0 时，必定不存在 *LC* 为－1 的项。

因此，返回队列的所有项的 *LC* 都为 0。

引理 6.3 *KCombination*(*e*,*k*－1)方法返回了所有 *e* 前缀的 *k*－1 序列的最后一个节点。

证明：

(1) 若 *k*＝1，则 *KCombination* 算法返回队列只有 1 项，该项的 *RTN* 为 *e* 节

点，即返回项的节点是 e 前缀的 0 序列的最后一个节点，所以 $KCombination(e,0)$ 返回了所有 e 前缀的 0 序列的最后一个节点。

(2) 若 $k>1$，分支的长度为 $k-1$，由引理 6-1，返回的节点_node 都是 e 的子孙且 e-node 分支的长度为 $k-1$，即_node 是 e 前缀的 $k-1$ 序列的最后一个节点。再由引理 6-2，返回队列的所有节点都是 e 前缀的 $k-1$ 序列的最后一个节点。所以 $KCombination(e,k-1)$ 方法返回了所有 e 前缀的 $k-1$ 序列的最后一个节点。

由(1)、(2)，引理得证。

C. 十字链表与转移模式

定义 6.23 转移模式 $A\Rightarrow e$，是从事件序列 A 转移到事件 e 的模式。

定义 6.24 转移模式 $A\Rightarrow e$ 的转移计数(或称支持度)是事件序列 A 转移到事件 e 的会话数，记作 $count(A\Rightarrow e)=count(Ae)$。

注意：如果 Ae 在同一会话出现 2 次，也只算 1 次计数。

定义 6.25 转移模式 $A\Rightarrow e$ 的置信度是在序列 A 出现的条件下，转移到 e 的可能性。

一个临时的十字链表用于存储用户浏览迁移。十字链表的纵项是长度为 k 的序列 $p_1p_2\cdots p_k$，其中，用户当前浏览是 $ep_1p_2\cdots p_k$；横项是用户下一浏览项 p_{k+1}。十字链表中的项$(p_1p_2\cdots p_k,p_{k+1})$的值如式(6-7)所示，代表沿着模式树分支，在从 e 节点开始的条件下，经过序列 $p_1p_2\cdots p_k$ 转移到 p_{k+1} 的计数。

$$v(p_1p_2\cdots p_k,p_{k+1}\mid e)=N(p_{k+1})\cdot count \tag{6-7}$$

式中，$N(p_{k+1}).count$ 表示 p_{k+1} 节点的计数值。

VMOMC 算法模型支持离开事件，在后面将会提到。e 节点开始，$p_1p_2\cdots p_k$ 转移到离开 departure 事件的转移计数为

$$v(p_1p_2\cdots p_k,departure\mid e)=N(p_k).count-\sum_{p_j=child(p_k)}N(p_j)\cdot count \tag{6-8}$$

如果节点 p_k 是叶子节点，由于 $\sum_{p_j=child(p_k)}N(p_j).count=0$，式(6-8)仍然成立。

在发现以某节点 e 作前缀下的所有转移模式后，接着算法沿着头表队列，从 e 移动到下一节点。发现从下一节点开始的所有转移模式。十字链表在同一头表队列的挖掘过程中共享，用于结合不同开始节点的相同模式。从 $p_1,p_2,\cdots,p_k$ 转移到 p_{k+1} 的转移计数如式(6-9)所示。

$$v(p_1p_2\cdots p_k,p_{k+1}\mid e)=\sum_e v(p_1p_2\cdots p_k,p_{k+1}\mid e) \tag{6-9}$$

定理 6.1 式(6-7)中的 $v(p_1p_2\cdots p_k,p_{k+1}\mid e)$是转移模式 $ep_1\cdots p_k\Rightarrow p_j$ 的支持度。

证明：从模式树的构造过程，已有文献证明了从根节点到叶子节点的序列的计

数值是叶子节点的计数值①。所有 e 前缀的 k 序列都包含前缀 $root\text{-}e$ 分支上的节点序列，记作 P。给定 e 节点，$p_1p_2\cdots p_k$ 到 p_j 的转移计数 $count(p_1p_2\cdots p_k\Rightarrow p_j|e)$ 等于 p_j 的计数值。因此，结合式(6-7)，得

$$count(p_1p_2\cdots p_k\Rightarrow p_j|e) = |Pp_1p_2\cdots p_kp_j| = N(p_j).count = v(p_1p_2\cdots p_k,p_j|e) \tag{6-10}$$

考虑所有不同 e 前缀，$p_1p_2\cdots p_k$ 到 p_j 的转移计数是叠加的。由于所有相同内容的节点都在头表队列中，所以遍历队列就可以找出所有前缀 $p_1p_2\cdots p_k$。设 $count(p_1p_2\cdots p_k\Rightarrow p_j)$ 表示 $p_1p_2\cdots p_k$ 到 p_j 的转移计数，则

$$\begin{aligned} count(ep_1p_2\cdots p_k\Rightarrow p_j) &= \sum_e count(p_1p_2\cdots p_k\Rightarrow p_j|e) \\ &= \sum_e v(p_1p_2\cdots p_k,p_j|e) = v(p_1p_2\cdots p_k,p_j) \end{aligned} \tag{6-11}$$

定理得证。

由于十字链表共享，所以沿着头表队列移动，十字链表的值可以得到累加。当头表队列的所有节点都遍历完，十字链表的所有值都累加完毕。

3) 模式加入预测树

因为不同头表项开始的转移模式是不可能重复的，所以头表的每项的迭代，十字链表必须初始化。此时，k 阶模型已经构建完毕，在进行下一阶模式构建之前，需要把 k 阶模型的转移模式从十字链表存储到预测树中。

模型能够增量地加入到预测树 $PP-Tree$ 中，预测树用于减少空间存储和快速在线匹配。如果 $p_1p_2\cdots p_k$ 是十字链表的纵项，p_{k+1} 是横项，则将边 $ep_1p_2\cdots p_k$ 加入到 $PP-Tree$ 中，叶子节点 p_{k+1} 具有预取值：

$$R_{ec} = \frac{v(p_1p_2\cdots p_k,p_{k+1})}{\sum_{p_j=1}^{|P|+1} v(p_1p_2\cdots p_k,p_j)} \tag{6-12}$$

式中，P 是所有页面的集合。可得性质 6-1。

性质 6.1　给定某阶模型 k，给定前缀 $p_1p_2\cdots p_k$，$\sum_{p_j\in P\vee p_j=\text{“departure”}} \mathrm{Rec}(p_1p_2\cdots p_k,p_j) = 1$

加入 $PP-Tree$ 的边都必须满足限制条件：

(1) 支持度必须不小于最小支持度 $minSupp$，即

$$v(p_1p_2\cdots p_k,p_{k+1}) \geqslant minSupp$$

① Pei J, Han J W, Mortazavi-Asl B, et al. Mining access patterns efficiently from web logs//Proceedings of the 4th Pacific-Asia Conference on Knowledge Discovery and Data Mining, Current Issues and New Applications: Springer-Verlag, 2000

(2) 预测值必须不小于最小置信度 $minConf$，也就是 $REC \geqslant minConf$

一个预测模式树的例子如图 6-16 所示。

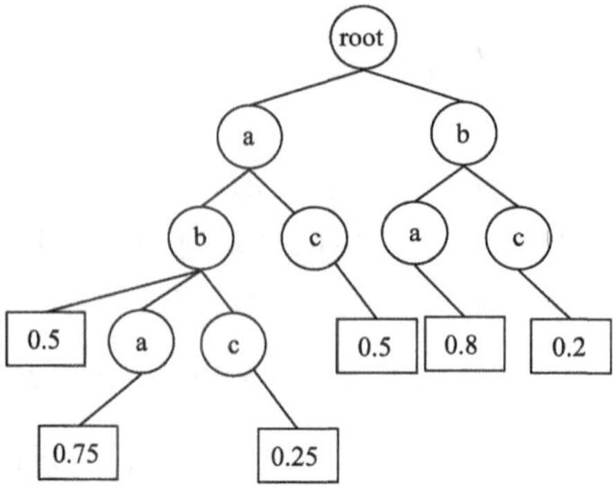

图 6-16 示例的预测模式树的一部分

4) 其他阶模型的构建

重复这个过程，构造下一高阶的 Markov 模型，直到产生的模型为空为止。所有阶的模型都共享一颗预测树，预测树可以前缀节点共享因而减少存储空间。而且建树过程是随着阶的增长逐阶增量更新的，所以最后的预测树存储了所有的用户转移模式。

定理 6.2 OOIU 算法返回正确的完整而且不冗余的转移模式。

证明：

(1) 正确性。所谓正确，是算法发现的模式都是频繁且可信的转移模式。设 OOIU 返回的模式集为 M，(反证法) 设 $a_1a_2\cdots a_k \Rightarrow a_{k+1}$ 不是一个频繁且可信的转移模式，但该模式在 M，则有两种的可能：① $a_1a_2\cdots a_k \Rightarrow a_{k+1}$ 是非频繁的转移模式；② $a_1a_2\cdots a_k \Rightarrow a_{k+1}$ 是非可信的转移模式。

由 OOIU 算法中加入模式树的条件可知，这两种模式都不可能加入模式树，故与 $\{a_1a_2\cdots a_k \Rightarrow a_{k+1}\} \in M$ 矛盾。因此，算法发现的模式都是频繁且可信的转移模式。

(2) 完整性。所谓完整，就是算法能发现所有频繁且可信的转移模式。设 OOIU 返回的模式集为 M，(反证法) 设 $a_1a_2\cdots a_k \Rightarrow a_{k+1}$ 是一个频繁且可信的转移模式，且该模式不在 M 中。由于 $\frac{count(a_1a_2\cdots a_ka_{k+1})}{count(a_1a_2\cdots a_k)} \geqslant minConf$，$count(a_1a_2\cdots a_k \Rightarrow a_{k+1}) \geqslant minSupp$，且 $\{a_1a_2\cdots a_k \Rightarrow a_{k+1}\} \notin M$，而根据 OOIU 算法，在阶为 k 时，遍历 a_1 头表队列后，$KCombination(a_1, k-1)$ 算法返回值必定包含 a_k，$a_2\cdots a_k$ 必定是十字链表的纵项，a_{k+1} 必定是横项。由于 $\frac{count(a_1a_2\cdots a_ka_{k+1})}{count(a_1a_2\cdots a_k)} \geqslant minConf$，$count(a_1a_2\cdots a_k \Rightarrow a_{k+1}) \geqslant minSupp$，所以必定有 $\{a_1a_2\cdots a_k \Rightarrow a_{k+1}\} \in M$。矛盾。所以算

法能发现所有频繁可信的转移模式。

(3) 不冗余性。所谓不冗余性，是指算法发现的所有转移模式都不相同。

① 在同阶 k 同前缀 e 时，加入预取树的转移模式 $ep_1p_2\cdots p_kp_{k+1}$ 都不同。② 同阶 k 前缀不同时，此时加入预取树的模式(设 d 为前缀)肯定不等于 $ep_1p_2\cdots p_{k+1}$。③ 在另一阶下，加入预取树的模式的长度不等于 $ep_1p_2\cdots p_{k+1}$ 的长度，因而该模式肯定不会是 $ep_1p_2\cdots p_{k+1}$。

所以，算法发现的所有转移模式都不相同，不存在冗余性。

VMOMC 模型可以支持离开事件的预测。当用户即将离开网站的时候，系统可以推荐一些难忘的欢迎再来的页面或者十大流行产品、热销商品之类的页面，用以吸引用户的兴趣性，防止用户中断访问离开站点。

3. 实验结果与分析

为了评估本章方法的性能，我们将 VMOMC 模型的推荐结果与传统的 Markov 链模型[169]的推荐结果进行了比较。所有的算法均用 Matlab7.0 实现，实验环境是一台运行 Windows 2000 操作系统的 512M RAM 的个人计算机。比较的指标采用通用的推荐准确率和覆盖率的概念，准确率是指准确的推荐数和总的推荐数的比值，覆盖率是指模型能进行的推荐数和总的推荐请求数的比值。我们利用从美国加利福尼亚大学 Irvine 分校的 UCIkdd 数据库下载的 Web 日志作为实验数据，该数据集是用户一周对微软网站的访问记录。经统计，该数据集中共包含有 151 848 条有效访问记录和 26 170 个会话数据，平均访问步长为 5.80 步，26 170 个会话数据作处理，如图 6-17 与图 6-18 所示。

第一阶段：用 26 170 个会话数据样本作为各单阶 Markov 链模型的输入样本。

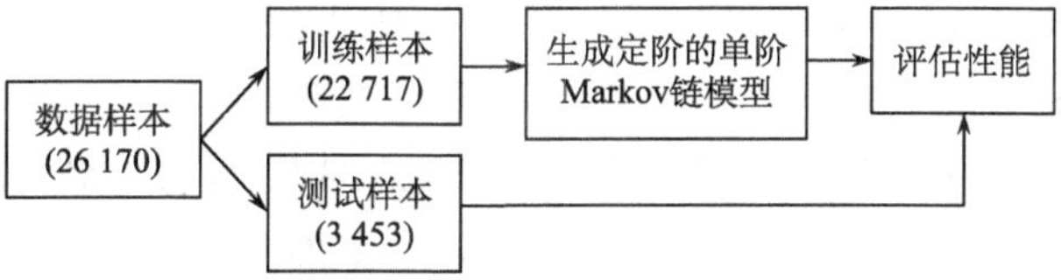

图 6-17　各单阶 Markov 链模型的样本分配

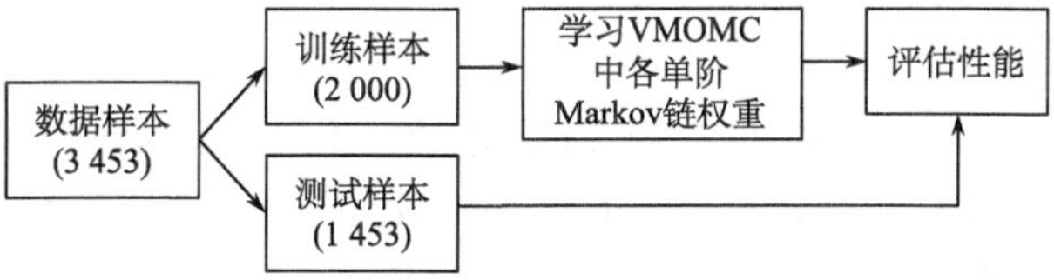

图 6-18　VMOMC 模型的样本分配

第二阶段:用阶段一的3453个测试样本作为VMOMC模型的输入样本。

VMOMC模型的运行参数如表6-7所示,VMOMC中所采用的各单阶Markov链模型为阶段1中采用极大似然估计法学习生成的模型。

表6-7 VMOMC模型的运行参数

最大阶数阈值(R)	5
最小推荐结果概率阈值(τ)	0.05
种群大小(pop_size)	100
最大进化代数(max_gen)	200
个体编码长度(l)	8
变异概率($mutation\_rate$)	0.01

实验1首先测试了VMOMC模型的推荐准确率,结果如图6-19所示,图中横坐标表示已知用户访问序列的串长;纵坐标表示模型的推荐准确率。为了便于比较,图中同时给出了定阶的1阶Markov链模型(MC_1)和2阶Markov链模型(MC_2)的推荐准确率曲线。从图中可以看出,当访问序列串长较小时,VMOMC模型分别和MC_1,MC_2模型的推荐准确率相当;随着用户访问序列串长的增长,VMOMC模型的推荐准确率则明显超过了MC_1和MC_2模型,其原因一方面在于VMOMC模型能随用户访问序列的增长更多的利用用户的访问历史行为作出推荐,而定阶的MC_1,MC_2模型受阶数不可变的限制,只能利用在其阶数限制范围内的用户访问历史对用户的访问行为进行推荐;另一方面在于VMOMC模型考虑到了用户不同时期的访问历史对其未来的访问行为的影响程度不同。另外还可以看出,在访问序列串长较长的情况下,VMOMC模型的推荐准确率曲线渐平,其原因可能在于:VMOMC模型的推荐准确率在一定程度上依赖于组合模型中的各单阶Markov链模型的推荐准确率,由于在访问序列串长较长时,群体用户的访问过程体现出的差异性增强,另外还会更多的出现用户访问兴趣发生变化的情况,而传统的单阶Markov链浏览模型并不能有效地跟踪长串访问序列的这些复杂特征,所以其推荐的准确率并不能随着访问序列串长的增加而增加。

实验2比较了VMOMC模型与传统的定阶Markov链模型的覆盖率,结果如图6-20所示。从图中可以看出:VMOMC模型的覆盖率为100%,而定阶的单阶Markov链模型随阶数的增长,覆盖率显著下降。其原因在于:当用户的访问历史信息不充分时,VMOMC模型可以通过调节模型的阶数保持对该用户的推荐能力。

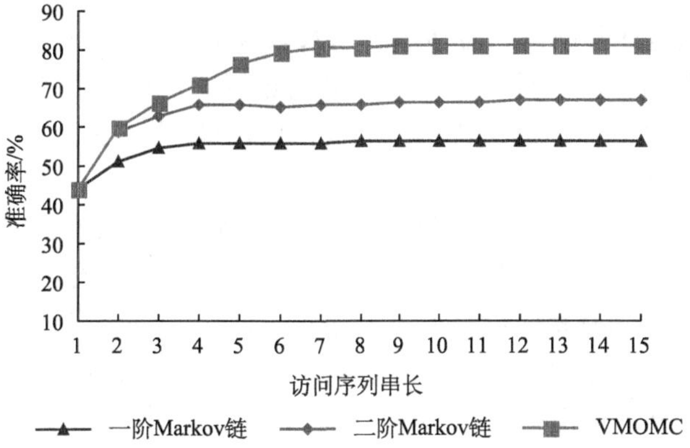

图 6-19　VMOMC 模型与传统 Markov 链模型的准确率比较

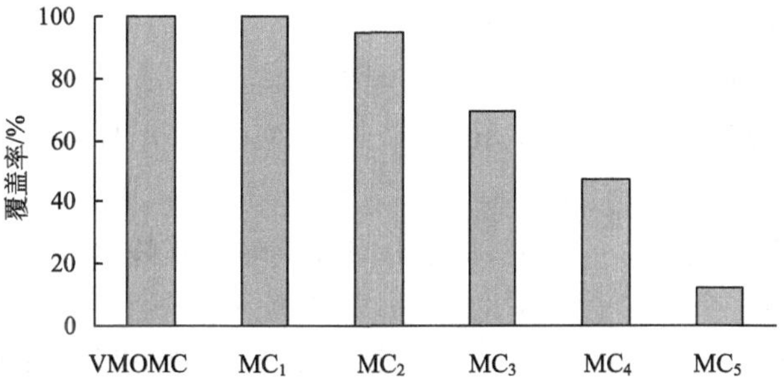

图 6-20　VMOMC 模型与传统 Markov 链模型的覆盖率比较

6.3.3　基于混合隐 Markov 链模型的在线动态推荐

网络用户浏览行为建模是实现自适应站点面向个体用户的智能导航推荐应用的关键。传统的 Markov 链模型是一种简单有效的浏览推荐模型，但它并不能有效地表征长串访问序列所包含的丰富的用户行为特性，因此其推荐的准确率并不能随着用户访问序列串长的增长得到改善，其原因主要有以下两点：

(1) 类别问题。用户在 Web 站点信息空间的游历行为是一个受浏览目的、背景知识、兴趣爱好等多种因素影响的复杂过程，由于这些因素的不同，各个用户的浏览行为也就表现出不同的差异性和个性化特点。当用户访问序列串长较小时，这种差异性并不明显；而当访问序列串长较长时，由群体用户的访问过程体现出的差异性则会显著增强，而传统的 Markov 链模型只采用一个 Markov 链描述所有用户的浏览特征，显然不能准确描述长串访问序列中体现出的群体用户访问特征的差异性。

(2) 访问兴趣迁移问题。访问序列串长较长时，会更多的出现用户访问兴趣发生迁移变化的情况，而传统的 Markov 链浏览模型是一个静态模型，不能有效地跟踪用户的兴趣变化，因而其不能有效地利用当前用户的访问兴趣特征为用户的浏览作出更为准确的推荐。

据此，本节提出了一种新的用户浏览行为模型——混合隐 Markov 链浏览模型①。该模型的基本思想是基于各个用户的浏览特点，将所有用户分为多个类别，使同一类别的用户具有相同或相近的浏览特征；分别为每个类别的用户单独设立带有用户访问兴趣概念的隐 Markov 链模型，用以描述该类别用户的浏览特征。混合隐 Markov 链浏览模型能更好地对群体用户的长串访问序列的复杂特征（类别特征、访问兴趣迁移特征）进行建模描述，在真实 WWW 站点访问日志数据上的用户聚类实验与个性化推荐实验的结果表明，混合隐 Markov 链模型与传统的 Markov 链模型相比，具有较理想的聚类性能和推荐性能。

1. 隐 Markov 链模型简介

定义 6.26 设$\{X_n:n\geqslant 1\}$是取值于有限状态$\{1,\cdots,L\}$的随机变量列，称为状态链，X_1 的分布称为其初始分布，记为 u. 假定 X_n 是时齐的 Markov 链，记

$$a_{ij}=P(X_{n+1}=j\mid X_n=i),A=(a_{ij})_{i,j\leqslant L}$$

为它的转移矩阵，假定 X_n 的取值，初始分布 u 与转移矩阵 A，都不能测量得到，而能测量到的是另一个与它有联系的，且可以观测到的一个取值于有限集$\{v_1,\cdots,v_M\}$的随机变量序列 Y_n，称为观测链，它们合起来还满足如下的隐 Markov 条件（HMM 条件）：

$$P(Y=y,X=x)=u_{i_1}b_{i_1y_1}a_{i_1i_2}\cdots b_{i_{N-1}y_{N-1}}a_{i_{N-1}i_N}b_{i_Ny_N} \tag{6-13}$$

式中，N 为样本观测的时间长度，而 $X=(X_1,\cdots,X_N)$，$Y=(Y_1,\cdots,Y_N)$，$y=(y_1,\cdots,y_N)$，$x=(i_1,\cdots,i_N)$，$y_n\in\{v_1,\cdots,v_M\}$，$1\leqslant i_n\leqslant L$，$1\leqslant n\leqslant N$，初始概率向量（初始分布）为 $u=(u_1,\cdots,u_L)$。由未知状态链与测量到的观测链一起(X_n,Y_n)，就构成了隐 Markov 模型，这里“隐”的含义是说状态链是隐藏起来的。

隐 Markov 模型的基本假设是参数向量 u 和参数矩阵 A 与 $B\ \underline{\underline{def}}\ (b_{il})_{L\times M}$（$i\in\{1,\cdots,L\}$，$l\in\{v_1,\cdots,v_M\}$）都是未知的，将它们合记为参数组 $\lambda\ \underline{\underline{def}}\ (u,A,B)$，后者完全确定了状态链与观测链的联合统计规律，所以，用 hmc 表示一个隐 Markov 模型，并称之为隐 Markov 模型 hmc（更确切地称为隐 Markov 链）。

式(6-13)是(X,Y)的联合分布通过参数表达的形式，它是计算各种边缘概率与条件概率的出发点，而 HMM 条件的含义：状态链与观测链的联合分布是由一

---

① 林文龙，刘业政，朱庆生等．基于混合隐 Markov 链浏览模型的 WEB 用户聚类与个性化推荐．情报学报，2009，28(4)：557-564

系列简单转移与条件概率的乘积表达的。

隐 Markov 模型应用主要在下面三个方面：

(1) 从一段观测序列$\{Y_k,k\leqslant m\}$及已知模型 $hmc=(u,A,B)$出发，估计 X_n 得最佳值，称为解码问题，这正是状态估计问题。

(2) 从一段观测序列$\{Y_k,k\leqslant m\}$出发，估计模型参数组 $hmc=(u,A,B)$，称为学习问题，就是参数估计问题。

(3) 对于一个特定的观测链$\{Y_k,k\leqslant m\}$，已知它可能是由已经学习好的若干模型之一所得的观测，要决定此观测是得自其中哪一个模型，这称为识别问题，就是分类问题。

2. 混合隐 Markov 链浏览模型

定义 6.27　当用户访问 Web 站点时，他所感兴趣的某类主题(主题的粒度可大可小，取决于建模分析的粒度)，称为用户访问兴趣概念，其用 v 表示。由所有用户访问兴趣概念组成用户访问兴趣概念集 $V=\{v_1,v_2,\cdots,v_N\}$。

定义 6.28　Web 站点可以看做是取值于用户访问兴趣概念集 V 上的一个概念分布模型，记为 $\mathrm{CG}=(P,E)$，其中 CG 为一个有向图，$P=\{p_1,p_2,\cdots,p_M\}$为页面的集合，每个页面可以放置不同的概念，一个概念可以分布在不同的页面之中，E 为页面之间的超链接集合。

定义 6.29　用户在 Web 站点信息空间上游历时，同一会话期间内的页面请求序列称为用户的页面访问序列。给定一个用户的页面访问序列，如果将这些序列中的每个页面替换成它相应的主要概念，那么替换后的这个序列就是用户的访问兴趣概念序列。用户在访问过程中，若其访问兴趣从概念 $v_i(v_i\in V)$变化为 $v_j(i\neq j,v_j\in V)$，则称用户的访问兴趣发生了迁移。显然，用户访问序列包括用户访问兴趣概念序列和访问页面序列。

假设 6.12　根据用户在 Web 站点信息空间的访问特征，可以将用户分为 K 类，使得同一类用户之间的浏览行为特征相似性最大，不同类之间的用户浏览行为特征相似性最小。设 $C=\{c_1,c_2,\cdots,c_K\}$表示用户的类别，任意一个用户属于类别 $c_k(k\in\{1,\cdots,K\})$的概率为 $P(C=c_k)$，且有

$$\sum_{k=1}^{K}P(C=c_k)=1$$

假设 6.13　用户对 Web 页面的访问行为是一种在其内在的兴趣概念需求制导下的行为，据此可以假设用户的页面访问序列和访问兴趣概念序列构成一个特殊的隐 Markov 链模型[170,171]。

基于以上两点假设，我们建立可以对不同用户类别以及各类别用户浏览序列中的访问兴趣概念变化进行有效跟踪建模的隐 Markov 链浏览模型，并把这种基于用户分类假设和兴趣迁移假设建立的多类别的模型称为混合隐 Markov 链

模型。

定义 6.30 混合隐 Markov 链浏览模型可以表示为五元组 $mHMC=\langle X,Y,K,P(C),HMC\rangle$,其中:

(1) X 是一个取值于用户访问概念集 $V=\{v_1,v_2,\cdots,v_N\}$ 上的离散随机变量,称为状态序列,其中每个 $v_i(1\leqslant i\leqslant N)$ 对应用户的一个访问兴趣概念,称为模型的一个状态,状态序列对应于用户的访问兴趣序列;

(2) Y 是一个取值于页面集 $P=\{p_1,p_2,\cdots,p_M\}$ 上的离散随机变量,称为观察序列,观察序列对应于用户的页面访问序列;

(3) K 表示混合模型所包含的用户类别数目,$C=\{c_1,c_2,\cdots,c_K\}$ 表示用户的类别,其分布函数 $P(C)$ 表示不同类别用户的概率分布,对于混合模型中的每个用户类别,分别建立一个单独的隐 Markov 链模型来对该类别中的用户的浏览序列进行建模,称为类隐 Markov 链模型;

(4) $HMC=\{hmc_1,hmc_2,\cdots,hmc_K\}$ 为类隐 Markov 链模型的集合,每一个元素 $hmc_k(1\leqslant k\leqslant K)$ 是描述类别为 c_k 的用户浏览特征的类隐 Markov 链模型。每一个类隐 Markov 链模型 hmc_k 可以表示为一个三元组:$hmc_k=\langle \pi^k,A^k,B^k\rangle$,其中,$A^k$ 为类隐 Markov 链 hmc_k 的状态转移概率矩阵,每一项 $A^k=(a_{ij}^k)=P[X_{t+1}=v_j\mid X_t=v_i,C=c_k]$,$1\leqslant k\leqslant K,1\leqslant i\leqslant N,1\leqslant j\leqslant N$;表示由状态 v_i 转移到状态 v_j 的概率,对应该类别用户浏览过程中的兴趣迁移;$B^k=(b_{jl}^k)$ 为观察概率矩阵,每一项 b_{jl}^k 表示在一个访问兴趣概念 v_j 上,类别为 c_k 的群体用户对页面集 $P=\{p_1,p_2,\cdots,p_M\}$ 的观察概率分布,$b_{jl}^k=P[Y_t=p_l\mid X_t=v_j,C=c_k]$,$1\leqslant k\leqslant K,1\leqslant j\leqslant N,1\leqslant l\leqslant M$;$\pi^k$ 为 X 的初始分布,每一项记为 $\pi_j^k=P(X_1=v_j\mid C=c_k)$,$1\leqslant k\leqslant K,1\leqslant j\leqslant N$。

设 y_t 为 Web 访问序列事务数据库中所记录的用户在 t 时刻所访问的页面,则任意一个用户的访问页面序列可以表示为$(y_1,y_2,\cdots,y_t)$,根据混合隐 Markov 链模型的定义,访问页面序列$(y_1,y_2,\cdots,y_t)$出现的概率为

$$P(y_1,y_2,\cdots,y_t)=\sum_{k=1}^{K}P(y_1,y_2,\cdots,y_t\mid C=c_k)P(C=c_k)$$

式中,$P(y_1,y_2,\cdots,y_t\mid C=c_k)$表示在类别为 c_k 的隐 Markov 链模型中,访问页面序列$(y_1,y_2,\cdots y_t)$出现的概率,其值计算如下:

$$P(y_1,y_2,\cdots,y_t\mid C=c_k)=\sum_{X}P(y_1,y_2,\cdots,y_t,X\mid hmc_k)$$

式中,

$$P(y_1,y_2,\cdots,y_t,X\mid hmc_k)$$
$$=\pi^k(x_1\mid C=c_k)B^k(y_1\mid x_1,C=c_k)g\prod_{i=1}^{t-1}A^k(x_{i+1}\mid x_i,C=c_k)B^k(y_{i+1}\mid x_{i+1},C=c_k)$$

向量 $X=(x_1,x_2,\cdots,x_t)$为观察序列(页面序列)$(y_1,y_2,\cdots,y_t)$所对应的隐含状态

序列(访问兴趣概念序列)，$\pi^k(x_1|C=c_k)$、$A^k(x_{i+1}|x_i,C=c_k)$、$B^k(y_i|x_i,C=c_k)$可以分别从类隐模型 hmc_k 的初始概率分布 π_1^k 和转移概率矩阵和观察矩阵获得。

在混合隐 Markov 链模型中，一个用户的访问序列特征由其所属的类隐 Markov 链模型来描述，这些内部概率的依赖关系可以表示为一个含有两个隐变量(类别变量 C，状态变量 X)的贝叶斯网络，其结构如图 6-21 所示[172]。图中上面的节点 C 表示用户的类别，下面的节点表示类隐 Markov 链模型，有向边表示他们之间的条件依赖关系。

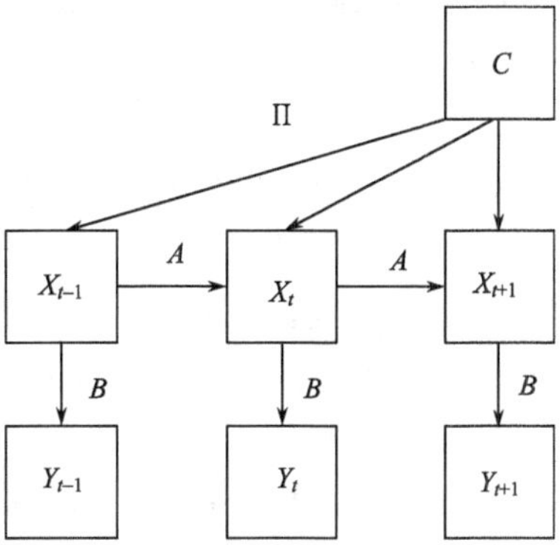

图 6-21　混合隐 Markov 链模型的贝叶斯网络结构

3. 基于混合隐 Markov 链模型的 Web 用户聚类

根据混合隐 Markov 链模型的定义，对混合模型的学习主要是确定以下几个参数：①用户类别数 K；②任意一个用户属于类别 c_k 的概率 $P(C=c_k)$；③类隐 Markov 链模型的初始状态分布、转移矩阵、观察矩阵。

因此，混合模型的训练其实是 Web 用户聚类，以及代表各类别用户的类隐 Markov 链模型的学习过程。通过对 Web 日志进行预处理，得到由 m 个用户的页面访问序列所构成的学习数据集合 $D=\{Y_1,Y_2,\cdots,Y_m\}$，每一项为 $Y_i=(y_1^i,y_2^i,\cdots,y_{t_i}^i)$，$(1\leqslant i\leqslant m)$。要在学习数据集 D 上建立混合隐 Markov 链模型，需要完成两个任务：对 m 个用户的访问序列进行聚类；为每个类别的用户生成类隐 Markov 链模型。具体算法的实现采用了基于模型的聚类方法[173]，其基本思想是首先将每个用户看做是一个独立的类别并生成类隐 Markov 链模型，这样就将 m 个用户的浏览序列对应转化为 m 个类隐 Markov 链模型，然后通过对这些类隐 Markov 链进行聚类来完成混合隐 Markov 链模型的学习。为此，必须解决如下几个问题：①类隐 Markov 链的生成；②定义类隐 Markov 链之间的距离；③类隐 Markov 链的合并与更新；④在此基础上，建立具体的学习算法。

1) 类隐 Markov 链模型的生成

假设某个聚类结果将学习数据 $D=\{Y_1,Y_2,\cdots,Y_m\}$ 分成了 K 类：$D_1,D_2,\cdots,D_K$，且第 k 类所包含的用户访问页面序列数目为 m_k，即

$$D=\bigcup_{k=1}^{K}D_k,m=\sum_{k=1}^{K}m_k$$

注意：我们可以将初始状态看做一种特殊的聚类结果，即一个用户的访问页面序列为一个类别，此时 $K=m$ 且 $m_k=1$。

利用极大似然估计，可以确定 C 的初始分布：

$$P(C=c_k)=\frac{m_k}{m}$$

对于每一个用户类别 c_k，它的类隐 Markov 链模型就是建立在学习数据 $D_k(1\leqslant k\leqslant K)$ 上的隐 Markov 链模型。建立类隐 Markov 链模型 hmc_k 需要确定三个参数：π^k、A^k、B^k，这里，我们采用基于 EM 算法的 Baum-Welch 算法对类隐 Markov 链模型的参数进行训练[176]：首先根据数据源的特性按照人的经验给出初始值，利用学习数据子集 $D_k=\{Y_1^k,Y_2^k,\cdots,Y_{m_k}^k\}$ 不断地迭代训练更新初始模型，每次迭代使得似然函数朝着局部最大的方向变化，可以得到使得似然函数 $P(D_k\,|\,hmc_k)$ 最大的模型。

给定模型 hmc_k 和相应的学习数据集 D_k（D_k 中的每一项为 $Y_l^k=(y_1^l,y_2^l,\cdots,y_{t_l}^l)$，$1\leqslant l\leqslant m_k$），$t$ 时刻用户处于访问兴趣概念 v_i 和 $t+1$ 时刻处于 v_j 的概率为

$$\xi_t^l(i,j)=P(x_t=v_i,x_{t+1}=v_j\,|\,Y_l^k,C=c_k)$$

则给定模型 hmc_k 和相应的学习数据集 D_k，t 时刻处于 v_i 的概率为

$$\gamma_t^l(i)=P(x_t=v_i\,|\,Y_l^k,C=c_k)=\sum_{j=1}^{N}\xi_t^l(i,j)$$

迭代时，模型参数的更新公式如下。

初始状态向量为

$$\widehat{\pi_j^k}=\frac{\sum\limits_{l=1}^{m_k}\gamma_t^l(j)}{\sum\limits_{l=1}^{m_k}\sum\limits_{j=1}^{N}\gamma_t^l(j)}$$

状态转移概率矩阵为

$$\widehat{a_{ij}^k}=\frac{\sum\limits_{l=1}^{m_k}\sum\limits_{t=1}^{t_l-1}\xi_t^l(i,j)}{\sum\limits_{l=1}^{m_k}\sum\limits_{t=1}^{t_l-1}\gamma_t^l(i)}$$

观察值概率矩阵为

$$\widehat{b_{jl}^k}=\frac{\sum\limits_{l=1}^{m_k}\sum\limits_{t=1\wedge y_{t_l}^l=v_l}^{t_l}\gamma_t^l(j)}{\sum\limits_{l=1}^{m_k}\sum\limits_{t=1}^{t_l}\gamma_t^l(j)}$$

2）类隐 Markov 链之间的距离

Kullback-Liebler(KL)距离是描述两个离散分布 p、q 之间的一种距离[177]，对

于离散分布 $p=(p_1,\cdots,p_n,\cdots)$ 关于分布 q 的 Kullback-Liebler 距离为

$$\mathrm{KL}Dist(p,q)=\sum_i p_i \log \frac{p_i}{q_i}$$

因此，两个类隐 Markov 链模型之间的距离可以用其所有分布的 Kullback-Liebler 距离的平均来表示。假设类隐 Markov 链模型 hmc_k 和 hmc_l 分别是访问页面序列集合 D_k 和 D_l 的模型表示，其中，$D_k=\{Y_1^k,Y_2^k,\cdots,Y_{m_k}^k\}$，$D_l=\{Y_1^l,Y_2^l,\cdots,Y_{m_l}^l\}$，则根据 Kullback-Liebler 距离计算公式，模型距离为

$$\mathrm{KL}Dist(hmc_k,hmc_l)=\frac{1}{m_k}\sum_{i=1}^{m_k}(\log P(Y_i^k\mid C=c_k)-\log P(Y_i^k\mid C=c_l))$$

$$\mathrm{KL}Dist(hmc_l,hmc_k)=\frac{1}{m_l}\sum_{i=1}^{m_l}(\log P(Y_i^l\mid C=c_l)-\log P(Y_i^l\mid C=c_k))$$

在聚类分析中，距离的定义通常要求必须满足非负性条件和对称性条件，对于任意的两个类隐 Markov 链模型，Kullback-Liebler 距离显然满足非负性条件，但由于 Kullback-Liebler 距离具有方向性，为了使 hmc_k 和 hmc_l 的距离定义满足对称性的要求，定义两个隐模型的距离为

$$Dist(hmc_k,hmc_l)=\frac{\mathrm{KL}Dist(hmc_k,hmc_l)+\mathrm{KL}Dist(hmc_l,hmc_k)}{2}$$

算法 6.12：混合隐 Markov 链模型学习算法（用户聚类算法）

输入：学习数据集 $D=\{Y_1,Y_2,\cdots,Y_m\}$，聚类类别数 K；

输出：混合隐 Markov 链浏览模型（用户聚类结果）；

过程：

step1：For each sequence Y_i in D {

step2：　$hmc_i \leftarrow train(Y_i)$；/ * 为序列 Y_i 建立类隐 Markov 链模型 * /

step3：　$c_i \leftarrow \{hmc_i\}$；/ * 初始时，每个类隐 Markov 链模型为一类 * /

step4：　$P(C=c_i)\leftarrow \frac{1}{m}$；}

step5：For each cluster c_i and c_j {

step6：　$DS \leftarrow ComputeDistance(hmc_i,hmc_j)$；}/ * 计算两两模型之间的距离矩阵 * /

step7：While $((m>K))$ {

step8：　$DS_{\min}(c_i,c_j)\leftarrow DS(c_1,c_2)$；

step9：　For each cluster c_i and c_j {

step10：　　$DS_{\min}(c_i,c_j)\leftarrow \min(DS_{\min}(c_i,c_j),DS(c_i,c_j))$；}/ * 求距离最小的两类 * /

step11：　　$c_i \leftarrow MergeUpdate(c_i,c_j)$；/ * 合并距离最小的两个类隐 Markov 链模型并对新的类隐 Markov 链模型进行训练更新 * /

step12：　　$m \leftarrow m-1$；

step13：　　$P(C=c_i)\leftarrow \frac{(m_i+m_j)}{|D|}$；/ * 更新类别概率值，$|D|$ 表示会话总数 * /

step14：　　For each cluster c_i and c_j {

step15：　　　$DS \leftarrow ComputeDistance(hmc_i,hmc_j)$；}/ * 更新距离矩阵 * /

step16：　　Output m clusters；}

图 6-22　混合隐 Markov 链模型学习算法

3) 类隐 Markov 链模型的合并与更新

设有两个类隐模型 hmc_k 和 hmc_l,它们分别描述了访问序列集合 $D_k=\{Y_1^k,Y_2^k,\cdots,Y_{m_k}^k\}$ 和 $D_l=\{Y_1^l,Y_2^l,\cdots,Y_{m_l}^l\}$。模型合并和更新的方法 *MergeUpdate* (hmc_k,hmc_l) 是将访问序列集合 D_l 合并到 D_k 并利用更新后的学习数据集 D_k 对 hmc_k 模型进行训练更新,最后返回更新后的 hmc_k 模型。

4) 混合隐 Markov 链模型学习算法(用户聚类算法)

算法的整个过程大致可以分为三个部分:step1～step4 首先根据 m 个用户的访问序列对应生成一个初始的模型集合;step5～step6 计算两两模型之间的距离矩阵;step7～step16 对模型进行合并更新,如图 6-22 所示。

4. 基于混合隐 Markov 链模型的 Web 个性化推荐

设已知某个用户的访问序列为$(y_1,y_2,\cdots,y_t)$,要对该用户的下一个访问页面作出推荐。由于混合模型用不同的类隐 Markov 链模型来描述不同类别的浏览特征,所以其推荐过程分为以下三步。

1) 判定用户类别

根据贝叶斯公式,访问序列$(y_1,y_2,\cdots,y_t)$的用户属于类别 c_k 的概率为

$$P(C=c_k\mid y_1,y_2,\cdots,y_t)=\frac{P(y_1,y_2,\cdots,y_t\mid C=c_k)P(C=c_k)}{P(y_1,y_2,\cdots,y_t)}$$

式中,分母表示访问序列$(y_1,y_2,\cdots,y_t)$的边际概率,相对于各种不同的聚类结果,该值都不会改变,所以不用计算它,从而建立如下的判定规则:

$$\begin{aligned}&\text{if}\quad P(y_1,y_2,\cdots,y_t\mid C=c_k)P(C=c_k)\\&=\max_{j=1,2,\cdots,K}\{P(y_1,y_2,\cdots,y_t\mid C=c_j)P(C=c_j)\}\end{aligned}$$

Then 用户类别为 c_k。

该判定规则就是基于最小错误率的贝叶斯判定规则,可以证明基于这种规则的用户分类方法,其分类结果的错误率最小[178]。

2) 挖掘访问页面序列中蕴涵的用户访问兴趣概念

用户访问 Web 站点时,通常带有明显的目的性。在特定的访问兴趣概念需求的驱动下,用户连续选择网页阅读,因此,访问页面序列可以理解成用户为了满足其访问兴趣概念而提出的请求序列。显然,如果我们能从用户的访问页面序列中理解出用户的访问兴趣概念,则据此可以将包含有该用户访问兴趣概念的页面推荐给用户,从而为用户的下一步浏览行为作出较为准确的导航推荐。

设用户访问序列为$(y_1,y_2,\cdots,y_t)$,若判定该用户属于类别为 c_k,则给定类隐 Markov 链模型 hmc_k 的参数 π^k、A^k、B^k 及观察序列$(y_1,y_2,\cdots,y_r,\cdots,y_t)$时,显然可以通过 Viterbi 算法估计隐含状态序列的最佳值来挖掘蕴涵在访问页面序列中的用户访问兴趣概念。设类隐 Markov 链模型 hmc_k 产生观察序列$(y_1,y_2,\cdots,$

$y_r,\cdots,y_t$)的最佳状态转移序列为$(\widehat{x_1},\widehat{x_2},\cdots,\widehat{x_r},\cdots,\widehat{x_t})$,令在时刻 r 取到状态 i 的各个路径的最大概率为

$$\delta_r(i)=\max_{i_1,i_2,\cdots,i_{r-1}} P(x_r=i,x_{r-1}=i_{r-1},\cdots,x_1=i_1,y_r,\cdots,y_1 \mid hmc_k)$$

求解最佳状态转移序列的算法如图 6-23 所示。

算法 6.13:最佳状态转移序列的算法

过程:

step1:初始化:

$\delta_1(i)=\pi_i b^k_{iy_1}$,$1\leqslant i\leqslant N$

$\psi_1(i)=0$,$1\leqslant i\leqslant N$

step2:用递推公式:

$\delta_r(j)=b^k_{jy_r}\max\limits_{1\leqslant i\leqslant N}[\delta_{r-1}(i)a^k_{ij}]$,$2\leqslant r\leqslant t$,$1\leqslant j\leqslant N$

$\psi_r(j)=\arg\max\limits_{1\leqslant i\leqslant N}[\delta_{r-1}(i)a^k_{ij}]$,$2\leqslant r\leqslant t$,$1\leqslant j\leqslant N$

step3:计算终值:

$\widehat{x_t}=\arg\max\limits_{1\leqslant i\leqslant N}[\delta_t(i)]$

step4:反向归纳地取:

$\widehat{x_r}=\psi_{r+1}(\widehat{x_{r+1}})$,$1\leqslant r\leqslant t-1$

图 6-23　最佳状态转移序列算法

3) 基于用户访问兴趣概念的个性化推荐

设状态 j^* 是最佳状态转移序列$(\widehat{x_1},\widehat{x_2},\cdots,\widehat{x_t})$中出现次数最多的状态(若出现次数最多的状态不仅一个,则取离时刻 t 最近的状态为 j^*),用向量 PR 表示用户在 $t+1$ 时刻所访问的页面的概率向量,则有

$$\mathrm{PR}=[P(y_{t+1}=p_1),P(y_{t+1}=p_2),\cdots,P(y_{t+1}=p_M)]$$

向量 PR 的每一维代表了用户访问不同页面的概率,可以根据下式对用户在 $t+1$ 时刻的访问行为作出预测:

$$\mathrm{PR}=[b^k_{j^*l}],1\leqslant l\leqslant M$$

显然在向量 PR 中,概率值最大的那一维所对应的页面就是用户在 $t+1$ 时刻最可能访问的页面,根据设定的阈值 ζ,系统预取概率值最大的前 ζ 个页面作为推荐的结果页面,以备用户访问。

5. 实验分析

为了检验我们提出的模型的有效性,我们在 Windows 2000 平台上用 MATLAB7.0 实现了模型的用户聚类算法和个性化推荐算法。实验数据采用的是某高校网站(http://www.aiai.edu.cn)服务器上的 Web 日志。抽取服务器日志中从 2006 年 6 月 1 日至 2006 年 6 月 7 日的部分访问记录组成实验数据集,经过预处理,得到 2236 条用户会话,平均访问串长为 7.64 步。根据用户会话所访问的网站

页面的信息内容，我们定义了十个主题概念：学院概况、本科教育、校园文化、资助管理、招生信息、就业信息、科研工作、人事信息、教学评建、学生管理。做了以下两个实验。

实验1首先比较了基于混合模型的用户聚类算法与基于Markov链模型的用户聚类算法[174]的聚类准确性。我们准备了8个模拟测试用例，每个测试用例的用户数在50～80，页面数在10～25，平均访问串长分别为9.21、4.12、5.51、6.15、11.22、14.3、7.6、3.52。首先用手工方法对这些数据进行分析，得到有相似访问模式的用户聚类，然后分别采用我们的聚类算法和文献[174]的聚类算法进行聚类处理，聚类时适当调整参数，得到与手工聚类数目相同的结果，最后将这些结果与手工聚类的结果比较后计算出相应的准确度，结果如图6-24所示。从图中可以看出，对于平均访问串长较小的测试用例(2、3、8)，我们模型的聚类算法和文献[174]聚类算法的聚类准确率相差不大；而对于平均访问序列串长较大的测试用例(1、4、5、6、7)，我们的聚类算法则明显优于文献[174]的聚类算法。其原因在于：当访问序列串长较长时，会更多的出现用户访问兴趣发生迁移变化的情况，混合隐Markov链模型中的各单个类隐Markov链模型能较好地对长串访问序列中的用户兴趣迁移变化的特征进行建模，而文献[174]采用的是静态的Markov链模型，并不能有效地跟踪用户的访问兴趣的变化情况。

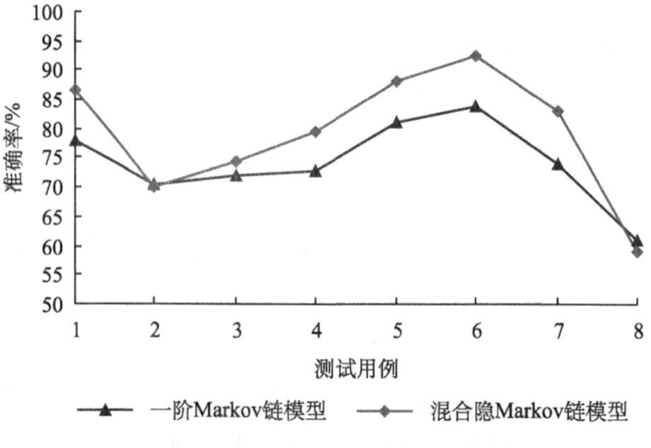

图6-24 用户聚类算法的准确性比较

实验2比较了混合隐Markov链模型与传统的Markov链模型[169]的推荐准确率，推荐准确率是指准确的推荐数和总的推荐数的比值。实验中，我们随机地抽取了数据集中的1600条用户会话作为学习数据集，剩余会话被作为测试数据集，聚类类别取为3，每个类隐Markov链模型训练代数取为500代，推荐阈值ζ取为10，结果如图6-25所示，图中横坐标表示已知用户访问序列的串长；纵坐标表示模型的推荐准确率。从图中可以看出，访问序列串长对传统的Markov链模型的推荐准确率的影响不大，其值始终保持在 52%～59%，而混合隐 Markov 链模型的推荐准确率受访问序列串长的影响较大，当访问序列串长较小时；其推荐准确率低于传统的 Markov 链模型，随着用户访问序列串长的增长(串长大于 7 左右)，混合隐 Markov 链模型的推荐准确率则明显超过了传统 Markov 链模型，产生上述实验现象的原因可能在于：我们所提模型的推荐算法首先要根据已知的用户访问序列来判定用户类别，进而对该用户的访问兴趣进行进一步的深度挖掘，当访问序列串长较短时，获得的用户信息就越少，对用户分类、用户兴趣的挖掘出现错误的可能性就越大，从而准确率就越低；但随着用户的访问序列串长的增加，用户访问序列中体现出的用户差异性特征就越明显，并且用户的访问兴趣概念意图变得明确，混合隐 Markov 链模型能较为准确地捕捉跟踪长串访问序列的这些复杂特征，因而其推荐的准确率能随用户访问序列串长的增长而得到改善；而传统的 Markov 链模型并没有对长串访问序列的这些复杂特征进行表征建模，因此，其推荐准确率受访问序列串长的影响不大。

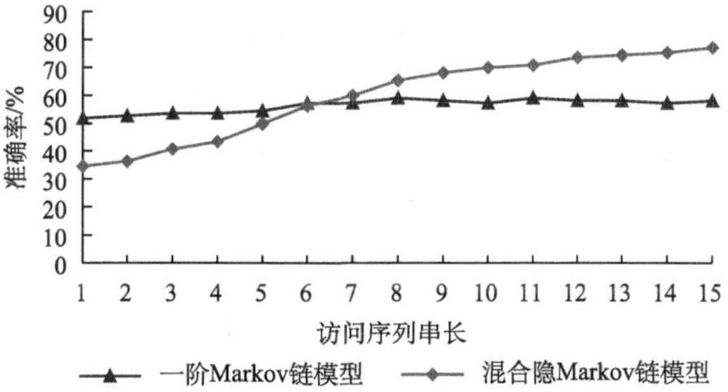

图 6-25　个性化推荐的准确性比较

6.4　基于 Web 使用挖掘的智能自适应站点系统体系结构

6.4.1　系统设计的总体思想

基于 Web 使用挖掘技术的智能自适应站点系统体系结构(intelligent and adaptive Web-Web usage mining base，IAWeb-WUMbase)首先是一个数据挖掘的应用系统，更确切地说，是一个基于 Web 使用挖掘的应用系统。虽然直接地套用现有的数据挖掘方法可以改进和提升 Web 站点的智能自适应性，提高电子商务企业应变能力，但是其应用还存在着问题，影响了电子商务企业在 Web 站点上使用这些新的计算技术。这些问题主要归咎于数据挖掘技术没有和智能自适应站点要实现的实际应用目标紧密结合。首先，通用的 Web 数据挖掘系统功能只是停留在模式发现层面，没有明确具体的应用，使用方法复杂，使用者需要深入了解数据挖掘技术。同样 Web 挖掘单项技术研究虽然数量众多，但是应用目标过于宽泛，实用性弱。这种情况让使用者陷入了算法使用技术的“难题”中，无力专注于具体的应用问题。最后，即使采纳了这些数据挖掘工具，如何把发现的知识投入智能自适应站点的应用也成了一大问题。因为原有 Web 站点不具备使用这些知识的机制，因此需要投入额外的资源改造或增强 Web 站点和相关的信息系统。这部分投资往往使小企业望而却步。

因此数据挖掘技术应该与 Web 站点的运营和维护工作紧密结合，在尽量减少应用成本的前提下，有效提升 Web 站点的智能自适应性，这是 IAWeb-WUMbase 系统设计基本目标。为达成这一目标，要求数据挖掘系统能够切实地针对具体应用，对应用流程的各个环节都有完整的模块支持。这样实施应用时候，只需要对原有系统作较小的改动和增强，便能够嵌入或者结合数据挖掘模块，使它成为电子商务企业日常性工作的一部分。

综上所述，我们把数据挖掘技术与智能自适应站点的实际应用目标紧密结合，挖掘的方法设计紧密围绕智能自适应站点的要实现的目标进行有针对性的知识发现，并把它作为 IAWeb-WUMbase 系统设计的总体指导思想。整个系统的应用流程如图 6-26 所示，IAWeb-WUMbase 系统应用流程是通用数据挖掘流程的一个特例。

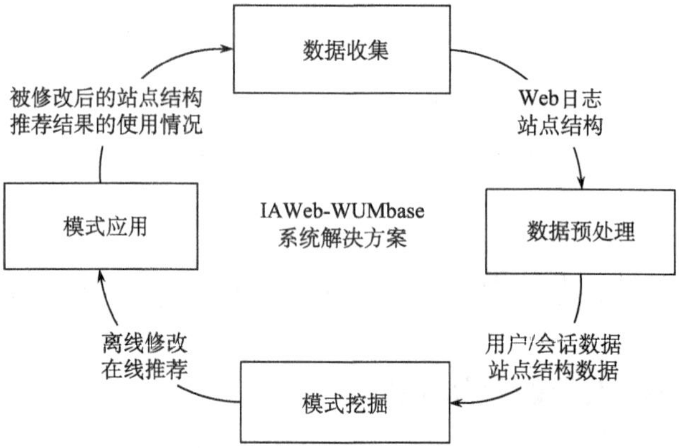

图 6-26　IAWeb-WUMbase 系统解决方案总体流程

整个应用应该是一个不断循环的过程（高度信息化的电子商务环境提供了这种可能），先是通过 Web 站点采集数据，然后作必要的数据预处理工作，接着在“干净数据”上进行数据挖掘（模式发现），最后把获得的知识投入应用。应用流程如果得到完整的模块支持，它就容易变成智能站点运营和维护过程的组成部分。例如，原则上数据挖掘软件发现的行为模式可用于改进 Web 站点的拓扑或者页面的超链接设计。但是如果没有特定的模块支持，各阶段的工作(数据清理、模式发现到模式应用)都需要手工完成或自行开发，应用成本就很大，不适合作为经常性的工作。如果数据挖掘模块能够针对上游的应用提供各种支持功能(工具)，避免或减轻这些成本，那么此类应用就能够被顺利接受。

总之，基于数据挖掘技术的智能自适应站点应用需要有一个完整的数据挖掘解决方案，此方案能够保证数据挖掘技术和 Web 站点的运营与维护紧密结合，从而最终达到在原有的 Web 站点系统中作较小的改动和增强即能实现具有较理想程度的智能自适应站点的目标。

6.4.2　IAWeb-WUMbase 系统体系结构

在自适应站点系统设计的总体思想和设计原则的基础上，我们设计的 IAWeb-WUMbase 系统主要由五个功能模块组成：数据采集模块、数据预处理模块、模式挖掘模块、在线推荐模块及离线修改模块。数据采集模块、数据预处理模块和模式挖掘模块为系统的数据信息处理部分，主要完成自适应站点实现所需要的数据收集、预处理、数据挖掘模型的建立以及相关算法的实施过程，其中数据预处理是数据挖掘顺利进行的基本前提。在线推荐模块和离线修改模块为系统的自适应调整部分，在线推荐模块面向自适应站点个体用户服务个性化方面，它根据当前用户的浏览行为以及模式库中保存的模式，实时并且智能地为用户推荐可能感兴趣的内容。离线修改模块则面向自适应站点的性能最优化方面，它用于辅助站点维护人员优化网站的结构，自动修改站点不合理之处或提醒维护人员进行修改，从而方便群体用户的访问。完整的 IAWeb-WUMbase 系统体系结构如图 6-27 所示。

IAWeb-WUMbase 系统实现的流程如下：首先由系统的数据采集模块将 Web 站点的访问日志、站点结构、Web 文档以及其他可以利用的数据源，如用户注册数据库和电子商务销售数据库等采集存储到系统的信息库(information repository)，系统的数据预处理模块则将这些数据集成到一起产生用户会话事务集、站点结构数据等适合模式挖掘模块所使用的形式，模式挖掘模块则针对这些数据集，在一般性的 Web 使用挖掘方法(如关联规则挖掘、聚类分析、序列模式挖掘等)的基础上，设计一组可以用以实现自适应站点目标(服务个性化、性能最优化)的挖掘模型，从中获取用户的访问模式和离线修改规则，将挖掘出的用户访问模式保存在系统的浏览模式库(navigating patterns repository)和离线修改规则库(off-line reconfiguration rule repository)中，系统的离线修改模块和在线推荐模块则根据模式库中的知识，指导站点管理员对已有的站点结构进行修改或是对站点的用户提供智能导航推荐服务。

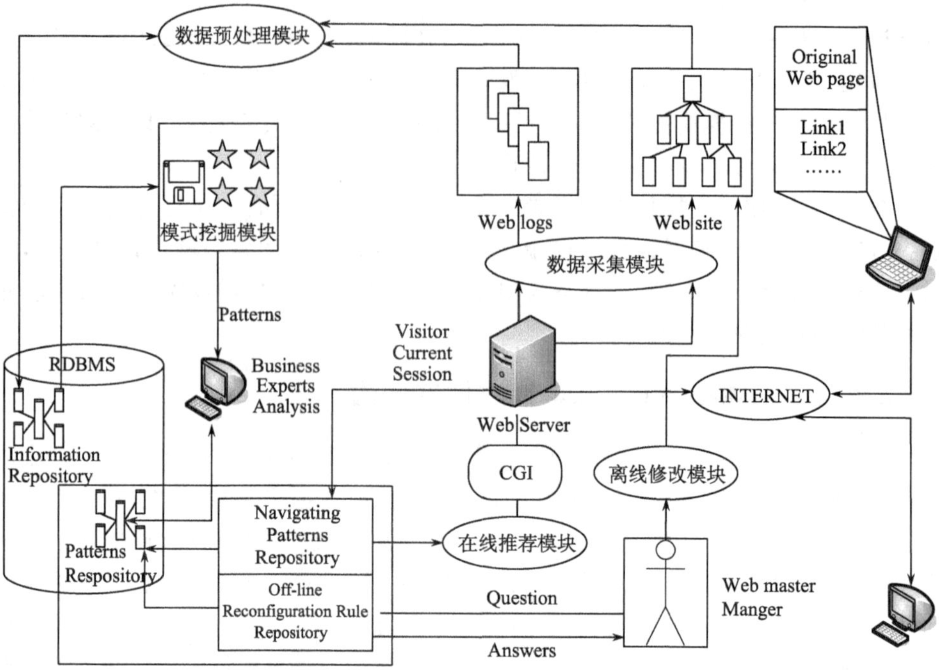

图 6-27 IAWeb-WUMbase 系统体系结构

IAWeb-WUMbase 系统体系结构可以支持模块的分布，各个模块可以使用单独的服务器处理模块任务，提高整个系统的整体响应性能。例如，可以使用单独的数据库服务器负责日志数据采集和预处理，使用专用的模式挖掘服务器进行挖掘算法的运算，使用专用的推荐服务器负责生成推荐结果集合等。受篇幅限制，各模块的详细功能及其实现技术见文献[179]第七章。

6.4.3 IAWeb-WUMbase 系统应用实验分析

1. 应用背景

为了验证 IAWeb-WUMbase 系统的有效性，我们在实验室的内部网络上搭建了微软的 .NET PET SHOP 电子商务网站作为实验平台，网站服务器的硬件环境是一台运行 Windows XP 操作系统的 512M RAM 的个人计算机，软件环境是 IIS Web 服务器软件，后台数据库系统采用的是 SQL Server 2005。PET SHOP 是一个以向个体用户出售宠物为主的小型 B2C 电子商务网站，网站包含有隶属于 5 个不同类别的 82 种商品以及完善的商品搜索、购物车功能。在 PET SHOP 网站运行期间，我们将 IAWeb-WUMbase 系统的五大模块集成到 PET SHOP 网站上，并对其实际应用效果进行了分析。

2. 应用途径

经过一段时间的运行，IAWeb-WUMbase 系统的数据采集模块获取了 PET SHOP 网站的运行数据，通过数据预处理、后台实施挖掘算法并形成模式库后，IAWeb-WUMbase 系统运用如下两种方式对 PET SHOP 网站进行了自适应调整：

(1) 离线修改。通过站点管理员给定模型的运行参数，在后台分别运行基于单目标信息搜索树的离线优化模型和基于多目标信息搜索图的离线优化模型，在 IAWeb-WUMbase 系统的离线修改规则库中形成了一部分系统建议的候选新增超链接，我们根据实际情况提取了其中的 75 条新增超链接，其中 35 条为运行基于单目标信息搜索树的离线优化模型所形成的候选新增超链接，剩下的 40 条为运行基于多目标信息搜索图的离线优化模型所形成的候选新增超链接。

(2) 在线推荐。IAWeb-WUMbase 系统的在线推荐模块作为 PET SHOP 网站服务器的动态模块实现，IAWeb-WUMbase 将推荐结果(推荐列表的长度取为 5 项)动态嵌入原始的 Web 页面显示给用户，管理员不需要修改 Web 页面的内容和结构，用户既可以看到 Web 站点原有的页面，又可以享受 IAWeb-WUMbase 的推荐服务。由于 PET SHOP 所提供的商品比较单一(仅为宠物商品)，另外在实验室有限用户数量的环境下，用户的多类别特征亦不明显，考虑到在推荐模型的准确率足够的前提下，在 IAWeb-WUMbase 系统中采用单一推荐模型的做法并不影响对 IAWeb-WUMbase 系统的整体有效性进行验证，所以实验中的在线推荐模块只采用了浏览模式库中的可变多阶 Markov 链模型，而没有采用模式库中的混合隐 Markov 链模型。

3. 应用效果分析

为了对网站自适应调整的效果进行分析，我们利用网站改版前后的用户访问数据对网站自适应调整后的改版效果进行了测试，测试的内容主要包含以下三个方面：①验证离线修改方式中新增链接的有效性；②验证在线推荐方式中推荐链接的有效性；③新增链接和推荐链接的实际应用效果，即两种自适应调整的方式能在多大程度上降低了用户在网站上的访问代价。

我们利用 IAWeb-WUMbase 系统获取了网站改版前后的用户访问数据，经过预处理，共得到 2424 条改版前的访问会话数据，1967 条改版后的访问会话数据，做了以下三个实验。

实验 1 对新增链接的有效性进行了测试，首先定义新增链接的有效性概念如下。

定义 6.31　新增超链接的有效性 $new\_links\_effect(commodity-uri)$

$$new\_links\_effect(commodity-uri)$$

$$= \frac{\text{经过新增链接到达商品页面 } commodity - uri \text{ 的浏览模式的和}}{\text{到达商品页面 } commodity - uri \text{ 的浏览模式的总和}}$$

该值能够说明新增超链接的有效性(注：若一条用户会话中包含访问了多个商品页面，则认为该条用户会话为访问多个商品页面的多个浏览模式的组合)，经过计算得到的平均新增超链接的有效性为 0.23，即说明平均而言，对一个商品页面 *commodity*－*uri* 来讲，有相当数量的用户(23%)是通过新增超链接去访问它，具体值值参见图 6-28。

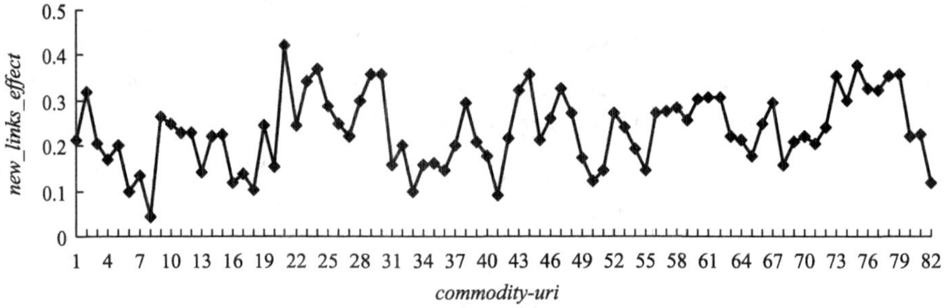

图 6-28　新增链接的有效性

实验 2 对推荐链接的有效性进行了测试，同样的，定义推荐链接的有效性概念如下。

定义 6.32　推荐链接的有效性 *recommend_links_effect*(*commodity*－*uri*)

$$recommend\_links\_effect(commodity - uri)$$

$$= \frac{\text{经过推荐链接到达商品页面 } commodity - uri \text{ 的浏览模式的和}}{\text{到达商品页面 } commodity - uri \text{ 的浏览模式的总和}}$$

该值能够说明推荐链接的有效性，经过计算得到的平均推荐链接的有效性为 0.28，即说明平均而言，对一个商品页面 *commodity*－*uri* 来讲，有相当数量的用户(28%)是通过新增超链接去访问它，具体值参见图 6-29。

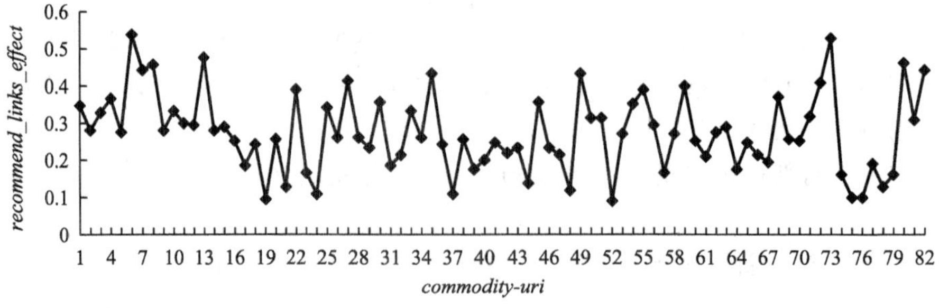

图 6-29　推荐链接的有效性

实验 3 比较了改版前后用户会话的平均访问代价，其中，用户会话的访问代价取为用户从会话的起点出发，逐一到达该会话所包含的目标商品页面的访问代价总和。经过测试计算，改版前的访问会话的平均访问代价为 10.04 步，改版后的通过新增超链接到达目标商品页面的用户会话的平均访问代价为 5.28 步，通过推荐超链接到达目标商品页面的用户会话的平均访问代价为 5.57 步，而改版后未经新增链接或推荐链接到达目标商品页面的用户会话的平均访问代价为 10.05 步，与改版前相当，改版后所有用户会话的平均访问代价为 7.26，与改版前相比，减少了 2.78 步。上述数据说明，有相当数量的用户通过改版后的新增链接和推荐链接有效降低了访问目标商品页面的访问代价，网站自适应调整改版的效果确实降低了用户搜索目标商品的访问代价。

参考文献

[1] 荣晓华. 消费者行为学. 2 版. 大连：东北财经大学出版社，2006

[2] 林建煌. 消费者行为. 北京：北京大学出版社，2004

[3] Hughes J. The ability-motivation-opportunity framework for behavior research in IS // Proceedings of the 40th Annual Hawaii International Conference on System Sciences，2007

[4] Chevalier J A，Mayzlin D. The effect of word of mouth on sales：online book reviews. Journal of Marketing Research，2006，XLIII (8)：345-354

[5] Pharo N. The Search Situation and Transition Method Schema：A Tool for Analysing Web Information Search Processes. Tampere，Finland：Acta Universitatis Tamperensis，2002：871

[6] Dong Y，Lee K P. A cross-cultural comparative study of users' perceptions of a webpage：with a focus on the cognitive styles of Chinese，Koreans and Americans. International Journal of Design，2008，2(2)：19-30

[7] 张结魁，刘业政，杨善林. 网络信息搜寻行为研究框架. 图书情报工作，2008，52(6)：87-89

[8] Bellman S. Designing marketplaces of the artificial with consumers in mind：four approaches to understanding consumer behavior in electronic environments. Journal of Interactive Marketing，2006，20(1)：21-33

[9] 何建民，刘业政. 网络营销. 北京：电子工业出版社，2010

[10] 李晓凤，佘双好. 质性研究方法. 武汉：武汉大学出版社，2006

[11] Loeber S，Cristea A. A WWW information-seeking process model. Educational Technology & Society，2002，6(3)：43-52

[12] Shenton A K，Dixon P. The nature of information needs and strategies for their investigation in youngsters. Library & Information Science Research，2004，26(3)：296-310

[13] Baruchson-Arbib S. Community Information Needs of the Urban Population in Israel. Libri，2006，56(2)：83-96

[14] Campbell I. The ostensive model of developing information-needs. PhD dissertation // Department of Computing Science. University of Glasgow：Glasgow，2000

[15] Wilson T D. On user studies and information needs. Journal of Documentation，1981，37(1)：3-15

[16] Lee B K，Lee W N. Information Search on the Internet：A Causal Model // Gao Y. Web Systems Design and Online Consumer Behavior. London：Idea Group Publishing Hershey，2005

[17] Kennedy L，Cole C，Carter S. Connecting online search strategies and information needs：A user-centered focus-labeling approach. RQ. Chicago，1997，36(4)：562-568

[18] Chiang K P，Dholakia R R，Westin S. e-Search：A Conceptual Framework of Online Consumer Behavior // Gao Y. Web Systems Design and Online Consumer Behavior . London：Idea Group Publishing Hershey，2005

[19] Martzoukou K. A rreview of web information seeking research：considerations of method and foci of interest. Information Research，2004，10(2)：215

[20] Loeber S，Cristea A. A WWW information-seeking process model. Educational Technology & Society，2002，6(3)：43-52

[21] Vogt C A, Fesenmaier D R. Expanding the functional information search model. Annals of Tourism Research, 1998, 25(3): 551-578

[22] Taylor R. Question-negotiation and information seeking in libraries. College & Research Libraries, 1968, 29(3):178-194

[23] Weigts W. Patients' information seeking actions and physicians' responses in gynaecological consultations. Qualitative Health Research, 1993 (3):398-429

[24] 经济合作与发展组织(OECD). 以知识为基础的经济. 北京: 机械工业出版社, 1997

[25] Wilson T D. Information Seeking and Mediated Searching. Part 2. Uncertainty and Its Correlates. Journal of the American Society for Information Science and Technology, 2002, 53(9): 704-715

[26] Kerstetter D, Cho M H. Prior knowledge, credibility and information search. Annals of Tourism Research, 2004, 31(4): 961-985

[27] Weng S S, Liu M J. Feature-based recommendations for one-to-one marketing. Expert Systems with Applications, 2004, 26(4): 493-508

[28] Pillai K G, Hofacker C. Calibration of consumer knowledge of the web. Interntional Journal of Research in Marketing, 2007, 24(3): 254-267

[29] Potosky D. The internet knowledge (iKnow) measure. Computers in Human Behavior, 2007(23): 2760-2777

[30] Page K, Uncles M. Consumer knowledge of the world wide web: conceptualization and measurement. Psychology and Marketing, 2004, 21(8): 573-591

[31] Wilson T D. Models in information behaviour research. Journal of Documentation, 1999, 55(3): 249-270

[32] Dervin B. Sense-making theory and practice: an overview of user interests in knowledge seeking and use. Journal of Knowledge Management, 1998, 2(2): 36-46

[33] Savolainen R, Kari J. Facing and bridging gaps in web searching. Information Processing and Management, 2006, 42(2): 519-537

[34] Soo Young R. On the web at home: information seeking and web searching in the home environment. Journal of the American Society for Information Science and Technology, 2004,55(8): 743-753

[35] Chowdhury S. Relationship among activities and problems causing uncertainty in information seeking and retrieval. Journal of Documentation, 2009, 65(3): 470-499

[36] Byström K,Järvelin K, Task complexity affects information seeking and use. Information Processing & Management, 1995, 31(2): 191-213

[37] Moorthy S, Ratchford R T, Talukdar D. Consumer information search revisited: theory and empirical analysis. Journal of Consumer Research, 1997,23(4): 263-277

[38] Kim D J, Ferrin D L, Rao H R. A trust-based consumer decision-making model in electronic commerce: the role of trust, perceived risk, and their antecedents. Decision Support Systems, 2008, 44(2): 544-564

[39] 李东进. 关于我国消费者搜寻信息努力的实证研究. 南开学报(哲学社会科学版), 2001(2): 30-35

[40] Spiekermann S, Temme D, Strobel M. Drivers and impediments of consumer online information search: self-controlled versus agent-based search in a high involvement context // Wirtschaftsinformatik 2005: eEconomy, eGovernment, eSociety. Part 19. 2005: 1661-1680

[41] Ondrusek A L. The attributes of research on end-user online searching behavior: a retrospective review

and analysis. Library & Information Science Research, 2004,26(2): 221-265

[42] Ford N, Miller D, Moss N. Web search strategies and approaches to studying. Journal of the American Society for Information Science, 2003, 54(6): 473-489

[43] Whitmire E. The relationship between undergraduates' epistemological beliefs, reflective judgment, and their information-seeking behavior. Information Processing and Management, 2004, 40(1): 97-111

[44] David P. A cyclic model of information seeking in hyperlinked environments: the role of goals, self-efficacy, and intrinsic motivation. International Journal of Human-Computer Studies, 2007, 65(2): 170-182

[45] 井淼. 网上购物的感知风险研究. 上海：上海财经大学出版社，2006

[46] Spink A. Information seeking and mediated searching. Part 1. theoretical framework and research design. Journal of the American Society for Information Science and Technology, 2002, 53(9): 695-703

[47] Randolph E B. Choice and the internet: from clickstream to research stream. Marketing Letters, 2002, 13(3): 245-258

[48] Lee S, Drèze X, Zufryden F. A study of consumer switching behavior across internet portal web sites. International Journal of Electronic Commerce, 2003,7(3): 39-63

[49] Park Y H, Fader P S. Modeling browsing behavior at multiple websites. Marketing Science, 2004, 23(3): 280-303

[50] Adamic L A, Huberman B A. The nature of markets in the world wide web. Quarterly Journal of Electronic Commerce, 2000(1): 5-12

[51] Krashakov S A, Teslyuk A B, Shchur L N. On the universality of rank distributions of website popularity. Computer Networks, 2006, 50(11): 1769-1780

[52] Hodkinson C, Kiel G, Mccoll-Kennedy J R. Consumer web search behaviour: disgrammatic illustration of wayfinding on the web. International Journal of Human-Computer Studies, 2000, 52: 805-830

[53] Bellman S. Designing marketplaces of the artificial with consumers in mind: four approaches to understanding consumer behavior in electronic environments. Journal of Interactive Marketing, 2006, 20(1): 21-33

[54] Lee M S, Ratchford B T, Talukdar D. The impact of the internet on information search for automobiles. Journal of Marketing Research, 2003, 40(2): 193-209

[55] Kulviwat S, Guo C, Engchanil N. Determinants of online information search: a critical review and assessment. Internet Research, 2004, 14(3): 245-253

[56] Schmidt J B, Spreng R A. A proposed model of external consumer information search. Journal of the Academy of Marketing Science, 1996, 24(3): 246-256

[57] Sicilia M, Ruiza S. The effects of the amount of information on cognitive responses in online purchasing tasks. Electronic Commerce Research and Applications, 2010, 9(2):183-191

[58] 孙曙迎. 我国消费者网上信息搜寻行为研究. 浙江大学博士学位论文，2009

[59] Bettman J R, Park C W. Effects of prior knowledge and experience and phase of the choice process on consumer decision processes: a protocol analysis. Journal of Consumer Research, 1980, 7(3): 234-248

[60] Cothey V. A longitudinal study of world wide web users' information-searching behaviour. Journal of the American Society for Information Science and Technology, 2002, 53(2): 67-78

[61] Bhatnagar A, Ghose S. Online information search termination patterns across product categories and consumer demographics. Journal of Retailing, 2004(80): 221-228

[62] Huang P, Lurie N H, Mitra S. Searching for experience on the web: an empirical examination of consumer behavior for search and experience goods. Journal of Marketing, 2009, 73(2): 55-69

[63] Newman O W, Staelin R. Prepurchase information seeking for new cars and major household appliances. Journal of Marketing Research, 1972, 9: 249-257

[64] Kiel G C, Layton R A. Dimensions of consumer information seeking behavior. Journal of Marketing Research, 1981, 18(2): 233-239

[65] Johnson E J. On the depth and dynamics of online search behavior. Management Science, 2004, 50(3): 299-308

[66] Zhang J J, Fang X, Sheng O L. Online consumer search depth: theories and new findings. Journal of Management Information Systems, 2007, 23(3): 71-95

[67] 张结魁. 消费者网络信息搜寻行为研究. 合肥工业大学博士学位论文,2010

[68] Adamic L A, Huberman B A. Zipf's law and the internet. Glottometrics, 2002(3): 143-150

[69] 唐亮，张结魁，徐建华. 网络消费者信息搜寻行为研究. 图书与情报，2008(2): 40-43

[70] Liu Y Z, Zhang J K, Yang S L. Research on consumers' cross-site transfer behavior based on complex network theory. ICIC Express Letters, 2009, 3(4): 1359-1364

[71] Huang, Z, Zeng D D, Chen H. Analyzing consumer-product graphs: empirical findings and applications in recommender systems. Management Science, 2007, 53(7): 1146-1164

[72] Barabási A L, Albert R, Jeong H. Scale-free characteristics of random networks: the topology of the world-wide web. Physica A: Statistical Mechanics and its Applications, 2000, 281(1-4): 69-77

[73] Broder A, et al. Graph structure in the web. Computer Networks, 2000(33): 309-320

[74] Newman M E J. The structure and function of complex networks. SIAM Rev, 2003, 45(2): 167-256

[75] Baggio R. The web graph of a tourism system. Physica A-statistical Mechanics And Its Applications, 2007, 379(2): 727-734

[76] Mislove A. Measurement and analysis of online social networks // Proceedings of the 5th ACM/USENIX Internet Measurement Conference (IMC' 07),2007

[77] Clauset A, Shalizi C R, Newman M E J. Power-law distributions in empirical data. SIAM Review, 2009, 51(4): 661-703

[78] Albert R, Jeong H, Barabási A-L. Error and attack tolerance of complex networks. Nature, 2000, 406: 378-382

[79] Zhang H, Dantu R, Cangussu J. Quantifying reciprocity in social networks. In IEEE International Conference on Computational Science and Engineering (CSE), 2009

[80] Luotonen A. The common log file format. http: // www. w3. org/pub/WWW/[2006-07-19]. 1995

[81] Fenstermacher K D, Ginsburg M. Client-side monitoring for web mining. Journal of the American Society for Information Science and Technology, 2003, 54(7):625-637

[82] Chen M S, Park J S, Yu P S. Data mining for path traversal patterns in a web environment // Proceedings of the 16th International Conference on Distributed Computing Systems, 1996:385-392

[83] Catledge L, Pitkow J. Characterizing browsing behaviors on the world wide web. Comput. Networks and ISDN Systems, 1995, 26: 1065-1073

[84] He D, Goker A. Detecting session boundaries from web user logs. Proceedings of the 22nd Annual on Information Retrieval Research, Cambridge, UK, 2000:57-66

[85] Cooley R, Mobasher B, Srivastava J. Data preparation for mining world wide web browsing patterns.

Knowledge and Information Systems, 1999, 1(1):5-32

[86] Berendt B, Mobasher B, Nakagawa M, et al. The impact of site structure and user environment on session reconstruction in web usage analysis // Proceedings of the 4th WebKDD 2002 Workshop, at the ACM-SIGKDD Conference on Knowledge Discovery in Databases, Edmonton, Alberta, Canada, 2002: 159-179

[87] Berendt B, Mobasher B, Spiliopoulou M, et al. Measuring the accuracy of sessionizers for web usage analysis. Proc. of the Workshop on Web Mining, First SIAM Internat. Conf. On Data Mining, Chicago, IL, 2001:7-14

[88] Colorni A, Dorigo M, Maniezzo V. Distributed optimization by ant colonies. Proceedings of ECAL91-European Conference on Artificial Life. Paris, France: Elsevier Publishing,1991:134-142

[89] Dorigo M, Maniezzo V, Colorni A. The ant system: optimization by a colony of cooperating agents. IEEE Transactions on Systems, Man, and Cybernetics-Part B, 1996, 26(1): 1-13

[90] Ling H F, Liu Y Z, Yang S L. An ant colony approach for discovery of users preferred navigation paths. The 8th Pacific-Asia Conference on Information Systems, 2004

[91] 马溪骏，凌海峰，刘业政等. 基于蚁群算法的群体用户兴趣导航路径发现. 中国管理科学，2006，14(3):56-59

[92] Chen M S, Park J S, Yu P S. Efficient data mining for path traversal patterns. IEEE Trans Knowledge Data Engn, 1998, 10(2): 209-221

[93] Ling H F, Yang S L, Liu Y Z. An ant colony approach for users navigation patterns mining. Journal of Systems Science and Information, 2007, 5(1):7-13

[94] Yan T W, Jacobsen M, Garcia-Molina H, et al. From user access patterns to dynamic hypertext linking // Proceedings of 5th WWW, 1996: 1007-1014

[95] Heer J, Chi E H. Identification of web user traffic composition using multi-modal clustering and information scent // Proceedings. of the Workshop on Web Mining, SIAM Conference on Data Mining, 2001: 51-58

[96] Xie Y, Phoha V. Web user clustering from access log using belief function // Proceedings of the ACM K-CAP'01, First International Conference on Knowledge Capture, Victoria, British Columbia, Canada, 2001: 202-208

[97] 王实,高文，李锦涛等. 路径聚类:在 Web 站点中的知识发现. 计算机研究与发展,2001, 38(4): 482-486

[98] Mobsher B. WebPersonalizer: a server-side recommender system based on web usage mining. http://cs. depaul. edu/research/technical. asp. Technical Report TR-01-004, DePaul University, USA, 2001

[99] Liu Y Z, Ling H F, Yang S L. A hybrid ant colony clustering of web navigation patterns. International Journal of Knowledge and Systems sciences, 2008, 5(1):62-66

[100] 凌海峰,刘业政,杨善林. 基于蚁群算法与 K-means 算法相结合的 Web 用户聚类. 情报学报，2009,28(1):105-108

[101] Goldberg D, Nichols D, Oki B,et al. Using collaborative filtering to weave an information tapestry, Commun. ACM, 1992, 35 (12): 61-70

[102] Konstan J, Miller B, Maltz D, et al. GroupLens: applying collaborative filtering to usenet news. Communications of the ACM, 1997,40 (3): 77-87

[103] Resnick P, Iacovou N, Suchak M, et al. GroupLens: an open architecture for collaborative filtering of

netnews // CSCW '94: Proceedings of the 1994 ACM conference on Computer supported cooperative work: ACM, 1994

[104] Choi S H, Kang S M, Jeon Y J. Personalized recommendation system based on product specification values. Expert Systems with Applications, 2006, 31 (3): 607-616

[105] Sarwar B, Karypis G, Konstan J, et al. Analysis of recommendation algorithms for e-commerce // ACM Conference on Electronic Commerce, 2000

[106] Sarwar B, Karypis G, Konstan J, et al. Item-Based collaborative filtering recommendation algorithms. In Proceedings of the 10th International World Wide Web Conference. HongKong: New York: ACM Press, 2001

[107] Li Y, Liu L, Li X F. A hybrid collaborative filtering method for multiple-interests and multiple-content recommendation in e-commerce. Expert Systems with Applications, 2005,28 (1): 67-77

[108] Hung L P. A personalized recommendation system based on product taxonomy for one-to-one marketing online. Expert Systems with Applications, 2005,29 (2): 383-392

[109] Basu C, Hirsh H, Cohen W. Recommendation as Classification: Using Social and Content-Based Information in Recommendation // AAAI/{IAAI}, 1998

[110] Mooney R J, Roy L. Content-based book recommending using learning for text categorization // Proceedings of DL-00, 5th ACM Conference on Digital Libraries. San Antonio, US: ACM Press, 2000

[111] Pazzani M, Billsus D. Learning and revising user profiles: the identification of interesting web sites. Machine Learning, 1997, 27: 313-331

[112] Littlestone N, Warmuth M K. The weighted majority algorithm. Information and Computation, 1994,108 (2): 212-261

[113] Blum A, Hellerstein L, Littlestone N. Learning in the presence of finitely or infinitely many irrelevant attributes. Journal of Computer and System Sciences, 1995, 50 (1): 32-40

[114] Liu B, Hsu W, Ma Y. Integrating classification and association rule mining // Proceedings of the Fourth International Conference on Knowledge Discovery and Data Mining (KDD-98). New York, 1998

[115] Dong G, Zhang X, Wong L, et al. CAEP: classification by aggregating emerging patterns // Proceedings of 2nd International Conference on Discovery Science. Tokyo, Japan, 1999

[116] Li W, Han J, Pei J. CMAR: accurate and efficient classification based on multiple class-association rules // Proceedings of the 2001 IEEE International Conference on Data Mining. California, 2001

[117] Yin X, Han J. CPAR: classification based on predictive association rules // Proceedings of 2003 SIAM International Conference on Data Mining (SDM'03). San Fransisco, Canada, 2003

[118] Thabtah F, Cowling P, Peng Y. MCAR: multi-class classification based on association rule approach // Proceeding of the 3rd IEEE International Conference on Computer Systems and Applications Cairo. Egypt, 2005

[119] Thabtah F, Cowling P, Hammoud S. Improving rule sorting, predictive accuracy and training time in associative classification. Expert Systems with Applications , 2006, (31): 414-426

[120] Cho Y H, Kim J K, Kim S H. A personalized recommender system based on web usage mining and decision tree induction. Expert Systems with Applications, 2002, 23 (3): 329-342

[121] Changchien S W, Lu T C. Mining association rules procedure to support on-line recommendation by customers and products fragmentation. Expert Systems with Applications, 2001, 20(4): 325-335

[122] Jiang Y C, Liu Y Z. An attribute reduction method based on ant colony optimization // The 6th World Congress on Intelligent Control and Automation(WCICA), Dalian, China, 2006,5:3542-3546

[123] 苗夺谦，王珏. 粗糙集理论中概念与运算的信息表示. 软件学报，1999，10 (2)：113-116

[124] 苗夺谦，胡桂荣. 知识约简的一种启发式算法. 计算机研究与发展，1999，36 (6)：681-684

[125] Jiang Y C, Liu Y Z, Liu Xiao, et al. Integrating classification capability and reliability in associative classification: a [beta]-stronger model. Expert Systems with Applications, 2010,37 (5): 3953-3961

[126] Jiang Y C, Liu Y Z. Constructing associative classifier using rough set and evidence theory. Lecture Notes in Artificial Intelligence 4482, 2007: 263-271

[127] Liu Y Z, Jiang Y C, Liu Y C, et al. CSMC: A combination strategy for multi-class classification based on multiple association rules. Knowledge-Based Systems, 2008, 21 (8): 786-793

[128] 刘业政，姜元春，张结魁. 证据信度的效用分析. 系统工程理论与实践，2008，3：103-110

[129] Dempster A P. Annals of mathematical statistics. Upper and Lower Probabilities Induced by a Multi-valued Mapping , 1967 (38): 325-339

[130] Yang J B, Xu D L. On the evidential reasoning algorithm for multiple attribute decision analysis under uncertainty. In IEEE International Conference on Systems, Man and Cybernetics , 2002

[131] Duan Wenjing, Gu Bin, Whinston A B. The dynamics of online word-of-mouth and product sales—an empirical investigation of the movie industry. Journal of Retailing, 2008, 84 (2): 233-242

[132] Jiang Y C, Shang J, Liu Y Z. Maximizing customer satisfaction through an online recommendation system: a novel associative classification model. Decision Support Systems, 2010, 48 (3): 470-479

[133] 刘业政，姜元春，林文龙. 基于模糊距离和神经网络的自适应群决策方法. 系统工程学报，2008(1)：28-35

[134] Park D H, Lee J. eWOM overload and its effect on consumer behavioral intention depending on consumer involvement. Electronic Commerce Research and Applications, 2008, 7(4): 386-398

[135] Dellarocas C. The digitization of word of mouth: promise and challenges of online feedback mechanisms. Management Science, 2003, 49(10): 1407-1424

[136] Thabtah F. A review of associative classification mining. The Knowledge Engineering Review, 2007, 22(1): 37-65

[137] Broomhead D S, Lowe D. Multivariable functional interpolation and adaptive networks. Complex Systems, 1988: 2321-2355

[138] Montebello M. Information overload—an Ir problem. Processing and Information Retrieval: A South American Symposium,1998:65

[139] Deborah M E, Hardman L. Lost in Hyperspace: Cognitive Mapping and Navigation in a Hypertext Environment // Hypertext: Theory into Practice: Intellect Books, 1999: 90-105

[140] Zhang Y L, Zhu H, Greenwood S. Website complexity metrics for measuring navigability. Quality Software, 2004. QSIC 2004. Proceedings. 4th International Conference on 2004:172-179

[141] Nakayama T, Hiroki K, Yohei Y. Discovering the gap between web site designers' expectations and users' behavior // Proceedings of the 9th international World Wide Web conference on Computer networks : the international journal of computer and telecommunications networking. Amsterdam, The Netherlands: North-Holland Publishing Co. , 2000

[142] Koseki Y. Developing personalized information services on the internet. International Workshop on Multimedia Software Engineering, 1998: 86

[143] Brusilovsky P. Adaptive hypermedia. User Modeling and User-Adapted Interaction, 2001, 11(1-2): 87-110

[144] Perkowitz M, Etzioni O. Adaptive web sites: an ai challenge // Proceedings of 15th International Joint Conference on Artificial Intelligence,1997:16-23

[145] Ratchford B T, Talukdar D, Lee M S. A model of consumer choice of the internet as an information source. International Journal of Electronic Commerce, 2001, 5(3):7-21

[146] Garofalakis J, Kappos P, Mourloukos D. Enhancing hyperlink structure for improving web performance. Journal of Web Engineering, 2003, 1(2):93-127

[147] Yen B P C. The design and evaluation of accessibility on web navigation. Decis. Support Syst. , 2007, 42(4):2219-2235

[148] Lin C C. Optimal web site reorganization considering information overload and search depth. European Journal of Operational Research, 2006, 173(3):839-848

[149] Kazienko P, Marcin P. Hyperlink assessment based on web usage mining // Proceedings of the 17th conference on Hypertext and hypermedia. Odense, Denmark: ACM Press, 2006

[150] Perkowitz M, Etzioni O. Adaptive web sites: automatically synthesizing web pages // 15th National Conference on Artificial Intelligence. Madison, 1998

[151] Pirolli P, Card S. Information foraging. Psychological Review, 1999, 106(4):643-675

[152] Ratchford B T, Talukdar D, Lee M S. A model of consumer choice of the internet as an information source. International Journal of Electronic Commerce, 2001, 5(3):7-21

[153] Punj G N, Staelin R. A model of consumer information search behavior for new automobiles. Journal of Consumer Research, 1983, 9(3):366-380

[154] Soren J, Bach P T, Jesper T. Evaluating the Markov assumption for web usage mining // Proceedings of the 5th ACM international workshop on Web information and data management. New Orleans, Louisiana, USA: ACM, 2003

[155] Adamic L. The small world web // Research and Advanced Technology for Digital Libraries, 1999: 443-452

[156] Adamic L A, Adar E. Friends and Neighbors on the Web. Social Networks, 2003, 25(3):211-230

[157] Huberman B A, Pirolli P L, Pitkow J E. Strong regularities in world wide web surfing. Science, 1998, 280(5360):95-97

[158] 张家才，周登勇. 从开放的复杂巨系统来看 internet 中的大范围模式. 系统仿真学报，2002，14(1): 1450-1454

[159] Faloutsos M, Faloutsos P, Faloutsos C. On power-law relationships of the internet topology. SIGCOMM Comput. Commun. Rev. , 1999, 29(4):251-262

[160] Zipf G K. Human Behaviour and the Principle of Least Effort. Addison-Wesley, Reading, MA, 1949

[161] Glassman S. A caching relay for the world wide web. Comput. Netw. ISDN Syst. , 1994, 27(2): 165-173

[162] 刘业政，林文龙，焦宁等. WEB 站点结构优化仿真. 系统仿真学报，2007,19(20):4685-4688

[163] Kumar R, Raghavan P, Rajagopalan S,et al. The Web as a Graph // Proceedings of the nineteenth ACM SIGMOD-SIGACT-SIGART symposium on Principles of database systems. Dallas, Texas, United States: ACM, 2000

[164] 林文龙，刘业政，余智学等. 基于兴趣文档集合游历便利性的站点结构优化模型. 系统仿真学报，

2008，20(21)：5858-5862

[165] Wu K L，Yu P S，Ballman A. Speedtracer：a web usage mining and analysis tool. IBM System Journal，1997，37(1)：89-105

[166] 杨怡玲，管旭东，尤晋元. 基于页面内容和站点结构的页面聚类挖掘算法. 软件学报，2002，13(3)：467-469

[167] Levene M，Borges J. A clustering-based approach for modelling user navigation with increased accuracy // Proceedings of the 2nd International Workshop on Knowledge Discovery from Data Streams (IWKDDS) in conjunction with PKDD 2005，Porto，Portugal，Outubro，2005

[168] 刘业政，林文龙，姜元春. 可变多阶 Markov 链模型及在 WWW 个性化推荐中的应用. 情报学报，2008，27(6)：819-824

[169] Sarukkai R R. Link prediction and path analysis using Markov chains. Computer Networks，2000，33(1-6)：377-386

[170] Fok A W P，Wong H S，Chen Y S. Hidden Markov model based characterization of content access patterns in an e-learning environment. Multimedia and Expo，2005. ICME 2005. IEEE International Conference on，2005：201-204

[171] Liu Hongyu，Jeannette J，Evangelos M. Using hmm to learn user browsing patterns for focused web crawling. Data Knowl. Eng.，2006，59(2)：270-291

[172] 杨善林，胡小建. 复杂决策任务的建模与求解方法. 北京：科学出版社，2007：85-193

[173] 林文龙，刘业政，朱庆生等. 基于混合隐 Markov 链浏览模型的 WEB 用户聚类与个性化推荐. 情报学报，2009，28(4)：557-564

[174] Cadez I，Heckerman D，Meek C，et al. Model-based clustering and visualization of navigation patterns on a web site. Data Min. Knowl. Discov.，2003，7(4)：399-424

[175] Panuccio A，Bicego M，Murino V. A hidden Markov model-based approach to sequential data clustering // Proceedings of the Joint IAPR International Workshop on Structural，Syntactic，and Statistical Pattern Recognition. Springer-Verlag，2002

[176] Rabiner L，Rabiner L，Juang B. An introduction to hidden Markov models. ASSP Magazine，IEEE [see also IEEE Signal Processing Magazine]，1986，3(1)：4-16

[177] Rached Z，Rached Z，Alajaji F，et al. The kullback-leibler divergence rate between Markov sources. Information Theory，IEEE Transactions on，2004，50(5)：917-921

[178] Friedman N，Geiger D，Goldszmidt M. Bayesian network classifiers. Machine Learning，1997，29(2)：131-163

[179] 林文龙. 基于 WEB 使用挖掘的智能自适应站点研究. 合肥工业大学博士学位论文，2008